크리에이터
소사이어티

크리에이터 소사이어티

1판 1쇄 인쇄 2024. 9. 23.
1판 1쇄 발행 2024. 9. 30.

지은이 모종린

발행인 박강휘
편집 임여진 **디자인** 지은혜 **마케팅** 이헌영 **홍보** 이한솔, 강원모
발행처 김영사
등록 1979년 5월 17일(제406-2003-036호)
주소 경기도 파주시 문발로 197(문발동) 우편번호 10881
전화 마케팅부 031)955-3100, 편집부 031)955-3200 | **팩스** 031)955-3111

값은 뒤표지에 있습니다.
ISBN 978-89-349-6753-8 03320

홈페이지 www.gimmyoung.com   **블로그** blog.naver.com/gybook
인스타그램 instagram.com/gimmyoung **이메일** bestbook@gimmyoung.com

좋은 독자가 좋은 책을 만듭니다.
김영사는 독자 여러분의 의견에 항상 귀 기울이고 있습니다.

크리에이터 소사이어티

모종린 지음

자유롭고 창의적인 개인들이 만드는 우리 모두의 미래

CREATOR SOCIETY

김영사

차례

2 기업에서
크리에이터 기업으로

3 크리에이터가 이끄는 도시와 로컬의 진화

우리는 모두 크리에이터다

오랜만에 제주 성산 플레이스캠프를 찾았다. 플레이스캠프는 일반적인 호텔이 아니다. 이 호텔의 타깃은 여행지가 제공하는 콘텐츠를 경험하는 것만으로는 만족하지 못하고, 직접 콘텐츠를 만들어야 직성이 풀리는 여행자다. 플레이스캠프는 그들을 '플레이어'라고 부른다. 그래서 이름도 플레이어가 모이는 곳, 플레이스캠프다. 객실로 올라가는 엘리베이터에 붙은 포스터가 눈에 띄었다. 매일 저녁 6시 호텔 펍에서 칵테일 클래스를 연다고 했다. 이름도 감각적이었다. 부어라마시타. 감귤청, 캔들 만들기 클래스도 진행되고 있었다.

나는 크리에이터를 자처한다. 골목길 경제학 콘텐츠를 제작하고 공유하는 크리에이터다. 내년 크리에이팅 계획을 세우기 위해 플레이스캠프를 찾았다. 일종의 워케이션인 셈이다.

그런데 플레이스캠프의 클래스가 나를 불안하게 만든다. 과연 지적 크리에이팅만으로 AI 시대를 대비할 수 있을까? 할리우드 작가들이 AI 기술의 도입을 반대해 파업에 나선 것처럼, AI에 의한 인력의 대체는 오히려 창조계급에서 더 빠르게 일어날 수 있다. AI의 발전 속도를 감안하면 육체노동 기반의 제조 기술도 익혀야 하지 않을까? 19세기 미학자 윌리엄 모리스가 고민했던 '기계 vs. 수공예' 논쟁이 되살아난 느낌이다.

모리스는 기계가 인간을 대체하고 예술과 과학 같은 지적 활동만 인간의 몫으로 남을 것이라는 당대의 지적 활동 낙관론을 거부했다. 그는 엘리트 지적 활동 중심의 사회를 경계했고 수공예와 같은 신체적 활동이 생산 체계의 중심이 되어야 평등한 사회가 가능하다고 보았다. 그런 사회에서 인간은 기계를 선별적으로 사용하면서 아름다운 '작품'을 만들 것이라 믿었다.

그의 통찰은 현대 크리에이터 경제에서도 유효하다. 예술가, 온라인 크리에이터, 공예 작가, 오프라인 크리에이터 등 유무형의 콘텐츠를 직접 만들고 플랫폼에서 유통하는 이들의 활약이 그 방증이다.

그러나 플랫폼 경제는 기술에 소극적이었던 모리스가 예상 못한 결과를 낳고 있다. 수공예와 창작이 플랫폼 기술을 통해 더욱 민주화·대중화되고 있는 것이다. 모두가 크리에이터가 되는 크리에이터 경제 시대, 우리는 어떻게 대비해야 할까?

답은 크리에이터 사회 기반을 구축하는 것이다. 우리가 지향해야 할 크리에이터 사회는 빅테크와 AI가 지배하는 사회가 아닌, 인간 중심의 창의성과 자율성이 꽃피는 사회다. 이를 위해 크리에이터 개인은 물론 플랫폼 기업, 도시와 국가 모두가 힘을 보태야 한다. 창의성이 샘솟고 크리에이터의 경제적 수익 기반과 사회적 영향력이 확대되는 건강한 크리에이터 생태계, 지금 우리에게 그것이 절실하다.

이러한 건강한 크리에이터 생태계의 가능성은 이미 여러 사상가에 의해 예견됐다. 대표적으로 미래학자 케빈 켈리는 2008년에 발표한 '1,000명의 진정한 팬1,000 True Fans' 이론을 통해 크리에이터 경제의 잠재력을 가늠했다. 그는 크리에이터가 1,000명의 열성 팬을 확보하면 경제적 자립이 가능하다고 주장했다.

나아가 켈리는 미래의 크리에이터 사회에서는 거의 모든 사람이 1인 기업가가 될 것이라고 전망했다. 크리에이터 사회는 각 개인이 자신만의 고유한, 즉 복제 불가능한 콘텐츠를 생산하는 세상을 의미한다. 이미 유튜버, 프리랜서 개발자, 공간 기획자, 로컬 숍 운영자 등 온라인과 오프라인에서 자신이 제작한 콘텐츠를 유통하고 가치를 창출하는 '플랫폼 1인 기업'들이 크리에이터 사회를 형성하고 그 주축으로 자리 잡고 있다. 켈리의 비전은 현재 진행 중인 크리에이터 경제의 발전 방향을 예리하게 포착하고 있으며, 우리가 지향해야 할 크리에이터 사회의 모습을 제시한다.

크리에이터 경제는 우리가 디지털 유토피아로 가기 위해 거쳐야 할 마지막 단계일지 모른다. 경제사학자 브래드퍼드 들롱은 그의 저서 《20세기 경제사》에서 1870년부터 2010년까지의 '긴 20세기'를 분석하며, 이 시기 전례 없는 경제성장에도 우리가 유토피아에 도달하지 못했음을 지적한다. 들롱은 그 원인을 사회정의와 균형을 이루지 못한 경제적 발전에서 찾는다. 현대사회는 유토피아를 향해 전진하지만 아직 갈 길이 멀다는 것이다.

이런 관점에서 보면, 현대 기술은 인간의 열망을 실현하기에 부족하다고 평가하는 것이 맞는다. 영국의 기술역사학자 아놀드 페이시가 지적한 대로, 현대사회는 아직 진정한 의미의 유토피아를 실현할 만한 기술적 발전을 이루지 못했다고 볼 수 있다. 기술의 과도화가 문제가 아니라 기술의 미흡성이 문제라는 것이다. 중요한 점은 우리가 유토피아를 향해 나아가야 한다는 것이다. 미래 기술이 생산 효율성을 높일 뿐 아니라 개인과 공동체의 역량 강화, 사회적 균형과 정의 실현을 위해 사용된다면, 유토피아에 충분히 다다를 수 있을 것이다.

크리에이터 경제는 이러한 역사적 맥락 속에서 등장했다. 크리에이터 경제에서는 들롱이 말한 긴 20세기의 기술적·경제적 혁신을 기반으로 새로운 형태의 가치 창출과 분배가 가능하다. 크리에이터 경제는 개인의 창의성을 경제적 가치로 전환하는 새로운 모델을 제시하며, 동시에 들롱이 지적한 시장 경제의 한계를 극복할 잠재력을 지니고 있다.

이 책은 크리에이터 사회의 길잡이가 되고자 한다. 1부에서는 무한하게 확장하는 크리에이터의 세계부터 들여다본다. 오프라인, 온라인, 도시를 무대로 창의적 가치를 창출하는 다양한 크리에이터들의 면면을 소개하고, 이들이 만들어내는 새로운 경제 지형과 기술, 라이프스타일을 조망한다.

2부에서는 기업과 브랜드의 관점에서 크리에이터 경제를 바라본다. MZ세대 중심으로 확산되는 N잡·부업 트렌드에서 보듯 오피스 문화까지 크리에이터 문화로 재편되고 있다. 개인이 모두 크리에이터가 되는 시대에 기업은 어떻게 바뀌며 어떤 전략을 취하고 있는지 네이버, 무신사, 배달의민족 등의 사례로 알아본다.

3부에서는 크리에이터 사회로의 전환을 위한 도시 생태계를 구상한다. 지역사회를 크리에이터 친화적 공간으로 혁신하는 방안을 제안하고, 개인과 공동체가 함께 성장하는 크리에이터 생태계를 상상해본다. 우리가 향해야 할 크리에이터 유토피아의 청사진을 제시하고자 한다.

책의 중심 개념인 '3대 축 기술'과 '창조적 유대'는 크리에이터 경제를 견인하는 동력이 될 것이다. 3대 축 기술은 온·오프라인과 도시를 아우르는 통합적 크리에이팅 기술을, 창조적 유대는 크리에이터와 고객, 크리에이터 간 교류와 협력의 정신을 의미한다. 이 2가지 개념으로 무장한 크리에이터들이 온라인, 오프라인, 그리고 도시에서 크리에이터 경제를 구축해나갈 것이다.

크리에이터 경제의 영향력은 이미 일상에서 감지된다. 개인 크리에이터뿐 아니라 대기업과 대중문화 전반이 크리에이터 경제의 영향을 받고 있다. 크리에이터 사회로의 진행 사례도 의외로 가까운 곳에서 찾을 수 있다. '나다움' 열풍이 점점 거세지는 대중문화 영역이다. 서태지로부터 시작된 아티스트 주권 혁명은 힙합, 인디 뮤지션, 그리고 박재범과 민희진으로 대표되는 아티스트 중심 기획사 문화에 의해 진화를 거듭하고 있다. 대중문화는 개인의 취향과 열정이 존중받는 크리에이터 사회에 대한 우리 모두의 갈망을 반영하는 거울인 셈이다.

그렇다. 우리가 지향하는 크리에이터 사회의 궁극적 동력은 다름 아닌 '나다움'이다. 획일성, 수직적 질서, 수동적 소비로 특징지어지는

20세기형 대량생산 사회에서 다양성, 수평적 협력, 능동적 창조가 번성하는 21세기형 크리에이터 사회로의 전환. 나다움을 추구하는 크리에이터 정신은 이미 우리의 일상과 산업, 도시 전반에 배어들며 새로운 변화를 촉발하고 있다.

AI와 빅테크에 종속되지 않는 자유롭고 창의적인 개인들의 네트워크. 크리에이터 사회의 미래상은 우리 눈앞에 성큼 다가와 있다. 자, 이제 우리 모두가 크리에이터가 되어 새 시대의 항해를 시작할 때다. 플레이어이자 개척자로서 크리에이터 사회를 향해 전진하는 여정, 《크리에이터 소사이어티》는 그 스릴 넘치는 모험을 위한 안내서가 되어줄 것이다.

1

자유롭고 창의적인
개인들의 시대

무한하게 확장되는
크리에이터
경제

누가
크리에이터인가?

'크리에이터'라고 하면 누가 생각나는가? 아티스트, 작가, 유튜버? 실제로 크리에이터는 우리의 예상보다 다양하다. 그 다양성이 가장 잘 드러나는 곳이 도시다. 특정 직업이나 계층에 국한되지 않는 이들이 창조적인 사회를 만들어간다. 그들에게 있어 일상의 경험과 지역의 감성 및 가치는 중요한 창조의 원천이 된다. 그렇다면 창조적 사회는 어떤 모습일까? 2019년 12월 〈뉴욕타임스〉의 한 여행 기사가 그 답을 제시한다. 스웨덴 스톡홀름의 쇠데르말름 지역을 소개한 이 기사는, 창조적 사회의 일상적이면서도 특별한 면모를 보여준다.

쇠데르말름의 역사는 스톡홀름의 변화와 긴밀하게 연결되어 있다. 쇠데르말름은 원래 스톡홀름의 일부가 아니었으며, 중세 초기에는 농업 지역이었다. 스톡홀름 시내와는 다리로 연결되어 있었고, 주로 농민과 어부들이 살았다. 18세기와 19세기를 지나는 동안 많은 공장과 작업장이 들어서면서 노동계급의 주거지역으로 변모했다.

20세기 들어 쇠데르말름은 예술가와 지식인들이 모이는 지역으로 자리 잡았다. 그들을 위한 예술 스튜디오, 갤러리, 소극장이 문을 열었다. 20세기 후반부터는 젠트리피케이션으로 도시재생과 현대화가 진행됐다. 역사적인 건물이 보존되는 동시에 현대적인 상점, 카페, 아파트 등이 진입했다.

2000년 이후 쇠데르말름은 자본과 인재가 유입되며 스웨덴 힙스터, IT 스타트업, 창의적 기업이 선호하는 지역이 됐다. 인재 중에는 디자이너, 온라인 크리에이터, 디지털 노마드가 포함됐다. 현대적이고 창의적인 라이프스타일을 추구하는 다양한 전문가들에게 쇠데르말름이 매력적인 장소로 변모한 것이다. 독특한 리테일 공간과 특이한 커피를 맛볼 수 있는 가게들, 역사적이면서도 현대적인 문화 요소의 혼합은 이 지역을 창의적이고 혁신적인 사람들의 허브로 만들었다. 이러한 환경이 기술혁신을 이끄는 IT 선구자부터 창의적 리테일 기업가까지 다양한 크리에이터를 육성했다.

이런 쇠데르말름을 〈뉴욕타임스〉는 어떻게 소개했을까? 첫 문장이 나의 눈길을 끌었다. "쇠데르말름은 스톡홀름 중심부에 있는 섬으로 창의성이 넘쳐나는 곳이다." 그리고 이곳에서 스톡홀름의 다른 어느 곳보다 재미있고 혁신적이며 흥미진진하고 진정성 있는 일들이 많이 일어나고 있다고 덧붙였다.

여행 기사답게 쇠데르말름의 특별함을 경험할 수 있는 공간도 소개했다. 기자가 아닌 쇠데르말름에서 자란 주민의 추천이다. 수제 맥주를 생산하는 헤노크 펜티에가 추천한 쇠데르말름 공간은 아래와 같다.

바이오리오Bio Rio 1940년대에 지어진 한 관짜리 아트하우스 영화관을 바와 비스트로(소규모 식당)로 개조했다. 수상 경력이 화려한 바텐더 요세피네 손들로의 고급 칵테일로 유명하다.

우드스톡홀름Woodstockholm 비스트로와 가구 생산업체가 결합한 공간. 2개월마다 바뀌는 혁신적인 테마 메뉴와 제2의 집 같은 분위기의 다이닝 룸으로 인기를 끈다.

에이플레이스Aplace 브루노 쇼핑 갤러리에 위치한 의류 매장. 스칸디나비아 브랜드와 해외 브랜드를 엄선하며, 에이티즈, 가니, 라브루켓, 치미, 아드님 등 다양한 제품을 선보인다.

드롭커피Drop Coffee 가벼운 북유럽 스타일의 로스팅과 세심한 성격의 바리스타로 유명한 커피 전문점 겸 로스터리. 이곳에서는 싱글 오리진 원두를 푸어오버(핸드드립) 방식으로 추출한 커피부터 맞춤형 커피까지 심플한 고품질의 커피에 중점을 둔다.

포토그라피스카Fotographiska 세계적인 수준의 전시회로 유명한 현대 사진 박물관. 특히 유명 셰프 파울 스벤손이 운영하는 레스토랑과 카페가 있어 스톡홀름 구시가지의 전망과 함께 지속 가능한 방식으로 재배한 채소 요리를 즐길 수 있다.

놀랍지 않은가? 펜티에가 추천한 장소는 모두 상업 공간이다. 그는 우리가 보통 '특별한 도시' 하면 연상하는 공원, 미술관, 박물관, 공연장을 언급하지 않는다. 전통적인 문화예술 공간으로는 포토그라피스카가 유일하다. 하지만 그곳에서도 펜티에는 레스토랑을 추천한다. 상업 공간 중심으로 창조성이 넘치는 지역이라는 점이 쇠데르말름을 평범하면서도 특별하게 만든다.

쇠데르말름의 비밀은 사람에게 있다. 온라인과 오프라인 기반으

━━ 쇠데르말름에는 역사적인 건물이 많다. 몇몇 건물들은 옛 세관 건물을 개조한 포토그라피스카(아래)처럼 새로운 용도를 찾는다. (이미지 출처: 최병일, 이민형)

로 활동하는 예술가와 크리에이터, 낯선 지역에 들어가 자신이 원하는 공간을 만들고 운영하는 오프라인 크리에이터, 쇠데르말름과 스톡홀름 지역사회와의 연결을 통해 새로운 도시 콘텐츠를 개발하는 어번urban(도시) 크리에이터들이다.

계속해서 확장되는 크리에이터의 정의

"누가 예술가인가"는 인문학의 오랜 논쟁 주제다. 플라톤은 예술가를 신성한 영감을 받은 자로 보았고, 칸트는 천재성을 강조했다. 마르크스주의 학자들은 예술의 사회적 기능에 주목했고, 보드리야르 같은 후기 구조주의자들은 예술과 일상의 경계를 허물었다. 이 논쟁은 단순히 학문적 영역에 머물지 않고 예술 정책, 교육, 문화 산업의 방향을 결정하는데 실질적인 영향을 미쳤다.

크리에이터 플랫폼의 확장으로 일상적 창조성이 만개하는 시기, 우리는 "누가 크리에이터인가" 하는 주제를 고민하게 됐다. 유튜브, 인스타그램, 틱톡 같은 플랫폼들은 누구나 콘텐츠를 제작하고 공유할 수 있는 환경을 만들었다. 크리에이터 경제는 예술 창작의 민주화를 촉진했지만 동시에 예술의 정의와 가치에 대한 새로운 질문을 던졌다.

문화학에서 이 논쟁은 '일상 문화'의 문제와 밀접하게 연관된다. 문화의 영역이 순수예술과 문화 산업의 양 축으로 발전해오면서 그동안 제대로 분석하지 못한 영역이 바로 일상 문화다. 삶의 질이 중요해지고 일상이 주목받으면서, 일상 자체가 문화의 영역으로 편입되고 있다. 풍부하고 아름답고 편리한 일상이 문화사회의 궁극적인 지표가 된 것이다. 주인공의 소소한 일상을 그리는 드라마의 시초라 할 수 있는 1990년대 미국 드라마 〈사인펠드〉의 제작자들이 이 드라마를 "아무것도 아닌 것에 대한 쇼A Show about Nothing"로 정의한 것에서 일상 문화의 대중성을 감지할 수 있다.

이러한 맥락에서 크리에이터의 개념은 지속적으로 확장되고 있다. 전통적인 예술가에서 시작해 콘텐츠 제작자, 그리고 이제는 창의적인 소상공인까지 포함하는 개념으로 진화했다. 이는 문화예술의 영역이 순수예술에서 문화 산업, 창조 산업, 그리고 생활 산업으로 확장되는 현상을 반영한다.

각각의 크리에이터 범주에 대한 구체적인 통계를 살펴보자. 첫째, 예술인 창작자로, 한국예술인복지재단에 등록된 18만 명의 예술인이 여기에 해당한다. 둘째, 비예술인 창작자로, 한국디자인진흥원 통계에 따르면 2022년 기준 31만 2,000명의 디자인 인력이 있으며, 이중 4만 3,000명이 프리랜서 디자이너다. 유튜버 등 정확하게 규모를 파악하기 어려운 콘텐츠 크리에이터도 비예술 창작자로 인정받는다. 2023년 6월 기준으로 네이버 디지털 생태계에서 활동하는 콘텐츠 크리에이터는 전 세계 기준으로 1,041만 명에 달한다(웹툰, 왓패드, 제페토, 인플루언서, 지식iN eXpert, 프리미엄 콘텐츠, 오디오클립, 바이브에서 활동하고 있는 크리에이터의 총 수).

셋째, 소상공인 크리에이터로, 네이버의 통계에 따르면 2023년 6월 기준 스마트플레이스에 매장 정보를 등록하고 예약을 관리하는 235만 명의 사업자와 스마트스토어를 운영하는 57만 명의 온라인 셀러가 있다. 이를 모두 합하면 소상공인 크리에이터의 수는 약 300만 명에 이르는 것으로 추정된다. 2022년 기준 전체 소상공인 사업체 412만 개, 종사자 714만 명의 상당 부분을 차지하는 규모다. 이들 크리에이터 범주를 주로 활동하는 플랫폼에 따라 온라인, 오프라인, 어번 등 크게 3가지로 분류할 수 있다.

첫째, 온라인 크리에이터(콘텐츠 크리에이터)다. 이들은 유튜브, 인스타그램, 틱톡, 블로그 등 디지털 플랫폼을 기반으로 활동하며, 개인 혹은 팀 단위로 비디오, 글, 음악, 팟캐스트 등의 콘텐츠 제작과 공유를 통해 가치를 창출한다. 플랫폼을 통해 전 세계의 대중에게 도달할 수 있으며 광고, 제품 협찬, 구독 서비스, 펀딩 등 다양한 방법으로 수익을 얻는다.

둘째, 오프라인 크리에이터다. 오프라인 크리에이터는 오프라인 공간을 활용한다는 점에서 콘텐츠 크리에이터와 다르다. 이들은 갤러리, 공방, 카페, 서점, 복합문화공간 등 물리적 공간을 기반으로 독특한 경험과 상품을 제공하며, 이를 온·오프라인 플랫폼을 통해 공유하고 유통한다. 오프라인 크리에이터는 대면 상호작용을 함으로써 상대와의 강한 연결을 구축하며 상품 판매, 구독 서비스, 전시와 커뮤니티 서비스 등으로 수익을 창출한다.

셋째, 어번 크리에이터다. 거리, 상권, 생활권 등 도시 공간을 창의적으로 활용해 새로운 문화와 경제적 가치를 만들어내는 이들로, 복합문화공간 운영자, 상권 기획자, 로컬 콘텐츠 개발자 등이 여기에 해당한다. 앵커 스토어, 도시재생, 상권 기획, 거점 시설 운영, 공공미술, 지역 문화 활성화 사업을 통해 도시의 문화적·사회적 환경을 긍정적

━━ 부동산 개발사 네오밸류의 '앨리웨이 광교' 조감도. 네오
밸류는 신도시에 경험과 추억이 쌓이는 골목alley을 만들
고자 한다.

으로 변화시키려는 목표를 가지고 있다. 어번 크리에이터의 활동은 공간 기획과 디자인에 초점을 맞추며, 지역사회의 참여와 협력을 바탕으로 도시 내에서 지속 가능한 발전과 문화적 다양성을 촉진한다.

이 3가지 크리에이터들은 온라인과 오프라인, 그리고 도시 공간을 넘나들며 활동하면서 크리에이터 경제를 대중화하고 일상화하는 데 큰 역할을 한다. 단순히 콘텐츠나 상품을 생산하는 것을 넘어, 새로운 라이프스타일과 문화를 창조하고 전파하는 주체다. 크리에이터 경제는 다양한 크리에이터를 통해 특정 산업이나 직업군의 영역뿐 아니라 우리의 일상 곳곳에 스며들고 있다. 스마트폰 속 SNS 피드, 동네 카페, 도시의 거리 등 우리 주변의 모든 공간이 크리에이터들의 무대가 되고, 동시에 그들의 창작물을 소비하는 장소가 되는 것이다.

모두가 크리에이터가 되어야 하는 시대를 대비하라

크리에이터 경제의 부상은 개인과 기업 모두에게 새로운 대응을 요구한다. 개인의 경우, 평생 학습을 통한 지속적인 역량 개발이 필수적이다. 디지털 기술, 콘텐츠 제작, 마케팅 등 다양한 분야의 지식과 기술을 습득해야 한다. 또한 자신만의 브랜드를 구축하고, 다른 크리에이터들과의 네트워킹을 강화하며, 다중 수입원을 확보하는 전략이 필요하다. 자신의 창작물에 대한 지식재산권 관리도 중요한 과제다.

기업은 크리에이터 친화적인 조직 문화를 조성하고, 내부 크리에이터를 육성해야 한다. 외부 크리에이터들과의 협업을 강화하고, 자사의 비즈니스를 크리에이터 플랫폼으로 전환하는 것도 고려해볼 만하다. 데이터 기반의 의사결정과 새로운 기술에 대한 투자도 중요하다. 이를 통해 기업은 혁신을 가속화하고 시장에서의 경쟁력을 강화할 수 있을 것이다.

개인과 기업의 대응에 더해 정책적 지원도 필요하다. 크리에이터를 위한 교육 프로그램 확대, 창업 지원, 지식재산권 강화 등이 필요할 것이다. 다양한 분야의 크리에이터들이 협업할 수 있는 플랫폼을 만들고, 그들의 작품이 더 넓은 시장에서 인정받을 수 있도록 지원해야 한다.

이제 우리는 '모두가 크리에이터가 되어야 하는 시대'에 살고 있다. 단순히 창작 활동을 하는 사람들의 수가 늘어났다는 것이 아니라, 창의성과 독창성이 모든 분야에서 중요해졌다는 의미다. 일상의 예술화, 창조 경제의 부상은 우리 사회의 새로운 패러다임이 되고 있다.

'크리에이터'라는 용어는 이제 예술가나 콘텐츠 제작자에 국한되지 않는다. 우리 모두가 각자의 분야에서 창의성을 발휘하고 가치를 만들어내는 크리에이터가 될 수 있는 시대가 왔다. 크리에이터 경제로의 전환은 예술과 일상, 창조와 소비의 경계를 허물고, 새로운 문화적 지평을 열어가는 과정이다. 개인과 기업, 그리고 정부가 함께 이러한 변화를 인식하고 적극적으로 대응할 때, 우리는 진정한 창조 경제의 시대를 맞이할 수 있을 것이다.

여전히 성장하는
온라인 크리에이터

영국 시사 잡지 〈이코노미스트〉는 2022년 '세계대전망The World Ahead' 시리즈에서 온라인 크리에이터 경제를 주요 의제로 다뤘다. 온라인 크리에이터 경제란 "크리에이터가 콘텐츠를 공유하고, 고객층을 구축하며, 다양한 방법으로 수익을 올리는 플랫폼과 툴"을 말한다. 〈이코노미스트〉는 페이스북, 스냅, 틱톡, 유튜브 등으로 대표되는 콘텐츠 플랫폼 산업의 매출이 이미 1,000억 달러를 넘었고, 전 세계적으로 5,000만 명의 크리에이터가 플랫폼에서 활동하는 것으로 추정했다.

크리에이터라는 직업의 인기도 계속 증가하는 추세다. 크리에이터는 7~11세 영국 청소년이 가장 선호하는 직업 중 4위에 올랐다. 유튜브 아동 채널 '라이언스 월드Ryan's World'의 구독자가 3,750만 명에 이르는 것을 보면 크리에이터 경제가 청소년층에 얼마나 큰 영향을 미치는지 알 수 있다.

온라인 크리에이터 경제의 선두 주자 유튜브

공식적인 온라인 크리에이터 경제는 2005년 유튜브의 창업으로 닻을 올렸다. 유튜브에 첫 비디오가 업로드된 시점은 2005년 4월이다. 단순한 비디오 공유 사이트로 시작한 유튜브는 이제 전 세계적 미디어 플랫폼으로 성장했다. 이 과정에서 유튜브는 많은 혁신적인 기술을 도입하고, 다양한 콘텐츠 형식을 수용하며, 사용자와 콘텐츠 제작자에게 새로운 기회를 제공했다.

유튜브 성장의 중요 분기점은 2006년과 2007년이다. 2006년 구글은 약 16억 달러에 유튜브를 인수했다. 이듬해인 2007년 유튜브는 유튜브 파트너 프로그램YouTube Partner Program을 출시했다. 이 프로그램을 통해 콘텐츠 제작자는 자신의 비디오에 광고를 게재해 수익을 얻을 수 있다. 크리에이터가 유튜브를 통해 수익을 창출하는 길을 연 것이다. 크리에이터 경제의 도래를 알린 중요한 사건이다.

유튜브는 2009년 HD 비디오 지원을 시작했고, 2010년 모바일 앱을 출시해 모바일 사용자들의 접근성을 높였다. 2011년에는 라이브 스트리밍 기능을 도입해 실시간 콘텐츠 공유의 가능성을 확장했다. 2015년에는 유료 구독 서비스인 유튜브 레드(현재의 유튜브 프리미엄)를 론칭해 광고 없는 시청, 백그라운드 재생, 오리지널 콘텐츠 등을 제공하기 시작했다. 그리고 2016년부터 음악 및 방송 콘텐츠에 더욱 집중하기 위해 유튜브 뮤직과 유튜브 TV를 차례대로 출시했다. 최근에는 VR, 360도 비디오, AI 기반 추천 알고리즘 등의 기술을 도입하면서 지속적인 성장과 변화를 추구하고 있다. 또한 콘텐츠 제작자와 사용자 사이의 상호작용, 커뮤니티 기능, 정책 등 다양한 측면에서 진화를 거듭하고 있다.

다양한 구성원과 요소로 이루어진 유튜브 생태계는 계속해서 성장 중이다. 유튜브는 콘텐츠 제작자에게 도구와 자원을 제공하고, 광고 수익을 관리해주며, 시청자에게 콘텐츠를 전달한다. 콘텐츠 제작자, 곧 크리에이터는 다양한 주제와 형식의 비디오를 만들고 업로드해 시청자에게 정보, 오락, 교육 등을 제공한다. 시청자는 전 세계적으로 수십억 명에 달하며, 유튜브 콘텐츠를 시청하고, 댓글을 달고, '좋아요'와 '구독'을 통해 크리에이터를 지원한다. 유튜브 광고로 수익을 창출하는 광고주 또한 중요한 생태계 구성원이다. 그들은 자사 제품이나 서비스를 홍보하기 위해 유튜브 플랫폼을 사용한다.

유튜브 크리에이터의 주요 수익원은 유튜브 파트너 프로그램이다. 이는 유튜브와 크리에이터 간의 수익 공유 모델 중 하나다. 일부 크리에이터는 특정 제품 리뷰, 튜토리얼 제공 등 제휴 마케팅을 하며 수익을 창출한다. 크리에이터의 수익 규모가 커지자 그들을 체계적으로 양성하고 지원하는 에이전시(소속사) 산업이 출현했다. MCN multi channel network(다중 채널 네트워크)이라 불리는 이들 기업은 여러 유튜브 채널을 관리하며 콘텐츠 제작, 광고, 마케팅 방면에서 크리에이터를 지원한다.

한국의 온라인 크리에이터 경제

유튜브는 각국의 경제성장과 일자리 창출에도 크게 기여한다. 글로벌 경제 분석 기관 옥스퍼드이코노믹스의 보고서에 따르면, 유튜브는 2022년 미국 GDP에 350억 달러 이상을 기여하고 39만 개의 정규직 일자리를 창출했다. 한국에서는 2022년 GDP에 2조 5,000억 원을 기여하고 8만 5,000개의 정규직 일자리를 창출했다.

유튜브는 한국에서 중요한 산업으로 자리 잡고 있다. 옥스퍼드이코노믹스에 따르면, 2020년 기준 한국에서 10만 명 이상의 구독자를 보유한 유튜브 채널은 5,500개 이상으로 집계됐다. 구글코리아에 따르면 구독자 100만 명 이상 채널은 2022년 12월 800개가 넘었다.

유튜브의 국내 광고 매출은 2017년 기준 1조 8,000억~3조 2,000억 원에 달하는 것으로 추정됐다. 구글이 공개한 2019년 전 세계 유튜브 광고 매출이 18조 원 수준인 것을 감안하면, 전 세계에서 한국 시장이 차지하는 비중을 알 수 있다.

한국은 온라인 크리에이터 경제의 확장을 선도하는 나라다. 한국의 콘텐츠 기업은 웹툰, 웹소설 분야에서 세계 표준으로 인정받는 콘텐츠 플랫폼을 개척했다. 콘텐츠 크리에이터 규모도 세계 최고 수준이다. 유튜브 통계 분석 전문 업체 플레이보드에 따르면, 2020년 연말 기준 한국에서 광고 수익을 창출하는 유튜브 채널은 10만 개로, 인구 1인당 전 세계에서 가장 많은 수익 창출 유튜브 채널을 보유하고 있다.

한편, 플랫폼과 제작 기술의 발전에 힘입어 다양한 분야가 크리에이터 산업에 통합되고 있다. 최근의 편입 사례가 온라인 셀러다. 플랫폼에서 쇼핑몰을 운영하는 온라인 셀러는 판매 촉진을 위해 라이브 커머스live commerce 등 다양한 콘텐츠를 제작하는 크리에이터로 변신하고 있다.

다만 크리에이터 산업의 정확한 규모를 파악하기는 어렵다. 유튜브, 네이버 등 플랫폼 기업은 국가별 채널과 크리에이터 수를 공개하지 않는다. 네이버가 공개하는 통계는 전 세계 크리에이터 수뿐이다. 네이버는 2023년 기준 웹툰, 웹소설, 제페토, 블로그 등 네이버 창작자 생태계에 참여하는 콘텐츠 크리에이터를 1,041만 명으로 추정한다.

온라인 셀러와 오프라인 크리에이터 규모도 네이버 통계를 근거로 간접적으로만 추정할 수 있다. 네이버에서 스마트스토어를 운영하는 사업자는 57만 명, 스마트플레이스에 등록한 업체는 235만 개에 이른다. 스마트스토어와 스마트플레이스 사업자 중 크리에이터로 분류할 수 있는 개인 사업자의 비중은 공개하지 않지만, 이들을 합하면 전체 취업자의 10%에 해당하는 규모다.

온라인 시장은 어떻게 변화하고 있는가?

온라인 쇼핑 환경은 인플루언서와 크리에이터 경제의 부상과 더불어 급변하고 있다(크리에이터와 인플루언서는 각각 콘텐츠 제작과 온라인 영향력에 초점을 맞추는 것으로 구분할 수 있으나, 실제로는 2개 그룹 모두 콘텐츠를 제작하고 팔로어에게 영향을 미치기 때문에 여기서는 이들을 구분하지 않고 통합된 개념으로 다룬다). 유튜브, 틱톡, 인스타그램 등의 플랫폼에서 인플루언서/크리에이터가 상품과 서비스를 판매하며 온라인 쇼핑 시장의 경계가 모호해졌다. 최근 유튜브가 한국에서 쇼핑 채널을 개설하는 등의 사례는 이러한 변화를 잘 보여준다.

개인 인플루언서의 활약은 이미 언론을 통해 많이 알려져 있다. 일례로 걸그룹 블랙핑크의 멤버 제니가 패션 기업의 상품을 광고하기 위해 SNS에 올린 게시물 하나가 28억 원의 가치를 창출한 것으로 추정된다. 해당 패션 브랜드가 제니와의 협업을 통해 올린 총수익은 6,800만 달러(약 903억 원)에 달한다고 한다.

관련 시장 규모도 빠르게 성장하고 있다. 글로벌 마케팅 분석 업체 인플루언서마케팅허브는 인플루언서를 활용한 세계 마케팅 시장 규모가 2016년 16억 달러(약 2조 1,900억 원)에서 2023년 211억 달러(약 28조 8,800억 원)로 커졌고, 2024년 말에는 240억 달러 규모를 상회할 것으로 예상했다. 디지털 마케팅 플랫폼 나스미디어는 2025년 한국의 인플루언서 커머스 시장 규모를 25조 원으로 전망했다.

인플루언서는 상품을 판매하기 위해 다양한 수익 모델을 활용한다. 전통적인 수익 모델은 광고와 협찬이다. 제휴 마케팅을 통해 특정 제품의 링크를 공유하고, 그 링크를 통한 구매에서 수익을 얻거나 브랜드와 파트너십을 맺어 제품을 홍보하고 판매한다.

구독 경제로 진입하면서 인플루언서는 구독, 후원, 판매의 형태로 팬과 직거래할 수 있게 됐다. 자신만의 웹사이트나 쇼핑몰, 또는 소셜 미디어 플랫폼을 활용해 제품을 직접 판매하기도 한다. 최근의 트렌드는 NFTnon-fungible token(고유 값을 가지고 있어 다른 토큰으로 대체가 불가능한 블록체인 기반 토큰)다. 창작 능력이 있는 인플루언서는 창작물을 NFT로 발행해 구매자에게 소장, 재판매, 후원 등이 가능한 새로운 가치를 제공한다. 안정기와 박민영은 《크리에이터 이코노미》에서 인플루언서와 크리에이터 수익 모델의 진화를 1.0 광고, 2.0 직거래, 3.0 NFT로 표현한다.

판매 방식도 다양해졌다. 제품 관리나 배송을 공급업체가 대신하는 드롭시핑dropshipping 모델도 인기를 끌고 있다. 한정판 제품을 출시해 팬들에게 희소한 가치를 제공하거나, 라이브 커머스를 통해 실시간으로 제품을 소개 및 판매하기도 한다. 이러한 방법은 인플루언서의 개인 브랜드, 타깃, 그리고 사용하는 플랫폼의 특성에 따라 달라질 수 있다.

인플루언서 커머스의 산업화도 진행 중이다. 인플루언서 커머스 활동을 지원하고 관리하는 MCN 등 새로운 유형의 기업이 시장에 진입했다. 인플루언서 당사자들도 사업자 단체를 만들어 인플루언서 산업의 이익을 보호하고, 정기적으로 대규모 콘퍼런스를 열어 위상을 높이기 위해 노력한다.

대기업도 인플루언서 마케팅 예산의 비중을 늘리고 있다. 2023년 2월 글로벌 마케팅 대행사의 조사에 따르면, 예산의 40% 이상을 인플루언서 마케팅에 지출하는 기업의 비중이 이미 23%에 달한다. 인플루언서 시장이 중요해지자 컨설팅 기업과 에이전시도 새로운 크리에이터를 발굴하거나 지원하기보다 대기업과 인플루언서를 연결하고 협업을 지원하는 사업으로 이동하는 추세다.

플랫폼 기업도 발 빠르게 움직이고 있다. 네이버는 인플루언서의 커머스 활동을 지원하기 위해 블로그마켓이라는 플랫폼을 운영한다.

이는 SNS와 마켓을 결합한 형태로, 인플루언서가 자신의 블로그를 통해 제품을 직접 판매할 수 있도록 하는 서비스다. 블로그마켓은 인플루언서에게 자신의 콘텐츠와 제품을 연계해 소개하고, 팔로어와 상호작용하며 판매를 촉진하는 기회를 제공한다.

블로그마켓은 인플루언서가 자체 브랜드를 구축하고, 독자적인 판매 채널을 가질 수 있게끔 해준다. 이를 통해 인플루언서는 자신의 스타일과 개성을 반영한 제품을 판매하고, 팔로어와 더욱 긴밀하게 소통할 수 있다. 네이버 블로그 사용자라면 누구나 쉽게 블로그마켓에 가입해 새로운 비즈니스 기회를 탐색할 수 있다. 블로그마켓의 링크를 통해 블로그마켓에 대한 상세한 정보와 가입 방법, 사용 방법 등을 확인할 수 있다.

—
네이버 블로그마켓
안내

블로그마켓 플랫폼은 기존의 블로그 콘텐츠 제작자에게 제품 판매라는 새로운 수익 창출법을 제공하며, 블로그와 상거래의 경계를 허무는 혁신적 서비스로 평가받고 있다.

온라인 셀러의 도전과 기회

이러한 시장 변화 속에서 한국의 온라인 셀러는 새로운 도전과 기회에 직면하고 있다. 스마트스토어나 인스타그램을 통한 판매 전략은 이제 기본이 됐으며, 더 나아가 셀러는 자신의 브랜드 스토리텔링과 인플루언서 활동을 강화해야 한다. 상품 큐레이션과 쇼핑몰 운영은 이들의 브랜드 가치를 높이는 데 중요한 역할을 한다.

라이브 커머스의 부상은 온라인 셀러에게 동영상 크리에이터로의 변신을 요구하며, 이는 매출 증대에 긍정적 영향을 미친다. 라이브 커머스를 통해 온라인 셀러는 제품에 대한 실시간 질문에 답하고 사용법을 시현함으로써 고객과 신뢰를 쌓을 수 있다.

네이버의 〈D-커머스 리포트 2021〉에 따르면, 라이브 커머스는 특히 SMEsmall and medium enterprise(중소기업)의 매출 증대와 고객 기반 확장에 크게 기여한다. 연구 결과, 라이브 커머스를 진행한 스토어는 그렇지 않은 스토어에 비해 평균 판매량은 49%, 판매액은 48% 증가했다. 특히 라이브 커머스는 스토어의 단골 고객 확보에도 도움을 줬으며, 이는 단기적 성과뿐만 아니라 장기적 매출 증진에도 효과가 있다는 뜻이다.

라이브 커머스 참여 후 SME의 판매액 증가율은 대형 스토어에 비해 약 3배 높았다. 매출과 마케팅 효과는 댓글, 하트 프로모션, 다양한 상품 소개, 방송 미리 알림 등을 통해 더욱 증가했다. 네이버 쇼핑 라이브 같은 개방형 라이브 커머스 플랫폼의 판매 지원 효과가 뚜렷하게 나타났다. 셀러들은 무료 교육, 스튜디오 대여 등 네이버의 지원 프로그램과 함께 다양한 전략을 활용해 그 효과를 극대화할 수 있다.

온라인 셀러의 가장 큰 현안은 인플루언서의 활동 무대인 소셜 미디어에 직접 진출하는 것이다. 이미 많은 온라인 셀러가 SNS, 소셜 커머스, 동영상 플랫폼 등 다양한 채널을 통해 자신의 제품에 대한 스토리를 공유하고 있다. 제품의 특징, 사용법, 고객 후기 등 다양한 콘텐츠를 바탕으로 팔로어와 직접 소통하며 제품 신뢰도와 브랜드 인지도를 높인다.

가장 보편적으로 사용하는 채널 중 하나가 인스타그램이다. 인스타그램 페이지에 제품의 특성을 강조하는 사진과 비디오 그리고 상세한 제품 설명을 게재해 고객과의 관계를 강화한다. 제품 리뷰, 사용법 설명, 고객 후기 등 다양한 형태의 콘텐츠로 신뢰를 구축하며, 이는 온라인 셀러의 매출 증대에 직접적으로 기여한다.

정원경 (주)목단 대표의 사례는 인플루언서 시장에 참여하는 연령대의 확장 가능성을 보여준다. 정원경 대표는 2014년 중년 패션 브랜드 '목단꽃이 피었습니다'를 창업했다. 초기에는 오프라인 매장만 운영하다 이후 판매 채널 다양화 및 대중과의 소통을 위해 네이버 쇼핑몰의 스마트스토어와 유튜브 채널 '목단MOKDAN'을 연이어 개설했다. 자신의 브랜드를 다양한 채널에서 소개하며 소셜 미디어, 오프라인 매장, 온라인 쇼핑몰을 효과적으로 결합한 것이다. 목단의 행보는 디지털 시대에 비즈니스 모델을 혁신하는 중요한 사례로, 다양한 연령대의 창업자에게 영감을 준다.

아직 소셜 미디어에 진출하지 않았다면, 자신의 목표와 콘텐츠 유형에 따라 적합한 소셜 미디어 플랫폼을 활용함으로써 브랜드 협업, 광고, 제품 판매 등 다양한 방식으로 수익을 창출하고 팔로어와 상호작용해야 한다. 예를 들어, 인스타그램은 시각적 콘텐츠와 패션·뷰티·라이프스타일 등의 분야에서 두각을 나타내고, 유튜브는 비디오 콘텐츠를 주로 다루며 높은 시청률을 확보하는 데 중점을 두고 있다. 이와 더불어 페이스북, 트위터, 틱톡, 레딧Reddit 등의 다양한 소셜 미디어 플랫폼은 특정 콘텐츠 형식과 관람자 프로필을 가지고 있으므로 온라인 셀러는 그에 맞게 활동을 조정해야 한다.

커머스 플랫폼의 도전과 기회

온라인 셀러에게 SNS 활동의 중요성이 점점 증가하고 있음에도 커머스 플랫폼이 자체적으로 SNS를 제공해 온라인 셀러를 지원하는 것은 단기적 관점에서 볼 때 쉽지 않은 과제로 남아 있다. 이는 네이버의 과거 사례에서도 명확히 드러난다. 네이버는 미투데이와 폴라라는 SNS를 운영했으나 시장에서 성공을 거두지 못했다. 커머스 플랫폼 기업이 SNS 영역으로 사업을 확장하는 데 여러 가지 어려움이 있음을 보여주는 사례다. 현재 아마존과 쿠팡 같은 대형 커머스 기업 역시 SNS 시장에 진출을 주저하고 있는 데서도 이런 사실을 알 수 있다.

반대로 SNS 기업이 커머스 영역으로 사업을 확장하는 것도 만만치 않은 도전이다. 인스타그램은 커머스 기능을 통합하려는 시도를 여러 번 했지만, 그 성과는 아직 눈에 띄지 않는 수준이다. 이러한 사례는 한 기업이 커머스와 SNS 두 영역에서 모두 뛰어난 성과를 내는 것이 매우 힘든 일임을 시사한다. 아마도 대부분의 기업이 특정 분야에서 요구하는 독특한 전략, 기술, 사용자 경험을 이해하고 구현하는 데 특화되어 있기 때문일 것이다.

플랫폼 기업은 온라인 셀러를 지원하고 그들의 비즈니스 확장을 도와주기 위해 새로운 방안을 적극적으로 모색하고 있다. 이런 맥락에서 네이버의 브랜드 커넥트 서비스는 주목할 만하다. 이 서비스는 온라인 셀러가 인플루언서와 손잡고 자신의 상품을 효과적으로 홍보할 수 있는 기회를 제공한다.

셀러는 이 서비스를 통해 자신의 제품과 브랜드 스토리를 넓은 범위의 관객에게 소개함으로써 브랜드 인지도를 높일 뿐만 아니라 새로운 고객층을 개척할 수 있다. 자신의 제품을 인플루언서의 팔로어들에게 직접적으로 노출시키고, 인플루언서의 개성과 영향력을 활용해 제품의 매력을 강조할 수 있다. 또한 인플루언서와의 제휴를 통해 SNS 채널에서 더 많은 관심과 참여를 유도함으로써 제품 판매를 활성화할 수 있다.

이러한 협업으로 셀러는 브랜드 메시지를 전달하는 새로운 채널을 확보하는 동시에 인플루언서의 창의적 콘텐츠 제작 능력을 활용해 제품을 독특하고 매력적인 방식으로 소개할 기회를 얻는다. 결론적으로, 브랜드 커넥트 같은 서비스는 온라인 셀러가 더 넓은 시장에 접근하고, 브랜드 인지도를 높이고, 최종적으로 매출 증대를 꾀하는 중요한 도구가 될 수 있다.

한편, 네이버 쇼핑에서 SNS 스타일의 콘텐츠를 효과적으로 제공하는 섹션이 쇼핑라이브와 산지직송이라고 할 수 있다. 특히 산지직송에서는 판매자들이 자신만의 프로필 페이지를 운영하며, 판매자의 정보와 제품에 관한 상세 내용을 제공한다. 하지만 이러한 프로필 페이지 이용률은 다소 낮은 편이다. 현재 트렌드는 프로필 페이지보다는 제품 상세 페이지에 판매자의 최신 소식, 브랜드의 역사 및 스토리 등을 자세히 담는 것으로 변화하고 있다. 이러한 방식은 소비자에게 더 친근하고 신뢰감을 주는 방법으로 여겨진다.

정부 차원에서도 인플루언서와 SNS 기업의 커머스 활동에 대한 규제와 정책이 중요한 고려 사항으로 대두하고 있다. 특히 커머스 기업으로 등록하지 않은 인플루언서의 SNS 커머스 활동과 유튜브의 커머스 진입을 허용해야 하는지에 대한 심도 있는 검토가 필요하다. 이는 시장의 공정성과 소비자 보호를 고려해 새로운 비즈니스 모델에 대한 적절한 수준의 규제를 찾는 문제로, 정부의 정책 결정이 시장에 매우 큰 영향을 미친다.

개인의 창의적 활동을 기반으로 성장하는 크리에이터 경제의 성격을 감안할 때, 인플루언서 커머스의 성공은 궁극적으로 온라인 셀러의 크리에이터 전환에 달렸다. 온라인 셀러는 자신의 역량을 강화하고 SNS를 적극 활용해 고객과의 상호작용을 강화해야 한다. 플랫폼 기업의 지원과 온라인 셀러의 창의적 노력이 결합할 때, 변화의 시대에 성공적으로 대응할 수 있을 것이다. 혁신적 마케팅 전략, 창의적 콘텐츠 제작, 고객과의 지속적 소통은 온라인 셀러가 시장에서 경쟁력을 유지하고 성장하기 위한 핵심 요소다.

새롭게 주목받는
오프라인·어번 크리에이터

기술사회에서 자유롭고 독립적인 일을 실현할 가능성이 높은 크리에이터가 온라인을 넘어 오프라인에서도 주목받고 있다. 리테일에서 온라인과 오프라인의 통합이 급속히 진행되고 있다는 사실을 고려할 때, 크리에이터 경제의 범위를 온라인 크리에이터에 한정하는 것은 리테일 콘텐츠 시장의 현실에 맞지 않는다. 이 책은 크리에이터의 유형에 오프라인 크리에이터와 어번 크리에이터를 추가해 크리에이터 경제의 영역을 오프라인과 도시로 확장한다. 오프라인 리테일이 크리에이터 경제의 영역으로 포함되면서 해당 영역에서 크리에이터의 비중이 커지고 있다.

공간의 힘을 믿는 오프라인 크리에이터

오프라인 크리에이터는 오프라인에서 공간, 인테리어, 행사, 전시, 굿즈 등 다양한 형태의 콘텐츠를 직접 만든다. 그들의 역량은 건축과

━━ 특색 있는 독립 서점들. 큐레이션, 강연, 전시 등 다양한
문화 행사가 개최된다. (이미지 출처: 유어마인드·땡스
북스 홈페이지)

디자인에서 발휘된다. 건축과 디자인에 대한 감각 및 전문성이 오프라인 크리에이터를 일반 소상공인과 구분한다.

오프라인 크리에이터는 리테일 영역에서 급속하게 확산하고 있다. 리테일에서 크리에이터 산업으로 전환되는 대표적인 업종이 BBC, 즉 독립 서점bookstore, 베이커리bakery, 커피 전문점coffee이다. 소비자에게 주목받는 BBC 운영자는 스스로를 크리에이터로 인식하고, 상품 판매를 넘어 문화적 경험과 가치와 같은 문화 콘텐츠를 제공한다. 독립 서점은 큐레이션을 통한 독특한 책 세계를, 아르티장 베이커리는 장인정신을, 스페셜티 커피 전문점은 원산지의 스토리를 전달한다.

오프라인 크리에이터에게 가장 중요한 플랫폼은 오프라인 공간이다. 이들은 물리적 공간을 창의적으로 디자인하고 활용함으로써 고유한 분위기와 경험을 창출한다. 이러한 공간은 상품과 서비스를 판매하는 장소일 뿐 아니라 사람들이 모이고 소통하는 커뮤니티 허브로 기능한다. 즉, 오프라인 크리에이터가 만들어내는 공간 자체가 하나의 플랫폼이 되는 것이다.

나아가 이들이 조성하는 공간은 다양한 공급자와 소비자를 연결하는 플랫폼으로 진화할 수 있다. 공유 공간, 팝업 스토어, 커뮤니티 기반 공간, 특히 입주자의 콘텐츠를 소개하고 판매하는 편집숍을 결합한 코워킹 스페이스 등이 플랫폼 기능을 강화하고자 하는 오프라인 크리에이터가 선택할 수 있는 비즈니스 모델이다.

한편 오프라인 크리에이터들도 디지털 플랫폼을 효과적으로 활용한다. 인스타그램, 페이스북, 유튜브 등의 소셜 미디어 플랫폼을 통해 오프라인 공간에서 제작한 콘텐츠를 온라인으로 확산시키고, 잠재 고객들과 소통한다. 또한 자신들의 공간과 상품, 서비스를 온라인에서 홍보하고 판매하기도 한다. 이처럼 플랫폼을 전략적으로 오가며 시너지 효과를 낸다는 점이 오프라인 크리에이터만의 강점이라 할 수 있다.

한국에서는 건축과 디자인 분야 인재들이 오프라인 크리에이터 산업을 주도한다. 스톡홀름의 쇠데르말름도 마찬가지지만, 서울에서 오프라인 크리에이터의 위력은 상권 판도에서 체감할 수 있다. 연남동, 성수동, 한남동 등 최근 사람과 돈이 모이는 상권에서는 예외 없이 오프라인 크리에이터들이 활동한다.

저평가받는 지역에 오프라인 크리에이터가 진입해 감각적인 공간을 창업하는 현상은 1990년대에 본격적으로 시작됐다. 보행 환경과 휴먼 스케일 그리고 재생을 강조하는 뉴 어버니즘new urbanism 이 1990년대 도시계획의 중심에 스며들었고, 인디 문화를 강조한 1990년대의 시대정신을 반영해 새로운 도시 실험과 도전적인 창업이 이루어졌다. 한국의 카페 문화와 인디 문화도 1990년대에 시작됐다. 아울러 도시재생형 공간 창업이 2000년대 중반 힙스터 현상과 결합해 전 세계적으로 확산됐다.

오프라인 크리에이터는 직접적인 대면 상호작용을 통해 고객과 강한 연결을 구축하며 상품 판매, 구독 서비스, 전시와 커뮤니티 서비스 등으로 수익을 창출한다. 이들은 실제 물리적 공간에서의 창작 활동을 통해 문화적·예술적 가치를 전달하고 지역 커뮤니티의 발전에 기여한다. 결과적으로 지역 환경을 긍정적으로 변화시키는 중요한 역할을 하며, 이들의 창의적 활동은 크리에이터 경제의 다양성과 포용력을 보여주는 좋은 사례다.

도시의 문화 자원을 활용하는 어번 크리에이터

크리에이터 경제의 부상과 함께 도시 경제 활성화의 핵심 주체로 어번 크리에이터가 주목받고 있다. 어번 크리에이터는 단순히 자신의 콘텐츠를 특정 공간에 구현하는 오프라인 크리에이터와는 차별화된다. 어번 크리에이터는 생활권 단위의 작은 지역을 통합적으로 기획하고 브랜딩하는 사람이다. 즉, 한 지역에서 다수의 공간을 연계해 기획하거나 공공의 도시재생 사업을 수행함으로써 해당 지역 전체의 가치를 높이는 것이 어번 크리에이터의 역할이다.

어번 크리에이터는 도시 및 기후 전략가 보이드 코언이 자신의 저서에서 설명하는 '도시 기업가urban entrepreneur'와 유사한 개념이다. 코언은 도시 기업가를 "자신이 속한 사회생태학적 환경, 즉 도시와 지역사회에 깊이 뿌리내리고 영향을 받으며, 도시가 제공하는 자원을 활용해 협업과 혁신을 이끌어내는 창업가"로 정의한다.

어번 크리에이터는 로컬 비즈니스 모델로 스케일 딥scale deep 전략을 추구한다. 스케일 딥은 지역 고유의 자원과 네트워크를 활용한 복제 불가능한 콘텐츠로 경쟁우위를 확보하는 전략이다. 규모의 경제를 실현하기보다는 로컬 기반의 차별화된 가치 창출과 커뮤니티 구축에 주력한다. 스케일 딥은 "지역 생태계에 깊이 뿌리내리고, 지역 자원을 창의적으로 재구성해 지역 문제를 해결하는 방식으로 성장하는 것"이며, "단기적인 이익 극대화보다는 지역사회와의 협력을 통해 지속 가능한 성장을 추구하는 데 초점을 맞춘다."(Suntae Kim & Anna Kim, 2022)

스케일 딥 모델에는 크게 4가지 유형이 있다. 첫째, 로컬 콘텐츠 기획을 통한 로컬 브랜드 커뮤니티 구축이다. 지역 고유의 문화와 스토리를 발굴하고 이를 문화 기획과 비즈니스에 접목해, 지역 주민과 팬덤이 함께 참여하는 브랜드 커뮤니티를 조성하는 것이다.

제주 콘텐츠 그룹 재주상회, 코인 빨래방과 카페를 결합한 해방촌 론드리프로젝트, 속초의 소호259 게스트하우스, 미국 미시건주 앤아버의 델리에서 시작해 지역 내 거점 기업이 된 징거맨Zingerman's 등이 대표적인 사례. 재주상회는 로컬 매거진 〈인iiin〉을, 론드리프로젝트는 외국인 여행자와 거주민 대상 세탁 서비스를, 소호259는 로컬 경험을 찾는 여행자를, 징거맨은 직원 소유 분사 방식을 통해 각각 지역의 특색을 살린 브랜드 커뮤니티를 성공적으로 구축했다.

둘째, 랜드마크 공간을 활용한 크리에이터 타운 조성이다. 유휴 부동산이나 지역 명소 등을 크리에이터 중심의 복합문화공간으로 재생하고, 크리에이터의 정주 여건을 갖춘 일자리-주거-여가가 융합된 직주락work, live, play 환경을 구축하는 것이 핵심이다. 연희동 연남장, 영동 끄티 봉래, 서교동 크리에이터 타운 서교, 제주 아라리오타운, 목포 괜찮아마을, 충주 관아골 등이 대표적인 사례다.

셋째, 로컬 메이커 스페이스 중심의 로컬 콘텐츠 생태계 구축이다. 특산물, 라이프스타일, 지역 문화 등 로컬 콘텐츠에 특화된 지역 소상공인을 위한 메이커 스페이스를 조성하고, DIY 건축, 디자인, 로컬 콘텐츠 개발 기술 훈련 및 작업장을 제공하며, 지역 내 창업을 조건으로 로컬 콘텐츠 창업을 지원하는 전략이다. 일본 히다 시의 재생을 위해 설립된 로프트워크의 히다쿠마, 군산 (주)지방의 로컬 콘텐츠 메이커 스페이스, 프랑스 지역 사회 창작소 제3의 장소 등이 대표적이다.

━━ 군산 로컬 콘텐츠 메이커 스페이스에서 개최된 발효포럼.
테마에 맞는 다양한 행사를 개최한다.

넷째, 지역 문제 해결을 통한 소셜 비즈니스 네트워크 구축이다. 로컬 커뮤니티가 당면한 문제를 집중적으로 분석하고 해법을 모색하는 과정에서, 지역 자원을 창의적으로 연계 및 재조합하고 네트워크를 구축해 지역 문제 솔루션 중심의 로컬 비즈니스 생태계를 만드는 것이 핵심이다. 제로 웨이스트 문화를 공유하는 서울 연희동 보틀팩토리, 미국 디트로이트주의 공유 주방 디트로이트키친커넥트Detroit Kitchen Connect와 신선 식품 유통망 굿푸드액세스Good Food Access 등이 대표적인 사례다.

4가지 스케일 딥 모델은 각각 강조점이 다르지만, 모두 지역 자산의 가치를 재발견하고 이 가치의 연계 및 확장을 통해 지속적인 성장을 도모한다는 공통점이 있다. "스케일 딥은 지역 고유 자원과 네트워크에 뿌리내리며 차별화된 경쟁력을 확보하고, 장기적 관점에서 로컬 수요에 밀착해 브랜드 신뢰와 애착을 형성하며, 지역과 상생하며 성장하는 과정 자체가 브랜드 스토리텔링의 원천이 된다."(Suntae Kim & Anna Kim, 2022)

어번 크리에이터가 스케일 딥 전략을 구현하기 위해 핵심적으로 활용하는 수단이 바로 '앵커 스토어anchor store'다. 앵커 스토어란 특정 상권을 대표하는 '간판 가게'다. 혁신성, 지역성, 문화성을 기반으로 유동 인구, 인프라, 구심점, 정체성 등 다양한 상권 공공재를 제공하는 상업 시설을 말한다.

지역 정체성에 기반한 어번 크리에이터는 앵커 스토어를 통해 지역 상권의 대표 주자 및 플랫폼 역할을 자처한다. 공간 디자인과 기획을 통해 주민과 파트너를 모으고 문화 기획, 공간 비즈니스, 옴니채널omni-channel 등 다양한 혁신을 통해 오프라인 수익 모델을 개발한다.

앵커 스토어는 지역 내 다양한 이해관계자들을 연결하는 거점 공간의 역할을 수행한다. 공간은 주민과 주민을, 주민과 고객을, 지역과 기업을 연결하는 중요한 매개체다. 특히 문화재, 공공건물, 공공미술, 자연기념물 등을 앵커 스토어에 결합하면 그 공간은 즉시 지역의 랜드마크이자 구심점으로 기능할 수 있다.

창의성과 상상력을 발휘하면 작은 기업도 앵커 스토어를 통해 어번 크리에이터의 지위를 확보할 수 있다. 앵커 스토어 디자인의 핵심은 그 공간을 지역 문화와 경제를 아우르는 플랫폼으로 만드는 것이다. 앵커 스토어를 매개로 동네와 지역의 볼거리, 먹거리, 즐길거리, 나아가 일자리와 커뮤니티 활동이 활발하게 연계될 수 있도록 구성해야 한다.

어번 크리에이터에 대한 소비자 충성도를 높일 수 있다는 점도 앵커 스토어 모델의 추구를 불가피하게끔 만든다. 지역 상권에 공공재를 제공하고 명성을 안겨주는 기업은 지역에 대한 자부심을 불러일으키는 상징적 브랜드로 인정받는다.

어번 크리에이터가 앵커 스토어를 추구해야 하는 또 다른 이유는 지속 가능성을 확보하기 위해서이다. 대기업과 경쟁하기 위해서는 지역 자원과 네트워크를 연결해 복제하기 어려운 콘텐츠를 개발하고 상권을 기업 브랜드의 일부로 만들어야 하는데, 이는 지역 상권에 공공재를 제공하는, 일정 수준의 시장 지배력을 갖춘 기업만이 가능한 일이기 때문이다.

오프라인 크리에이터와 어번 크리에이터는 현대 도시 경제의 새로운 주역으로 부상하고 있다. 오프라인 크리에이터가 공간, 인테리어, 행사,

전시, 굿즈 등을 통해 문화적 경험과 콘텐츠를 제공한다면, 어번 크리에이터는 생활권 단위의 지역을 통합적으로 기획하고 브랜딩한다.

이들의 핵심 가치는 개인성과 로컬성에 있다. 크리에이터 경제가 슈퍼스타 중심에서 벗어나 균형을 이루려면, 시장이 복제가 어려운 개인 콘텐츠 및 로컬 콘텐츠 중심의 오프라인과 도시 시장으로 분산되어야 한다. 이러한 지역 중심의 크리에이터 경제는 크리에이터 생태계의 다양성을 확보하는 동시에 지역 경제 활성화, 고용 창출, 그리고 지역 고유의 문화와 정체성 강화에 기여한다.

특히 BBC와 리테일 분야에서 분산화 트렌드가 두드러진다. 지역에서 활동하는 오프라인과 어번 크리에이터들은 지역사회와 긴밀히 연결되어 브랜드 커뮤니티를 형성하고, 소비자를 공동의 문화 생산자로 참여시키면서 온라인 및 타 지역과 차별화된 경제 영역을 구축한다.

오프라인과 온라인의 경계가 더욱 모호해지는 시대에 이들 크리에이터의 역할은 한층 더 중요해질 것이다. 이들이 만들어내는 혁신적 공간과 경험은 도시의 미래를 형성하는 핵심 요소가 되며, 지속 가능한 로컬 경제와 문화의 견고한 기반이 될 것이다. 궁극적으로 오프라인과 어번 크리에이터는 세계화 시대에 로컬의 가치를 재발견하고 강화하는 핵심 주체로서, 더욱 균형 잡힌 크리에이터 경제와 풍요로운 도시 문화의 미래를 열어갈 것이다.

크리에이터 경제는
어떻게 확장되고 있는가?

현재 언론에서 정의하는 협의의 크리에이터 경제는 '크리에이터 이코노미creator economy'라 불리는 플랫폼 창작자 경제다. 인스타그램, 유튜브, 틱톡, 네이버 등에서 자신이 만든 콘텐츠로 일정 수준의 수익을 올리는 개인 창작자가 만드는 콘텐츠 생태계라고 생각하면 된다.

기존의 크리에이터 이코노미가 콘텐츠 크리에이터들이 참여하는 경제라면, 이 책에서 이야기하는 '크리에이터 경제'는 온라인 셀러, 오프라인 크리에이터 등 다른 유형의 크리에이터까지 포함한 더 큰 범주의 경제다. 이들 크리에이터도 콘텐츠 제작, 플랫폼 유통, 경제적 가치 창출 등 콘텐츠 크리에이터를 정의하는 조건을 모두 만족한다. 크리에이터 경제에서는 다양한 유형의 크리에이터가 개인의 창의성과 기술을 활용해 독립적으로 가치를 창출하고 수익을 얻는 경제 활동을 한다.

크리에이터 경제 모델은 디지털 플랫폼과 소셜 미디어의 발달로 크게 활성화됐으며, 전통적인 취업 시장의 경계를 넘어서며 새로운 형태의 직업과 기회를 만들어내고 있다. "과거에는 자본이 없는 개인이

할 수 있는 일이 제한적이었다면 지금 우리가 사는 세대는 다르다. 노트북과 와이파이만 있다면 무엇이든 배우고, 실행해볼 수 있다."(정혜윤, 2021) 크리에이터 경제에 참여하는 이들은 주로 자신의 열정과 전문성을 바탕으로 독립적인 창작 활동을 하며, 다양한 방법으로 수익을 창출한다.

크리에이터 경제의 확산이 오프라인 리테일과 도시산업에서 그칠 것인가? 크리에이터 경제는 기술의 발전과 디지털 문화의 확산에 힘입어 더욱 다양하고 복잡한 형태로 발전하고 있다. 이 발전은 노마드 워커, 라이프스타일 노마드까지 확장되며 또 다시 새로운 크리에이터 경제를 생성한다.

디지털 노마드, 프리랜서, 긱 워커, N잡러 등을 통칭하는 노마드 워커는 장소에 구애받지 않고 전 세계 어디서나 작업할 수 있는 유연성을 활용해 다양한 분야에서 창의적인 기여를 하고 있다. 이러한 라이프스타일은 특히 기술의 발전과 디지털 커뮤니케이션 도구의 보급으로 더욱 용이해졌다. 라이프스타일 노마드는 유연근무, 재택근무, 워케이션, 부업 등을 통해 일과 삶의 균형을 추구하며, 이 과정에서 새로운 형태의 콘텐츠와 창작물을 생산한다.

다양한 크리에이터의 등장은 크리에이터 경제가 단순히 콘텐츠를 다양화하는 것을 넘어 사회적·경제적·문화적 측면에서 광범위한 변화를 일으키고 있음을 보여준다. 크리에이터 경제는 개인의 창의성과 독립성을 중시하는 현대사회의 가치와 밀접하게 연결되어 있으며, 앞으로도 대기업, 제조업, 첨단산업 등의 대상과 분야로 그 영향력을 확장할 것으로 전망된다.

크리에이터 기업이 선도하는 새로운 제조업

화장품을 비롯한 제조업은 크리에이터 경제의 확장성을 볼 수 있는 주요한 예다. K뷰티 산업은 현재 제2차 전성기를 맞이하고 있다. 과거 대형 브랜드가 스킨케어 제품을 중국에 주로 수출했던 제1차 전성기와 달리, 이번에는 창업 10년 이내의 '인디' 브랜드들이 트렌드를 주도한다. 이들 인디 브랜드는 색조 화장품, 샴푸, 로션 등으로 제품군을 확장했고 주력 시장도 중국에서 미국과 일본으로 변화했다. 2023년 4월 기준 미국 화장품 수입에서 한국산 비중은 22%로 1위를 차지했으며, 전년 동월 대비 43% 성장한 1억 3,800만 달러를 기록했다.

화장품 산업 사례는 창의성과 마케팅이 중요해짐에 따라 제조업 기업의 규모가 작아지는 상황을 보여준다. 1인 기업, 프리랜서, 인플루언서 등 개인 크리에이터들이 자신만의 브랜드와 상품을 만들어내고, 소셜 미디어와 온라인 플랫폼을 통해 마케팅과 판매 활동을 펼치는 것이다. 이러한 크리에이터 경제로의 전환에 있어 생산 플랫폼이 중요한 역할을 하고 있다.

생산 전문 플랫폼의 확산

제조업 전역에서 생산 플랫폼(ODM/OEM) 체제가 확산되고 있다. 기업들이 디자인, 마케팅에 역량을 집중하고, 생산은 ODM original design manufacturing(제조업자 개발 생산), OEM original equipment manufacturing(주문자 상표 부착 생산) 등에 맡기는 것을 말한다. 반도체 산업에서는 팹리스fabless 기업들이 설계에 특화하고, 생산은 파운드리foundry에 맡기는 추세가 두드러진다. 제조업 기업들은 생산 플랫폼을 통해 대규모 설비 투자와 인력 고용에 대한 부담을 줄이고, 제품 기획과 브랜딩에 더욱 주력할 수 있다.

화장품 산업에서는 ODM 기업의 성장이 주목할 만하다. 코스맥스, 한국콜마, 코스메카 등 국내 ODM 기업들은 브랜드사의 요구에 맞춰 화장품을 개발하고 생산한다. 이들은 연구개발 및 생산 인프라를 갖추고 다양한 브랜드와 협업함으로써 규모의 경제를 실현하고 있다. ODM 기업의 성장은 신생 화장품 브랜드의 시장 진입 장벽을 낮추는 효과를 가져왔다. 그 결과 국내 화장품 브랜드 수는 2만 2,000개를 넘어섰으며, 해외에서도 한국 화장품의 인기가 높아지고 있다.

구다이글로벌의 조선미녀 브랜드는 한국콜마의 위탁 생산을 통해 K뷰티 시장에서 큰 성공을 거두었다. 한방 원료와 서구 소비자에게 익숙한 성분을 결합한 제품 전략으로, 대표 상품 '맑은쌀 선크림'은 월 200만 개가 100여 개국에 수출되며 아마존 선크림 판매량 1위를 기록했다. 구다이글로벌은 2020년 1억 원에서 2023년 1,396억 원으로 매출이 급증했고, 2024년에는 3,000억 원의 매출을 전망하고 있다.

생산 플랫폼 모델은 패션 산업에서도 빠르게 확산되고 있다. 젊은 패션 디자이너들은 소셜 미디어를 통해 자신의 브랜드를 홍보하고, 온라인 플랫폼을 통해 직접 제품을 판매한다. 이들은 ODM 업체와 협력해 제품을 생산하고, 인플루언서 마케팅을 적극 활용한다. 특히 개인 맞춤형 제품에 대한 수요 증가로 맞춤형 의류 제작 서비스를 제공하는 크리에이터 기업들이 등장하고 있다.

2017년 설립된 마더그라운드는 독창적인 디자인과 스토리텔링, 그

— 중소 뷰티 브랜드는 해외에서도 큰 인기를 끌고 있다.
(이미지 출처: 마녀공장·앤드바이롬앤 홈페이지)
아웃도어 브랜드 스노우피크는 '아웃도어 라이프스타일
크리에이터'를 브랜드의 정체성으로 내세운다.

리고 혁신적인 유통 방식으로 급성장하고 있는 신발 브랜드다. 마더그라운드는 신발 디자인과 브랜딩에 역량을 집중하고, 생산은 신발 제조 전문 업체에 맡기고 있다. 나아가 개발, 3D 모델링, 인쇄, 영상 및 웹디자인 등 제품 생산 외적인 부분들도 적극적으로 아웃소싱한다. 이를 통해 마더그라운드는 브랜드 정체성에 집중하면서도 높은 품질의 제품을 생산할 수 있는 체계를 갖추게 됐다.

사실 생산 플랫폼 기업 모델은 새로운 것이 아니다. 애플과 나이키는 이미 오래전부터 생산을 아웃소싱하면서 유사한 시스템을 구축해왔다. 이들 기업은 본사에서 연구 개발, 디자인, 마케팅, 영업에 주력하고, 생산과 포장은 해외 협력사를 통해 진행한다. 이러한 사업 모델을 통해 제품 혁신과 브랜드 가치 제고에 집중할 수 있었고, 그 결과 세계 시장에서 압도적인 경쟁력을 확보했다.

자동차 산업 역시 생산 플랫폼 모델을 적극 활용하고 있다. 완성차 업체들은 제품 기획과 디자인에 집중하는 한편, 부품 생산과 조립은 협력사에 맡기는 사례가 늘고 있다. 전자 산업의 애플과 폭스콘의 경우처럼, 자동차 제조사와 생산 플랫폼 기업 간의 협업이 확대될 것으로 예상된다. 아울러 전기차, 자율주행차 등 미래 모빌리티 분야에서 혁신적인 생산 방식을 도입한 신생 기업들의 등장도 기대된다.

식품 산업에서도 생산 플랫폼의 활용이 점차 확산되고 있다. 수제 맥주, 라면 등에서는 이미 생산 플랫폼이 보편화됐다. 최근에는 식품 스타트업들이 아이디어와 레시피 개발에 주력하는 한편, 생산은 OEM 업체에 위탁하는 방식으로 사업을 전개한다. 식품 대기업들도 자체 생산 설비를 유지하면서 중소 식품 기업들을 위한 생산 플랫폼 역할을 수행할 것으로 전망된다.

크리에이터 기업 중심으로 재편되는 제조업

기술이 발전하고 취향이 다양해지면서 제조업 기업의 규모가 작아지고, 소규모 제조업 기업이 생산을 플랫폼에 위탁하는 추세가 확대되면 제조업은 크리에이터 산업으로 진화할 것이다. 크리에이터 산업과 마찬가지로 제조업의 아웃소싱은 생산을 넘어 디자인, 마케팅, 판매 등 가치 사슬의 전 영역으로 확장할 것이다.

현재 유튜브, 인스타그램 등에서 인기를 얻은 크리에이터들은 크리에이터 플랫폼을 통해 콘텐츠 제작·유통·판매 등 다양한 서비스를 공급받는다. 이들은 자신만의 브랜드 상품인 '굿즈'를 출시하며 사업 영역을 확장하고 있다. 마플샵과 같은 전문 ODM 기업은 3,000여 종의 크리에이터 굿즈를 생산해 공급한다. 이러한 생산 플랫폼 기업 덕분에 개인 크리에이터들도 대량 생산 및 유통의 장벽을 넘어설 수 있게 됐다. 나아가 일부 인기 크리에이터들은 자신의 브랜드를 론칭하며 제조업으로 영역을 확장하고 있다.

제조업의 생산 플랫폼 경제 편입은 이미 상당 부분 진행되어왔다. 이는 제조업 기업들이 애플이나 나이키 같은 세계적 대기업의 사업 모델을 따르게 될 것임을 시사한다. 기업들은 생산과 판매를 외부 플랫폼에 위탁하고, 콘텐츠 제작, 디자인, 마케팅, 브랜딩 등 창의적인 분야에 더욱 집중하게 될 것이다. 나아가 제조업 기업의 규모가 지속적으로 작아진다면 제조업이 1인 기업, 즉 크리에이터 기업 중심으로 개편될 가능성도 있다.

플랫폼 기업이 제조업에 진출하다

제조업 미래의 새로운 변수는 플랫폼 비즈니스의 확장이다. 아마존과 쇼피파이와 같은 대형 플랫폼 기업들은 단순한 유통 채널의 역할을 넘어 제품 생산과 공급망 관리까지 영역을 확장하고 있다. 유튜브와 인스타그램과 같은 크리에이터 플랫폼도 커머스 채널을 추가하며 크리에이터들의 상품 출시를 지원하고 있다. 이를 통해 크리에이터들은 창작에 더 집중할 수 있고, 상품의 생산부터 유통까지의 과정을 효과적으로 관리할 수 있게 된다.

플랫폼 기업이 전략적으로 확장된다면 소규모 기업과 크리에이터들에게 전문 지식과 자원 등 제품 제조의 전 과정을 지원하는 원스톱 솔루션을 제공함으로써, 창작물 상품화의 장벽을 낮출 것으로 예상된다. 반면 ODM/OEM 같은 전통적인 위탁 생산자들의 입지는 축소될 것이다. 3D 프린팅 등 디지털 제조 기술의 발전은 제조 과정을 더욱 유연하고 접근 가능하게 만들어, 크리에이터와 중소기업이 대규모 위탁 생산자에 의존하지 않고도 맞춤형 제품을 생산할 수 있게 해준다. 〈MIT테크놀로지리뷰〉는 AI와 자동화 기술이 제조 공정을 효율화하고 비용을 절감함으로써, 전통적인 위탁 생산자들의 가치를 감소시키고 있다고 지적한다.

제조업의 '크리에이터 경제' 편입은 전통적인 제조업의 개념이 흐려지고 창의성과 개인의 아이디어를 중심으로 한 새로운 생산 패러다임이 자리 잡아가고 있음을 보여준다.

크리에이터 경제가 미치는 영향은 생산 플랫폼에 국한되지 않는다. 콘텐츠 크리에이터들은 마케팅뿐 아니라 제품 개발에서도 혁신을 일으키고 있다. 크리에이터들이 소개하는 독특한 제품이나 사용법은 전통적인 시장에서 미처 고려하지 못한 새로운 수요를 창출하며, 이는 제품의 수명주기를 단축시키고 소비자가 제품을 평가하는 기준을 변화시키는 등 직접적인 효과를 불러일으킨다(Rebecca Karp et al, 2024). 소규모 크리에이터들이 전통적인 제조업에서 제품 혁신과 시장 전략 재정립을 주도하고 있는 것이다.

생산 플랫폼 중심의 개편은 제조업의 새로운 성장 동력이 될 것이다. 다만 그 속도와 양상은 산업마다 제각각일 것이다. 미래 제조업을 이끌 핵심 요소는 플랫폼 기반의 유연한 생산 체계, 창의적 인재의 활약, 그리고 기업 간 협업이 될 전망이다. 기존의 산업 구분을 뛰어넘는 제조업의 혁신적 변화에 앞으로 더욱 주목해야 한다.

크리에이터 경제의 확장성

크리에이터 경제의 확장은 기술의 발전, 디지털 네트워크의 확대, 사람들의 창작 욕구 증가, 그리고 개인의 라이프스타일 변화로 인한 것이다. 이 모든 요소가 합쳐져 크리에이터 경제는 앞으로도 계속해서 새로운 영역으로 확장되고, 이 과정에서 사회에 더욱 풍부하고 다양한 가치를 제공할 것이다.

크리에이터 경제의 확장은 주로 디지털 플랫폼을 통한 생산과 판매의 증가 덕분이다. 플랫폼 기술이 발전함에 따라 온라인 콘텐츠 생산자에서 시작된 크리에이터 경제가 오프라인 콘텐츠 생산자, 제조업,

전문직, 그리고 풀타임 프리랜서까지 포함하고 있다. SNS와 인터넷을 통해 정보를 쉽게 생산하고 공유할 수 있기 때문에 지극히 개인주의적인 노마드가 느슨한 연대를 구축해 새로운 가치와 영역을 개척하는 것이다.

하지만 플랫폼 기술, 크리에이터 기술 등 공급 요인만으로 크리에이터 경제를 설명하는 데는 한계가 있다. 크리에이터 경제는 크리에이터에 대한 수요가 상품과 노동 시장에 존재해야만 확장 가능하다. 소비자가 대기업이 아닌 크리에이터가 생산한 콘텐츠를 소비하고, 구직자가 대기업이나 전문직이 아닌 크리에이터 직업을 선호해야 한다.

문화적으로 보면, 크리에이터 경제를 견인하는 동력은 탈물질주의다. 1970년대 서구에서 시작된 탈물질주의는 1950년대까지 서구를 지배해온 물질주의를 거부하고 개성, 다양성, 삶의 질, 환경, 인권 등의 '대안적' 가치를 지지하는 경향을 말한다. 그들이 배격한 물질주의는 집단, 조직력, 권위, 성장 등 산업사회의 가치를 상징한다.

탈물질주의는 현실에서 탈물질주의 라이프스타일로 표출된다. 탈물질주의 소비자는 생산자의 취향과 지역의 가치를 담은 소규모·맞춤형·로컬 상품과 콘텐츠를 소비한다. 탈물질주의 생산자는 소량 생산, 지역 단위 생산, 그리고 개인 생산을 선호한다.

크리에이터 경제의 수요와 공급

크리에이터 경제의 확장을 수요와 공급 측면에서 더 체계적으로 정리해보자. 먼저 크리에이터 경제의 수요 측면 확장 요인으로는 개인화와 맞춤형 콘텐츠, 지속 가능성과 사회적 가치 콘텐츠, 장소·공간·신체 기술 기반의 콘텐츠, 커뮤니티 기반 콘텐츠에 대한 수요 증가를 들 수 있다.

현대 소비자는 자신의 취향과 필요에 따른 맞춤형 콘텐츠를 선호한다. 크리에이터는 개인화된 경험을 제공하는 콘텐츠를 창작함으로써 시장에서 성공할 기회를 얻는다. 또 현대 소비자는 사회적·환경적 가치를 담은 콘텐츠를 소비하려는 경향이 있다. 크리에이터는 이러한 수요를 충족시키기 위해 지속 가능하고 윤리적인 메시지를 담은 작품을 제공할 수 있다.

사람들은 장소성을 중요하게 여기고 신체적 기술을 활용해 만든 작품에 가치를 두며, 이는 오프라인 이벤트, 공연, 아트워크 등 물리적 공간과 연결된 콘텐츠에 대한 수요를 증가시킨다. 마지막으로 오늘날에는 같은 관심사나 가치를 공유하는 사람들이 온라인 커뮤니티를 형성하는 경우가 많다. 이러한 커뮤니티는 자신들의 고유한 문화와 콘텐츠를 소비하고자 하는 강한 욕구를 가지고 있으므로, 크리에이터는 특정 커뮤니티를 대상으로 한 콘텐츠를 제작해 새로운 수요층을 창출할 수 있다.

공급 측면에서는 디지털 플랫폼 그리고 자동화·보완 기술 등 크리에이터의 생산성을 높이는 기술의 발전과 자유롭고 독립적인 일과 삶에 대한 욕구가 크리에이터 경제의 확장에 큰 영향을 미친다. 온라인 플랫폼은 크리에이터가 전 세계적으로 자신의 작품을 쉽게 공유하고 수익을 창출할 수 있는 새로운 기회를 제공한다. 아울러 AI 같은 자동화 기술은 크리에이터의 작업 과정을 단순화하고 생산성을 높여줌으로써 크리에이터 경제 내에서의 공급을 촉진한다.

한편, 많은 사람이 원하는 일을 하면서 경제적 독립을 이루고자 하며, 크리에이터 경제는 이러한 욕구를 충족시키는 경로를 제공한다. 더불어 현대인은 유연한 근무 환경과 자유롭게 일할 수 있는 기회를 높이 평가하는데, 크리에이터로서의 생활이 이러한 자유와 독립을 가능하게 한다. 이 모든 요소가 결합해 크리에이터의 생산성을 높이고 활동 인재의 수를 증가시키며, 결국 공급 측면에서 크리에이터 경제의 지속적 확장과 발전을 담보한다.

3가지 측면에서 본 크리에이터 경제의 확장

크리에이터 경제의 첫 번째 확장은 크리에이터를 지원하는 산업 분야에서 일어난다. 크리에이터 플랫폼과 에이전시가 자체 커머스 채널을 추가하고 콘텐츠를 유통하는 등 창작부터 판매, 홍보, 마케팅, 생산, 경영에 이르는 전 과정에서 비즈니스와 기술 솔루션을 제공하고 지원하는 역할을 강화하고 있다. MCN 비즈니스 모델은 게임, 키즈, 뷰티, 엔터 등 다양한 분야의 크리에이터를 지원하는 종합 MCN에서 특정 분야에 특화된 버티컬 MCN으로 변화하고 있다.

두 번째로, 크리에이터 직군이 다양해진다. 크리에이터들은 유튜브 크리에이터에서 시작해 오프라인 크리에이터와 온라인 셀러까지 활동 범위를 넓히고 있다. 아울러 크리에이터의 활동 방식도 콘텐츠 창작에서 디지털 노마드, 프리랜서, 긱 워커, N잡러, 원격 근로자, 워케이션너 등 여러 가지 근무 형태를 통한 서비스 판매로 다양해지고 있다.

마지막으로, 앞에서 설명한 바와 같이 크리에이터 굿즈 생산 시스템이 확장된다. 맞춤형 생산을 전문으로 하는 제조업체가 크리에이터 경제의 일부로 편입되고 있으며 크리에이터와 인플루언서의 제품을 위탁 제작하는 ODM 또는 POD print on demand(주문 제작 인쇄) 기업의 역할이 강조되고 있다. 수제 맥주·화장품·문구·디자인 분야가 대표적이다.

크리에이터와 크리에이터 기업은 애플이나 나이키 같은 세계적 대기업처럼 생산과 판매를 외부 플랫폼에 위탁하면서 콘텐츠 제작, 디자인, 마케팅, 브랜딩 등 창의적인 분야에 더 집중하고 있다. 아울러 제조업 또한 자체 상품 생산을 넘어 크리에이터와 디자인 기업을 지원하는 ODM 플랫폼 방향으로 발전하고 있다.

크리에이터 경제의 이러한 확장은 다양한 직업군, 라이프스타일, 산업에 광범위한 영향을 미치고 있다. 디지털화와 기술혁신이 기존의 직업과 산업의 경계를 허물면서, 새로운 직업 형태와 문화적 가치를 탐색하는 데 크리에이터가 중요한 역할을 한다.

크리에이터 경제를
떠받치는 노마드

전통적 방식으로 온라인과 오프라인에서 자신의 콘텐츠를 판매하는 크리에이터뿐만 아니라 새로운 직군이 크리에이터 경제에 진입하고 있다. 이들의 공통점은 노마드 라이프스타일을 추구하는 노동자와 이를 지원하는 기업이 주체가 된다는 것이다.

이러한 노마드 경제에서는 크게 3가지 유형의 노마드 직군을 찾을 수 있다. 첫째가 온·오프라인 크리에이터, 디지털 노마드 등 오리지널 노마드다. 둘째는 자신의 서비스를 단기 계약으로 다른 기업이나 개인에게 제공하는 전형적인 플랫폼 노동자와, 부업을 통해 소득을 높이거나 크리에이터 활동에 참여하는 정규직 노동자 등으로 이뤄진 뉴노마드다. 셋째는 재택근무, 원격근무, 하이브리드 방식을 통해 자유롭고 독립적으로 일하는 정규직 노동자 등 아직은 노마드로 분류되지 않는 라이프스타일 노마드다.

모든 노마드 워커에게 중요한 것은 노마드 라이프스타일이다. 정규직이든 비정규직이든, 전문직이든 긱 노동이든 관계없이 특정 장소나 방식에 구애받지 않고 원하는 곳에서 좋아하는 일을 하고 싶은 만큼만 하기를 원한다. 이동성, 자율성, 독립성을 중시하는 이들 노마드가 크리에이터 경제의 영역을 프리랜서와 정규직으로 확장하는 것이다.

모든 인간에게는 노마드 본능이 내재되어 있다. 그럼에도 많은 이가 노마드 라이프스타일을 실현하지 못하는 것은 현실적 제약 때문이다. 노숙자나 불법 이민자 같은 한계 생활을 감수한다면 모를까, 노마드 생활은 일정 수준의 경제력을 전제로 한다.

자크 아탈리가 《호모 노마드 유목하는 인간》에서 "21세기는 유목민의 시대가 될 것"이라고 주장할 당시에는 노마드 생활이 슈퍼리치, 슈퍼스타, IT 개발자에게만 가능한 것으로 여겨졌다. 그러나 현재 우리는 많은 재산이 없어도 노마드 생활을 추구할 수 있는 시대에 살고 있다. 2010년 이후 공유 경제의 확산으로 프리랜서와 플랫폼 노동자 같은 노마드 직업이 일상적인 직업으로 자리매김했다. 일부 노마드는 플랫폼과 연결된 1인 기업으로 새로운 비즈니스 영역을 개척했다.

가장 전통적인 오리지널 노마드

크리에이터 라이프스타일은 간결하게 '노마드'로 표현할 수 있다. 디지털 공간과 기술을 통해 1인 기업을 운영하는 크리에이터 사업자는 시간과 장소에 구애받지 않고 자유롭게 일할 수 있다는 점에서다.

현재 다양한 노마드 비즈니스 모델이 존재한다. 노마드는 온라인 쇼핑몰을 운영하거나 특정 주제에 대한 온라인 커뮤니티를 만들고, 유튜브 같은 플랫폼에서 개인 콘텐츠를 제작한다. 자신만의 커뮤니티를 성공적으로 구축하면 광고, 제휴 마케팅, 컨설팅, 강의 등 다양한 수익원을 창출할 수 있다.

크리에이터는 탈물질주의 가치를 실현할 수 있는 직업이다. 정규직 노동자 중에서도 크리에이터처럼 자유롭고 독립적인 삶을 살고 싶은 사람이 늘어나는 이유다. 실제로 대기업에서 퇴직과 이직이 잦아지고 있다. 자기 방식대로 살고 '본캐'와 별도로 '부캐'를 추구하는 데서 볼 수 있듯 최근의 직장인은 여러 가지 일을 소화하거나 여러 정체성을 표현하고 싶어 한다.

특히 젊은 세대 사이에서 디지털 노마드로의 전환이 인기를 끌고 있다. 이들은 노트북만 있으면 전 세계 어디서든 일할 수 있는 유연성을 갖추고 있다. 많은 디지털 노마드가 IT 분야에서 일하며, 프리랜서나 원격 노동자로 삶의 질이 높은 휴양지에서 새로운 창조적 커뮤니티를 형성한다. 이러한 환경은 창의성과 독립성을 촉진하며, 새로운 형태의 노동과 라이프스타일을 가능하게 한다.

프리랜서로 대표되는 뉴 노마드

프리랜서는 현재 가장 일반적인 노마드 직업으로 볼 수 있다. 《프리랜서 시대가 온다》《긱 이코노미》 등의 책이 출간되는 것만 보아도 독립적이고 자유로운 직업과 일에 대한 수요가 커지고 있음을 알 수 있다. 〈월스트리트저널〉에 따르면, 미국에서도 코로나19 팬데믹을 거치면서 프리랜서와 자영업을 선택하는 사람이 늘어났다고 한다.

클라우드 기반 회계 플랫폼 프레시북스의 2018년 자영업 보고서는 2020년 미국에서 독립적인 고객 서비스가 주된 소득원인 프리랜서가 총고용에서 차지하는 비중이 33%(총고용인 1억 2,000만 명 중 4,200만 명)로 증가할 것으로 전망했다. 2020년까지 2,700만 명의 근로자가 정규직을 벗어나 유연한 근무와 자율성을 추구하는 프리랜서로 일할 것이라는 얘기였다. 미국의 비정규직은 2005년 총고용의 10%에서 2015년 15.8%로 이미 크게 늘어났다.

실질적인 프리랜서 인구는 더 많은 것으로 추정된다. 선행 연구에 따르면, 미국 고용 인구의 3분의 1, 일본 고용 인구의 6분의 1을 프리랜서로 분류할 수 있다고 한다. 그런데 프레시북스가 정의하는 프리랜서는 한국의 자영업과 다르다. 전자가 고용과 사업의 중간에 있다면, 후자는 사업자에 가깝다.

아직 체계적인 통계는 없지만 한국에서도 프리랜서가 늘어나는 추세다. 특히 영화나 IT 분야에서 프리랜서가 많이 활동하는 것으로 알려졌다.

프리랜서 중 우버 같은 공유 플랫폼에서 서비스를 제공해 수입을 올리는 노동자를 플랫폼 노동자 또는 '긱 워커'라고 부른다. 플랫폼 경제가 확산함에 따라 긱(단기 일자리) 수요가 크게 늘어날 것으로 예상된다. 일반적인 프리랜서와 긱 워커는 숙련도와 전문성에서 차이가 있다. 프리랜서가 고숙련 노동자라면, 긱 워커는 전문성이 필요 없는 일을 주로 하고 아직 창의적인 직업으로 분류하기도 어렵다.

반드시 돈이 필요해서가 아니라, 자신의 다양한 정체성을 실현하기 위해 N잡으로 일하는 사람도 노마드라고 할 수 있다. N잡 현상도 플랫폼 경제와 밀접한 관계가 있다. 유튜브, POD 서비스, 아이엠EyeEm(사진을 판매할 수 있는 플랫폼) 등 과거에 취미로 했던 활동으로 수익을 올리는 플랫폼이 N잡의 추구를 물리적으로 쉽게 만든다.

노마드로 새로 편입되는 직군 중 잠재적으로 경제 구조에 가장 큰 충격을 줄 직군은 부업 직장인들이다. 한국에서는 물가상승과 경기 부진으로 인해 직장인들 사이에서 부업 열풍이 불고 있다. 특히 디지털 경제와 AI의 발전으로 직장인들이 시간과 장소에 구애받지 않고 부업을 할 수 있는 환경이 조성됐다. 통계청 자료에 따르면, 부업을 하는 근로자의 수가 2022년 54만 6,000명으로 역대 최고치를 기록했다. 아울러 잡코리아와 알바몬의 설문 조사에 따르면, 응답자 10명 중 9명이 본업과 함께 부업을 한 경험이 있다고 답변했다.

미국에서는 디지털 부업을 통한 소득 증가 추세가 뚜렷하다. 사업 자동화 플랫폼 업체 자피어의 조사에 따르면, 2022년 기준 미국인의 34%가 부업을 하고 있으며, 정규직 근로자의 부업 비율은 43%에 달한다. 코로나19 확산 전인 2019년까지는 부업을 하는 근로자의 비율이 약 5%에 불과했는데 이후 급증한 것이다. 온라인에서의 그림 판매 등 다양한 디지털 부업으로 소득을 올리는 사례도 많아지고 있다.

'노마드적' 삶의 방식을 따르는 라이프스타일 노마드

노마드를 특정 직업으로 한정할 필요는 없다. '정착민' 직업을 가졌어도 노마드식 일과 삶의 방식을 추구할 수 있다. 재택근무, 원격근무,

코워킹 스페이스 중심의 업무도 노마드 방식이다. 코워킹 스페이스는 일할 장소가 필요한 사람들을 위한 공유 공간을 대여하는 사업체다. 회사가 자체 건물을 보유하지 않고 시내 곳곳의 코워킹 스페이스와 계약해 직원을 배치한다면 노마드 방식이다. 회사 안에서도 개인 공간보다 공유 공간 중심으로 공간을 활용할 수 있다.

공유 자동차, 공유 주택, 공유 여행같이 업무 외적인 생활과 여가 분야에서 노마드 방식을 따를 수도 있다. 자동차를 소유하지 않고 공유할 수 있으며, 여행도 에어비앤비 등의 서비스를 통해 자원을 공유하며 즐길 수 있다. 공유 경제에서 가장 빠르게 성장하는 분야가 공유 주거다. 도심에서 주거, 일, 놀이를 해결하려는 밀레니얼에게는 좁더라도 번화가에 위치한 공유 공간이 새로운 대안이다. 새로운 성장 동력을 찾는 부동산 개발 산업의 이해와 맞물려 최근 코리빙co-living 분야의 투자가 급속하게 늘어나고 있다.

노마드의 한계와 가능성

노마드 문화의 한계는 분명 존재한다. 아탈리가 지적한 대로 현실 세계의 노마드 대부분은 고독과 불안정이라는 구조적 한계를 극복하지 못한다. 이상과 달리 현실적으로는 대부분의 플랫폼 노마드가 1990년대 일본에서 등장한 프리터freeter(아르바이트로 생계를 유지하는 사람) 생활을 하고 있는지도 모른다.

미국의 긱 산업도 최근 임금과 노동자 권리 문제로 홍역을 치르고

━━ 사무실에 출근하지 않고 자택 혹은 코워킹 스페이스에서
근무하는 사람들이 늘고 있다.

있다. 긱 산업에 참여하는 운전과 배달 노동자의 처우와 권리가 열악하기 때문이다. 비판적인 사람들은 우버 등의 공유 기업이 노동자에게 정당한 임금과 복지를 제공하지 않고 이를 사회에 떠맡기는, 기본적으로 비윤리적인 비즈니스 모델에 기반한다고 주장한다. 아직까지는 노마드 경제가 IT 개발자, 예술가 등 고숙련 노동자에게만 안전한 영역일지 모른다.

다가올 노마드 경제 시대를 대비해 정부가 할 일은 명확하다. 교육과 훈련을 통해 보다 많은 고숙련 노마드를 양성하고, 규제와 보호를 통해 노마드 워커의 권리를 강화해야 한다. 서울시는 비교적 올바른 방향으로 나아가고 있다. 2018년 작가, 뮤지션, 프로그래머 등 프리랜서 1,000명을 대상으로 실시한 실태 조사를 바탕으로 프리랜서 시장의 불공정 거래 관행을 개선하기 위한 조례안을 제안한 것이 대표적 사례다. 표준 계약 지침, 프리랜서 지원, 프리랜서 협동조합 설립 지원이 주요 내용이다.

규제 및 보호와 더불어 노마드 생태계에 투자하는 일도 중요하다. 1인 기업 플랫폼 등 노마드 비즈니스의 비용을 낮추는 온라인 인프라에 투자하고, 노마드의 경쟁력을 높이는 노마드 커뮤니티를 지원해야 한다. 노마드 개인보다는 노마드가 구축하는 커뮤니티와 생태계에 대한 지원이 우선이다.

노마드가 도시에 미치는 영향은 지대하다. 자유롭고 독립적으로 살고 싶은 크리에이터가 원하는 도시는 어디일지 생각해보자. 디지털 노마드 '성지'라 불리는, 노마드 크리에이터가 '한 달 살기'를 위해 찾는, 그리고 대도시에서 크리에이터가 선호하는 지역은 어디일까? 공통적으로 오프라인 크리에이터 활동이 활발한 쇠데르말름 같은 곳이다. 크리에이터 타운 보유 여부가 각 지역의 크리에이터 경제 경쟁력을 결정하는 시대가 온 것이다.

노마드 크리에이터들이 만들어나가는 미래

앞서 크리에이터가 직면하고 있는 다양한 라이프스타일 선택지와 비즈니스 기회를 탐색하고 제시해보았다. 주요 노마드 유형을 다시 한번 요약하면 오리지널 노마드는 디지털 기술을 활용해 독립적인 생활을 추구하는 전통적 노마드를, 뉴 노마드는 디지털 경제 확장에 따라 부상하는 새로운 형태의 노마드를, 라이프스타일 노마드는 전통적 직업을 가지면서도 유연한 근무와 생활 방식을 추구하는 사람들을 의미한다.

전형적인 크리에이터, 노마드 워커, 라이프스타일 노마드는 어떻게 구분할 수 있을까? 일의 유형과 라이프스타일에 따라 더 명확하게 구분이 가능하다. 크리에이터 경제에 편입되는 노동자는 공통적으로 콘텐츠를 직접 제작하는 크리에이터다. 전문직, 리테일 운영자 등 일반적으로 콘텐츠 창작자로 알려지지 않은 노동자도 창조적 성격의 일을 하면 크리에이터로 분류할 수 있다. 반면, 창조성이 부족한, 단순노동을 반복하거나 타율적으로 일하는 노동자는 크리에이터로 분류되지 않는다.

그러나 장기적으로는 창조적인 일과 일반적인 일의 경계가 더욱 흐려질 것이다. 단순노동자도 대인 서비스가 중요한 일을 할 경우 SNS, 광고, 접객 등 관련된 콘텐츠를 제공해야 하기 때문이다. 모든 노동자가 크리에이터가 될 것이라는 예측이 현실로 다가온 셈이다.

한편, 크리에이터의 라이프스타일은 유연성, 독립성, 이동성으로 특징 지을 수 있다. 전형적인 크리에이터는 이 3가지 요소를 모두 수용하고 생활화한다. 노마드 워커는 이 중 유연성과 이동성을 수용할 수 있지만, 독립성은 선택하기 어렵다. 특정 플랫폼이나 기업에 속해 그 기관의 업무 방침에 따라야 하기 때문이다. 라이프스타일 노마드는 유연성에서만 선택의 자유가 주어진다. 정규직이나 상근직이므로 개인 사업자 같은 독립성을 확보하기 어렵고, 노마드 워커처럼 일하고 거주하는 장소를 자유롭게 선택할 수 없기 때문이다.

크리에이터 경제는 단순히 새로운 경제 모델을 넘어서 인간이 어떻게 살아야 하는지, 어떻게 서로 연결되어 있으며, 어떻게 창조적으로 표현할 수 있는지에 대한 근본적인 질문을 던진다. 이 시대를 살아가는 우리 모두에게 크리에이터로서, 또한 소비자로서 자신의 역할을 성찰하고, 더 나은 사회를 위해 창의적인 기여를 할 수 있는 기회를 제공한다.

미래는 이러한 가치와 가능성을 바탕으로 지속해서 변화하고 발전할 것이다. 기술의 발전, 시장의 변화, 사회적 동향에 따라 새로운 형태의 크리에이터와 창작 활동이 등장할 것이며, 이를 통해 개인의 자유와 창조성, 사회적 연대 또한 더욱 강화될 것으로 기대된다.

윌리엄 모리스와
크리에이터주의의 기원

전방위적으로 확장하는 크리에이터 경제에 대응해야 하는 한국 사회는 가장 먼저 '크리에이터주의'의 역사를 이해해야 한다.

개인이 창의성과 아이디어를 기반으로 새로운 가치를 창출하며 경제적 독립을 이루는 것은 인류의 오랜 염원이었다. 이런 염원은 유토피아 문헌에서 가장 직접적으로 표현됐다. 16세기 토머스 모어 이후 유토피아 소설들은 개인이 자율과 독립의 정신으로 삶을 개척하는 이상사회를 그려왔다. 비록 유토피아적 상상력이 현실과는 거리가 있었지만, 자유로운 창작 활동을 통해 개인의 잠재력을 실현하고자 하는 열망만큼은 생생했다.

크리에이터 중심의 경제를 지향하는 철학을 크리에이터주의로 본다면, 이것이 구체적인 비즈니스 모델로 구현된 것은 19세기 후반부터다. 크리에이터주의의 지성사는 오프라인에서 시작해 온라인으로 전환됐고, 현재는 양자의 경계가 사라지는 통합의 과정을 밟고 있다. 이 과정을 되짚어보는 일은 크리에이터 문화에 대한 역사적 통찰을 선사할 것이다.

크리에이터 경제의 본질은 아름다움을 만드는 일

하늘 아래 새로운 것은 하나도 없다고 흔히 말한다. 크리에이터 경제도 새로운 개념은 아니다. 더 정확하게 말하면, 크리에이터 경제의 지향점은 새로운 것이 아니다.

크리에이터 경제의 본질은 아름다움을 만드는 일이다. 크리에이터에게 "왜 이 직업을 선택했나요?"라고 물으면 으레 이런 대답이 나온다. "살고 싶은 곳에서 좋아하는 일을 하려고" "남이 시키는 일이 아닌 내가 하고 싶은 일을 하려고" "자유롭고 독립적으로 아름답고 즐거운 삶을 살고 싶어서" "느슨하게 연대하며 의미 있는 일을 하고 싶어서."

키워드가 많지만 이를 몇 단어로 정리하면 '아름다움, 의미, 재미의 창조와 융합'이라고 할 수 있다. 더 줄여야 한다면 '개인의 창조와 느슨한 연대', 또는 '아름다움을 만드는 일'로 압축할 수 있다.

아름다움을 만드는 일. 한국에서 출판된 윌리엄 모리스 산문집의 제목이기도 하다. 크리에이터 경제의 역사적 기원은 매일의 일을 통해 일상을 아름답게 꾸미는 예술적 삶을 꿈꾼 윌리엄 모리스의 유토피아적 사회주의에서 찾아야 한다.

윌리엄 모리스는 존 러스킨과 함께 19세기 미술공예운동을 주도한 인물이다. 문학, 평론, 공예, 디자인, 정치 등 다양한 분야에서 활동한 르네상스맨이지만, 한국에서는 현대 디자인의 아버지로 가장 널리 알려져 있다. 19세기 자본주의와 기계문명에 비판적이었던 모리스는 예술을 "인간이 노동하며 느끼는 즐거움의 표현"이라고 정의하며 예술적 노동으로 인간성과 아름다운 삶이 복원되기를 원했다. 예술적

— 윌리엄 모리스는 수공예의 가치를 중시했다. 그의 장식적
인 작품들은 후대의 예술가들에게 많은 영향을 미쳤다.

노동을 실천하기 위해 그가 설립한 디자인 기업과 출판사가 현대 디자인 산업, 더 나아가 크리에이터 경제의 시작이다.

모리스가 부활시키기 위해 노력한 중세 수공예의 창의적이고 자유로운 노동은 1970년대 이후 물질적 풍요가 가져온 탈물질주의와 기술의 발전으로 다시금 현실 세계에서 가능해졌다.

윌리엄 모리스의 후예들

사회주의를 공개적으로 지지한 윌리엄 모리스가 시장 경제를 기반으로 성장하는 크리에이터 경제의 창시자일 수 있을까? 윌리엄 모리스가 사유재산 폐지를 주장하는 사회주의 혁명을 지지한 것은 맞다. 하지만 모리스에게 사회주의는 수단이었다. 그는 다양한 사회주의가 가능하다고 생각했다. 중앙집권적으로 통제하는 국가사회주의를 반대했으며, 혁명의 첫 단계로 계급 혁명을 지지했지만 완성된 사회주의에서는 계급이 존재하지 않고 국가가 사회를 주도하지 않는 개인 중심의 사회가 도래할 거라고 믿었다.

마르크스는 《공산당 선언》에서 모리스 같은 유토피아적 사회주의자를 몽상가라고 비판했다. "계급투쟁이 발전하지 못한 상황과 그들 자신이 처한 환경 때문에 (…) 그들은 사회 전체의 변화를 제창하면서 계급의 차이를 무시하려 든다. 아니, 지배계급을 오히려 두둔한다. (…) 그래서 모든 정치적 행동, 특히 혁명적 행동을 거부한다." 하지만 몽상가로 조롱받았던 인간주의 사상가와 그를 추종한 선지자들 덕분에 이제 많은 사람이 조직 사회의 대안으로 크리에이터, 프리랜서, 디지털 노마드의 일을 선택할 수 있게 됐다.

현대의 크리에이터 역시 엘리트 예술가가 아니다. 크리에이터가 만드는 콘텐츠는 모리스가 말한 생활예술 작품으로서 일상을 풍요롭게 하고 일상에서 소비된다.

현대의 크리에이터는 자유롭고 독립적으로 자신이 좋아하는 창조적인 일을 하고 느슨한 연대를 통해 사회적 가치를 실현하기 위해 노력한다. 중세 수공예와 다른 점은 다양하고 개성 있는 콘텐츠를 찾는 소비자가 늘어났고 크리에이터와 소비자, 크리에이터와 크리에이터를 연결하는 플랫폼 기술이 발전해 많은 사람이 크리에이터 경제에 참여할 수 있게 됐다는 것이다.

여러모로 현대 크리에이터는 윌리엄 모리스의 후예다.

오프라인 크리에이터주의의 발전

윌리엄 모리스에서 시작된 현대 크리에이터주의는 20세기 초 독일 건축 학교 바우하우스의 모던 디자인 운동으로 이어졌다. 이 학교에서 배운 학생들은 미니멀리즘과 기능주의 및 현대 디자인의 원칙을 적용해 건축·제품 디자인 분야에서 혁신적 작품을 창작했다. 바우하우스의 철학은 예술과 공예, 기술과 예술을 결합해 실용적이고 아름다운 디자인을 추구하는 것이었다. 그 전통은 현대건축을 넘어 산업 디자인에서 지속적인 영향력을 행사하고 있다.

애플의 디자인 철학을 주도한 조너선 아이브는 산업디자이너 디터 람스와 그가 이끌었던 브라운BRAUN 기전회사, 그리고 바우하우스 운동에서 영감을 얻었다고 여러 차례 고백했다. 람스의 '최소한의 디자인' 철학, 브라운 제품의 기능적 명료성, 바우하우스의 기능과 예술의 조화가 아이브의 애플 제품과 애플 환경 디자인에 근본적 영감을 제공한 것이다. 기능적 우수성과 미적 아름다움의 조화를 추구한 아이브의 작업은 기술과 예술을 효과적으로 통합하는 데 중요한 역할을 했다.

현대 크리에이터주의는 1960~1970년대 반문화 운동과 DIY 문화, 1980~1990년대 메이커 운동의 확산 등을 거치며 개인 창작자의 역량을 강화했다. 20세기 초 주택 개조 트렌드로 시작한 DIY 문화는 반문화 운동과 결합해 지속 가능한 건축, 메이커 활동, 라이프스타일의 상징으로 부상했다. 1968년 자연 공동체에 거주하는 히피들을 위한 생활 지침서로 출간한 잡지 〈전 지구 카탈로그The Whole Earth Catalog〉가 DIY 운동을 확산시키는 데 중요한 역할을 했다.

크리에이터와 도시의 상관관계

오프라인 크리에이터에게 활동 무대와 창작 생태계를 제공하는 핵심 환경은 바로 도시다. 도시의 구성과 특성이 크리에이터들의 활동 범위와 성공 가능성을 좌우한다고 볼 수 있다. 크리에이터 친화적 도시에 대한 논의의 출발점에는 제인 제이콥스가 있다.

제이콥스는 20세기 중반《미국 대도시의 죽음과 삶》이라는 저서를 통해 당시 대두되던 모더니즘 도시계획을 비판하고 인간 중심의 도시를 옹호했다. 그는 가로수길의 활력, 복합 용도의 중요성, 오래된 건물의 가치 등 도시 다양성의 의의를 역설했다. 창의적 개인이 성장하기 위해서는 자유로운 교류와 영감의 기회가 풍부한 도시 환경이 필수적임을 시사한 것이다.

제이콥스의 논의는 이후 뉴 어버니즘 운동으로 이어졌다. 뉴 어버니즘은 전통적 근린생활권의 부활, 보행친화적 설계, 공공 공간 활성화 등을 목표로 했다. 이는 휴먼 스케일을 척도로 하는 도시 공간이 창의적 삶과 커뮤니티 형성에 유리한 토양이 된다는 인식에서 비롯됐다.

20세기 중반부터 미국과 유럽에서 나타난 도시재생운동은 기존의 물리적 환경이 갖고 있던 역사성과 장소성의 가치를 이해하고 이를 현대 생활환경으로 진화시키려는 사회적 노력이다. 도시재생은 도시의 구조와 문화를 보존하려는 노력의 일환이며, 지역사회의 의견과 참여가 중요하다.

1990년대의 뉴 어버니즘, 도시재생, 대안 문화는 2000년대 중반 대도시의 힙스터 문화와 결합해 현대 도시의 창업 문화 그리고 오프라인 크리에이터 문화의 모태가 됐다. 서울도 마찬가지지만 뉴욕, 도쿄, 런던 등 세계적 대도시에는 공간 창업에 도전하는 많은 힙스터들이 모여든다. 특정 장소가 갑자기 인기를 끄는 '핫 플레이스 현상'이 전 세계적으로 확산하고 있다. 1990년대 중·후반부터 미국 도시에서 시작된 원·구도심 회귀 현상이 도시 문화에 대한 수요를 키운 것이다.

이처럼 제인 제이콥스로부터 출발한 크리에이터 친화적 도시에 대한 사유는 오프라인 크리에이터주의의 물적 토대를 형성하는 데 크게 기여했다. 도시 공간을 창의적으로 재편하는 크리에이티들에게 보다 풍요로운 창작 생태계를 제공하려는 노력은 오늘날에도 활발히 이어지고 있다. 한국뿐만 아니라 다른 나라에서도 오프라인 크리에이터는 건축·디자인·커뮤니티·문화 콘텐츠 기술을 바탕으로 개인 수요와 기호에 맞는 상품과 서비스를 생산하고 큐레이팅한다.

오프라인에서 크리에이터가 부딪치는 장벽은 부동산 가격과 임대료다. 도심 지역의 인기가 오르자 오프라인 크리에이터가 접근할 수 있는 도심 공간이 점차 사라지고 있다. 보다 많은 오프라인 크리에이터에게 보다 많은 기회를 주기 위해서는 도심 공간을 재구성해야 한다. 제인 제이콥스가 강조하듯 다양한 연식의 건물을 보존한 지역이 청년 크리에이터에게 상대적으로 저렴한, 오래된 건축물 공간을 제공할 수 있다.

온라인에서 꽃피는 크리에이터주의

1990년대 인터넷 기술의 발달로 크리에이터주의는 온라인에서 꽃피기 시작했다. 케빈 켈리가 제시한 '1,000명의 진정한 팬' 이론은 개별 창작자가 소수의 열성 팬을 기반으로도 생계를 꾸릴 수 있음을 시사했다. 이는 크리스 앤더슨이 설파한 롱테일 시장(매출의 대부분을 담당하는 상위 20% 제품을 제외한, 매출 순위에서 긴 꼬리에 해당하는 하위 80%의 시장)의 지형과 맞물려 크리에이터 경제의 비전을 제시했다.

2000년대 초반 소셜 미디어의 등장은 크리에이터의 부상에 결정적 계기를 마련했다. 일반인도 콘텐츠를 손쉽게 제작·유통할 수 있게 되면서 1인 창작 시대가 열린 것이다. 특히 2005년 유튜브의 등장은 크리에이터 문화에 혁명을 일으켰다. 누구나 동영상을 업로드하고 소통할 수 있게 되면서 아마추어에서 전문가로 가는 길이 활짝 열렸다. 유튜브를 통해 수많은 크리에이터가 탄생했고, 이들의 영향력은 폭발적으로 성장했다.

이런 변화의 흐름 속에서 크리에이터 중심의 새로운 경제 패러다임에 대한 이론적 논의도 활발해졌다. 그중 가장 주목할 만한 인물이 벤처 투자자 리 진이다. 그는 기존의 고용 중심 경제에서 개인의 재능과 창의성에 기반한 크리에이터 경제로의 전환을 예견했다. 리 진에 따르면, 크리에이터 경제에서는 개인이 자신만의 브랜드를 구축하고, 팬들과 직접 소통하며, 다양한 플랫폼을 오가면서 부가가치를 창출하게 된다. 이는 기업에 고용되어 일하는 전통적 노동 방식과는 근본적으로 다른 것이다. 리 진의 통찰은 크리에이터 중심 경제의 미래상을 제시하며 크리에이터주의 담론을 한층 풍성하게 만들었다.

탈산업화와 크리에이터주의의 부상

크리에이터주의 발전 과정에는 20세기 후반 이후 가속화된 탈산업화 흐름이 큰 영향을 미쳤다. 탈산업화는 제조업 중심의 경제 구조에서 서비스, 지식, 문화 등 무형자산의 비중이 커지는 현상을 일컫는다. 이는 창의성과 혁신이 경쟁력의 원천이 되는 시대로의 전환을 의미했다.

앨빈 토플러는 '제3의 물결'이라는 개념을 통해 탈산업사회의 도래를 예견했다. 그는 지식과 정보가 부가가치 창출의 핵심 동력이 될 것이라 전망했다. 개인의 창의성과 전문성이 그 어느 때보다 중요해짐을 시사한 것이다.

탈산업화의 흐름 속에서 시스템사고와 사이버문화도 등장했다. 시스템사고는 세상을 전체와 관계의 관점에서 바라보는 사고다. 1950~1960년대 시스템공학은 복잡계에 대한 총체적 접근을 강조하며, 창의적 문제해결의 새 지평을 열었다. 1980~1990년대 사이버문화는 디지털 기술을 기반으로 네트워크화된 창의성 발현의 가능성을 제시했다.

한편 20세기 후반 대중문화와 하위문화의 발달도 탈산업화 조류와 맞물려 있다. 영화, 음악, 게임 등 문화 콘텐츠 산업이 경제의 주요 축으로 부상했고, 다양한 취향의 하위문화가 창작의 원천이 됐다. 대중매체와 디지털 플랫폼의 발달로 창작의 주체와 소재가 무한히 확장된 것이다.

창의성에 대한 관심이 높아지면서 이를 체계적으로 발현하기 위한 방법론도 등장했다. 디자인 싱킹design thinking은 공감, 정의, 발상, 시제품, 테스트의 과정을 통해 창의적 아이디어를 실체화하는 프로세스를 제시했다. 창의성을 보다 효과적으로 발휘하기 위한 사고 체계를 대중화한 것으로 평가할 수 있다.

종합하면 탈산업화의 물결은 창의성의 가치를 재발견하고 이를 뒷받침하는 문화적, 기술적, 방법론적 기반을 형성함으로써 크리에이터주의 발전의 토양을 마련했다고 볼 수 있다. 크리에이터주의는 탈산업 시대의 정신을 반영하며, 동시에 그 시대를 이끄는 동력으로 작용한다.

공평하고 민주적인 크리에이터 경제를 위한 노력

콘텐츠 크리에이터의 수와 콘텐츠의 양이 급증함에 따라 관객들이 소수의 슈퍼스타에게만 관심을 보인다는 비판도 있다. 플랫폼 기술이 여전히 일부 인기 크리에이터가 지배하는 불평등한 문화산업 구조를 극복하지 못한다는 얘기다.

그럼에도 개인 크리에이터를 중심으로 한 플랫폼 경제 혁신을 위한 노력은 계속되고 있다. 콘텐츠 산업 내부에서도 플랫폼 간 경쟁이 격화함에 따라 크리에이터에게 더 많은 수익을 배분하는 플랫폼이 나오기 시작했다. 구독자가 지불하는 가입비의 90%를 크리에이터에게 지불하는 뉴스레터 플랫폼 서브스택을 필두로 게이머 플랫폼 트위치, 문화 콘텐츠 플랫폼 패트리온도 크리에이터 수익 배분율을 높이고 있다. 그러나 시장에서의 경쟁을 통해 수익 구조를 크리에이터에게 더 유리하게 바꿀 수 있을지는 아직 불확실하다. 시장 원리를 넘어선 기술 개발과 정부 개입이 필요할지 모른다.

크리에이터 경제의 민주화를 주장하는 대표적 인물이 리 진이다. 그는 탈중앙화와 비영리 플랫폼 전환을 가능하게 하는 블록체인 기술과 플랫폼 크리에이터 콘텐츠의 다양성을 증진시키는 기술을 개발해야 한다고 주장한다. 리 진의 주장은 크리에이터 경제의 민주화와 '중산층middle class' 크리에이터 육성에 중점을 두고 있다. 그는 크리에이터 경제를 보다 포괄적이고 지속 가능한 방향으로 발전시키기 위해 플랫폼 기업이 취해야 할 10가지 구체적인 전략을 제시한다.

1. **반복 재생 가치가 낮은 콘텐츠 유형에 주력** 사용자들이 다양한 콘텐츠를 경험할 때 더 큰 매력을 느낄 수 있는 콘텐츠 유형 (예: 팟캐스트)으로 사용자들을 유도함으로써 보다 공정한 크리에이터 생태계를 조성할 수 있다.

2. **맞춤형 서비스 제공과 틈새시장 강화** 다양한 관심사와 취향을 가진 사용자를 위한 맞춤형 콘텐츠를 제공해 보다 세분화된 타기팅을 진행한다.

3. **알고리즘을 통한 콘텐츠 추천에 임의성 요소 포함** 추천 알고리즘에 임의성을 도입해 사용자를 새롭고 다양한 콘텐츠에 노출함으로써 크리에이터의 발견 가능성을 높인다.

4. **협업과 커뮤니티 촉진** 크리에이터 간 협업과 커뮤니티 형성을 장려해 창작 과정에서 상호 지원과 협력을 촉진한다.

5. **유망 크리에이터에게 자본 투자** 신진 크리에이터나 유망한 프로젝트에 자본을 투자함으로써 창작 활동을 지원하고 경제적 안정을 제공한다.

6. **크리에이터 수익을 관객 인구 통계와 분리** 크리에이터의 수익 모델을 다양화하고, 특정 관객층에만 의존하지 않는 수익 구조를 만든다.

7. **크리에이터가 '슈퍼팬'을 활용할 수 있게 함** 슈퍼팬이 크리에이터

에게 더 크게 지원할 방법을 모색해 크리에이터의 경제적 안정을 강화한다.

8. **수동 (혹은 거의 수동적) 소득 기회 제공** 크리에이터가 지속적인 수익을 얻을 방법을 모색해 장기적인 경제적 안정을 추구한다.

9. **보편적 창작 소득 제공** 모든 크리에이터에게 기본적인 소득을 보장해 창작 활동을 지속할 수 있는 기반을 마련한다.

10. **교육 및 훈련 제공** 크리에이터의 역량을 강화하고 전문성을 높이기 위한 교육과 훈련 프로그램을 제공한다.

리 진은 플랫폼 기업이 이러한 전략을 통해 크리에이터 경제 내에서 보다 평등하고 지속 가능한 환경을 조성할 것을 촉구한다.

그의 접근 방식은 기존의 크리에이터 경제 구조를 재구성하고, 중산층 크리에이터의 성장을 지원하는 데 중점을 둔다. 하지만 질문은 남는다. 블록체인 기술과 플랫폼의 다양성·접근성 기술만으로 크리에이터 경제에서 중산층 계급을 육성할 수 있을까?

미래는 3대 축 통합에 있다

오프라인과 온라인 통합을 통한 중산층 크리에이터의 육성을 시도해볼 수 있다. 크리에이터주의의 역사를 보면, 새로운 크리에이터 경제의 시대정신은 온라인과 오프라인의 통합임을 알 수 있다. 디지털 기술의 발전은 오프라인의 창의 산업과 온라인 플랫폼의 연계를 가속화했다. 예컨대 공예품이나 예술작품을 온라인에서 홍보하고 판매하는 일이 일상화됐다.

현재 크리에이터 문화는 오프라인과 온라인의 경계가 무너지는 통합 국면을 맞고 있다. 메타버스와 같이 가상과 현실을 잇는 플랫폼이 크리에이터들의 활동 무대로 주목받고 있다. 크리에이터 경제 활성화를 위해 도시 공간과 온라인 플랫폼의 연계를 모색하는 움직임도 일고 있다. 또한 오프라인 제조 기반과 온라인 유통 채널의 결합, 오프라인 커뮤니티와 온라인 팬덤의 교류 등 다방면에서 융합이 시도되고 있다.

크리에이터 경제의 온·오프라인 통합 추세는 3대 축 전략으로 요약될 수 있다. 온라인·오프라인·도시 플랫폼을 유기적으로 통합해 콘텐츠의 다양성과 크리에이터의 독립성을 극대화하는 전략이다. 크리에이터의 기술적·공간적·도시적 환경을 연결하는 3대 축 통합은 물리적 장치와 디지털 네트워크를 통합해 효율적인 자원 관리를 추구하는 사물인터넷IoT과는 다른 개념이다. 물리적 공간을 메타버스 같은 가상 공간에 투사하는 디지털 트윈digital twin과도 다르다.

3대 축 플랫폼을 크리에이터 중심으로 통합하면, 크리에이터가 온라인 콘텐츠와 오프라인 공간 그리고 도시 콘텐츠를 융합해 지역 시장에서 안정된 지분을 확보할 수 있을 것이다. 온라인보다는 온·오프라인 통합 시장에서 슈퍼스타가 아닌 중산층 크리에이터가 육성될 가능성이 높다. 크리에이터 기술 포트폴리오에 아직 AI가 접근하기 어려운 수작업·공간·커뮤니티 기술을 추가해야 한다는 뜻이다.

현대 크리에이터 경제를 이끌어온 일련의 지적 전통과 역사적 맥락은 현대 크리에이터주의를 이해하는 데 중요한 시각을 제공한다. 1990년대에 본격적으로 발달한 온라인과 오프라인 크리에이터주의는 크리에이터 경제의 지적 기반을 마련했고, 기술 사회를 인간 중심적으로 변화시키는 데 기여했다. 향후 크리에이터주의는 디지털 유토피아주의까지 계속 확장될 것이다. 디지털과 물리적 공간의 통합이 이러한 확장의 새로운 프런티어이며, 이를 위해 온라인·오프라인·도시 플랫폼의 3대 축 통합을 제안한다.

모리스의 인본주의 유토피아

모리스는 자신의 유토피아 구상을 1890년 출판한《에코토피아 뉴스》라는 소설에서 자세히 설명하며, 미국의 소설가 에드워드 벨러미의 국가사회주의와 자신의 유토피아 간 다른 점을 강조했다. 모리스는 특히 노동, 기술, 중앙화, 도시, 예술 등 5가지 측면에서 국가사회주의를 불편하게 생각했다(David Leopold, 2003).

노동 국가사회주의가 노동을 벗어나야 하는 (또는 줄여야 하는) 고통으로 인식한다면, 모리스는 노동을 자아실현의 수단으로 여겼고 인간은 본능적으로 일을 통해 행복과 의미를 찾는다고 주장했다. 모리스에 따르면 모든 사람에게 매력적인 일을 제공하는 것이 진정한 사회주의다.

또한 모리스는 중세의 수공예 문화를 높이 평가했다. 기계 생산과 노동 분업을 도입하기 전의 생산 방식, 즉 수공예 업자 1명이 생산의 전 과정을 책임지면서 그 누구도 복제할 수 없는 아름다운 작품을 손수 제작하는 방식이 자아실현 노동의 전형이라고 믿었다. 우리는 모리스가 비현실적이라고 비판하기에 앞서 그가 생각한 바람직한 일과 노동이 현세대의 크리에이터가 원하는 것과 어떻게 다른지를 질문해야 한다. 둘은 본질적으로 같은 욕구를 표현한다.

기술 국가사회주의자는 인간의 노동을 덜어주는 기계를 긍정적으로 평가하는 경향이 있다. 국가사회주의에서 대규모 산업 시설과 공장을 유지하는 이유다.

하지만 모리스는 기계를 결국 인간이 포기해야 하는 수단으로 생각했다. 어떻게 발전시켜도 기계는 아름다운 것을 만들지 못한다고 믿었다. 현대 정보사회의 기술, 즉 인간을 해방시키고 인간 노동을 보완하는 기술을 예상하지 못했다고 볼 수 있다.

그가 쓴 소설 《에코토피아 뉴스》에서 사회주의 혁명 이후 에코토피아 주민들은 결국 기계를 포기하고 모두 농업과 수공예로 돌아간다. 모리스는 이 소설에서 수공예 생산으로 충분한 보상을 받을 수 있는지에 대한 질문엔 제대로 답하지 못하며, 아름다움을 만드는 일로 만족해야 한다고 주장했다.

중앙화 모리스는 중앙화에 대해서도 부정적이었다. 사유재산을 포기한 에코토피아에서는 경제 자원을 독점 기업이나 산업에 집중하는 것이 불가능하다. 모든 사람이 독립 노동자로서 생산 과정에 참여한다.

정치 측면에서도 모리스는 국가 통제 시스템보다는 주민자치를 실천하는 작은 지역공동체의 연합을 선호했다. 그가 구상한 '공화commonwealth' 제도는 중앙집권과 대비되는 자치 분권 체제다.

도시 모리스의 에코토피아 주민은 대부분 전원에 거주한다. 사회혁명 후 대거 도시를 떠나 농촌의 목가적인 생활을 선택했기 때문이다. 런던은 대도시로 남아 있지만 19세기와 달리 전원 도시로 변신한다.

에코토피아의 주민은 어디에 거주하든 영국의 중세 시대처럼 소박하게 자연과 공동체 친화적으로 생활한다. 공업 지구는 도시에서 완전히 사라진다. 맨체스터 같은 산업 도시도 통째로 사라진다. 문명비평가 루이스 멈퍼드가 이상적인 도시 모델로 제시한 전원 도시를 마을과 도시에서 실현한 것이라고 해석할 수 있다.

예술 예술사에서 모리스를 기억하는 이유는 그가 생활예술을 강조했기 때문이다. 모리스는 평민의 일상과 괴리된, 천재 예술가 한두 명을 찬양하는 행태를 교양주의라고 비판했다. 진짜 의미 있는, 그리고 아름다운 예술은 일반인이 일상에서 아름다움을 추구하는 과정을 통해 만들어진다고 믿었다. 그는 많은 사람이 자발적으로 참여해 공동으로 만든 일상 예술품을 특히 높이 평가했다.

어떻게
크리에이터가
될 것인가?

무엇이 크리에이터를 만드는가?

나도 크리에이터가 될 수 있을까? 크리에이터 문헌에 따르면 답은 "그렇다"이다. 일부 재능은 타고나는 것이지만, 대체로 개발할 수 있다는 것이 일반적 의견이다. 예술적 창의성이 생활 문화로 확장되는 것을 보면 이해할 수 있다. 창의성이 단순히 극소수 천재의 영역만은 아니라는 얘기다.

크리에이터의 능력은 자아의식, 예술적 창의성, 과학적 탐구력과 밀접한 관련이 있다. 이는 콘텐츠 창작의 핵심 요소다. 여기서 과학적 탐구력과 예술적 창의성은 서로 다르지만, 서로 중첩되고 상호작용한다는 것을 인지해야 한다. 예를 들어, 과학적 탐구력은 문제해결 및 연구 능력을 포함하며, 예술적 창의성은 피조물, 피사체, 감정, 아름다움을 예술적으로 표현하는 능력을 말한다.

크리에이터의 4가지 소양

현재 시장에 나와 있는 대부분의 크리에이터 도서는 마케팅 및 커뮤니케이션 능력, 시장조사, 비즈니스 기술 등을 강조한다. 이러한 경영 기술은 물론 중요하다. 하지만 크리에이터로 성공하기 위해서는 인문학적 소양과 실용적 기술이 상호보완해야 한다.

인문학적 소양은 개인의 내면적 성장과 발전, 자신과 사회에 대한 깊은 이해 및 성찰이 중심이 된다. 크리에이터의 정체성, 주체성, 창의성, 윤리성, 공감력을 결정하는 조건이다.

크리에이터가 갖춰야 할 첫 번째 인문학적 소양은 크리에이터 라이프스타일에 대한 이해다. 크리에이터 라이프스타일은 그 자체가 매력적이다. 대부분의 크리에이터가 창작을 라이프스타일로 추구한다. 그러나 크리에이터가 되려면 창작 자체의 즐거움과 더불어 자유, 자기주도, 창의적인 문화 등 크리에이터 직업이 주는 가치를 중시해야 한다.

크리에이터 라이프스타일의 수용은 의식의 전환을 요구한다. 콘텐츠 기획자 황효진은 자신을 읽고 보고 듣는 사람에서 '만드는 사람'으로 바꾸라고 조언한다. 윌리엄 모리스는 '아름다운 노동'을 강조했다. 만드는 사람이 되려면 만드는 것을 좋아하고 즐겨야 한다. 처음부터 창작을 좋아해야 하는 것은 아니다. 좋아하는 일과 잘하는 일을 찾아 매진하다 보니 칭찬을 듣고, 그제야 창작에 매력을 느끼는 경우도 많다.

두 번째 인문학적 소양은 업에 대한 태도다. 크리에이터에게 필요한 태도는 관찰력, 협업 그리고 자존감이다. 이러한 태도가 부족하면 크리에이터로 성장하는 과정에서 맞닥뜨리는 여러 도전과 장벽을 극복하기 어렵다.

　많은 사람이 창작 소재를 찾을 때 장벽에 부딪친다. 전문성을 갖고 잘할 수 있는 주제, 소재, 아이템이 무엇인지 모른다는 얘기다. 하지만 창작 소재에 강박관념을 가질 필요는 없다. 실제로 주변 환경과 일상 생활에서 영감을 받아 콘텐츠를 창조하는 크리에이터가 늘고 있다.

　일상을 다루는 수많은 방송 프로그램이 보여주듯이, 일상적인 것은 그 자체로 가치가 있으며, 크리에이터는 이를 발견하고 활용하는 데 주력해야 한다. 이제는 일상과 날것이 콘텐츠 소재다. 일상생활자도 얼마든지 작가가 될 수 있다.

　차세대 소설가로 주목받는 이슬아 작가의 철학도 이와 유사하다. 그는 반경 1킬로미터 주변의 소재로 글감을 찾는다. 〈중앙일보〉에 그의 이야기가 실렸다.

　　이슬아는 이날 "멀리서 글감을 찾지 않는 작가"라고 자신을 소개했다. "'왜 나는 공상과학소설을 못 쓰나, 왜 《왕좌의 게임》 같은 스케일 큰 작품을 못 쓰나' 이런 콤플렉스를 오래 갖고 있었다"면서다. 그는 "세계관을 만들어내는 상상력이 놀랍도록 없었지만 반경 1킬로미터 안에서 일어나는 일을 가공하는 것은 쉽게 느껴졌다"라고 덧붙였다. 20만 부 넘게 책이 팔린 인기 작가지만 "그것이 내 재주임을 인정하는 데 오랜 시간이 걸렸다"는 거다.

　꾸준함도 중요한 소양이다. 대부분의 크리에이터 희망자가 중도에 포기한다고 말하는 유튜버 드로우앤드류는 나다움, 자기확신, 자기암시 습관과 더불어 꾸준함을 크리에이터의 중요한 자질로 강조한다. 꾸준함의 동의어는 '올바른 연습'이다.《1만 시간의 재발견》의 저자 안데르스 에릭슨과 로버트 풀은 1만 시간의 연습으로 자신의 콘텐츠 개발 능력을 완성해야 한다고 말한다.

많은 크리에이터가 외부 영감과 협업의 중요성도 강조한다. 라디오 PD 정혜윤은 크리에이터로서 발전하는 데는 외부 영감과 협업이 반드시 필요하다고 말한다. 다양한 사람과의 소통을 통해 창의적인 아이디어를 발전시킬 수 있기 때문이다.

크리에이터의 핵심 가치, '나다움'

크리에이터 관련 문헌에서는 의식의 전환만큼 '나다움'을 강조한다. 크리에이터로서 발전하려면 그 과정에서 나다움을 견지하는 것은 필수다. "왜"라는 질문을 던지고, 나만의 언어와 스타일로 그것을 표현하고 공유함으로써 나다움을 구축해야 한다. 이는 크리에이터의 정체성과 감수성을 형성하고, 특별한 콘텐츠를 만드는 데 절대적으로 필요한 과정이다. 나다움을 존중하고, 나만의 언어와 스타일을 찾아가는 것이 콘텐츠 창작의 핵심이다.

나다움을 존중한다는 것은 달리 말해 나의 '아름다움'을 표현하는 것이다. 나는 아름다운 사람일까? 모든 사람은 여러 측면에서 충분히 아름답다. 하지만 겸손과 겸양을 강조하는 한국 사회에서는 자신이 아름답다고 생각하는 것이 쉽지 않다. 이를 표현하는 것은 더욱 어렵다. 그러나 정체성으로 경쟁해야 하는 문화 경제 시대에는 나를 더 아름다운 사람으로 만드는 것은 일종의 소명이다. 그리고 그 여정의 시작은 자신의 아름다움을 언어로 표현하는 작업이다.

크리에이터의 성공은 단순히 기술을 갖추는 것을 넘어 자신의 아름다움을 인식하고 표현하는 데 달려 있다고 해도 과언이 아니다. 크리에이터는 자신만의 스토리와 경험을 독창적으로 표현함으로써 자신의 감정, 생각, 가치를 창작물에 반영하고 관객과의 연결을 형성할 수 있다. 자신의 아름다움을 인식하고 이를 창작에 반영하면 새로운 아이디어와 창의적 접근이 촉진된다.

나의 아름다움을 표현하는 데 어려움을 느끼는 이유는 뭘까? 결국은 자존감의 문제다. 자기 정체성에 대한 자신감이 없으니 이를 자신 있게 표현하지 못하는 것이다. 모든 면에서 당차게 자신의 주장을 개진하는 MZ는 기성세대와 다를 것으로 기대한다. 나다움을 추구하는 그 기상이 나다움의 표현으로 발전하길 바란다. 나다움은 표현해야 아름답다는 것을 잊지 말자.

그렇다고 크리에이터가 누구에게나 맞는 일은 아니다. 요컨대 적성이라는 것이 필요하다. 모든 사람이 자유롭고 독립적이고 창의적인 일을 원하지는 않는다. 군대 같은 상명하달의 권위주의 조직에서 행복을 느끼는 사람도 있다. 취향도 중요하다. 우리가 쉽게 이야기하는 나다움은 흔히 취향으로 표현되곤 하는데, 크리에이터가 되기 전에 자기만의 두드러진 취향은 무엇인지 먼저 알아야 한다.

크리에이터로 성공할 가능성은 누구에게나 열려 있다. 그러나 이를 실현하기 위해서는 자신의 과학적 탐구력과 예술적 창의성을 균형 있게 발휘하고, 주어진 환경에서 창작의 영감을 얻어 나다움을 표현해야 한다. 크리에이터로 성장하는 여정은 자기를 계발하고 창의성을 키우는 훌륭한 기회를 제공한다. 그 가능성을 믿고 노력하면 크리에이터로서의 역량을 충분히 향상시킬 수 있을 것이다.

나만의 콘텐츠가
전부다

모든 사람이 1인 브랜드가 될 수 있는 세상이다. 이런 현상은 크리에이터와 프리랜서에게 국한되지 않는다. 네이버의 슬로건처럼 "소상공인도 브랜드가 되는 시대"다. 서울시에서도 지역 소상공인을 로컬 브랜드로 양성하는 사업을 시작했다.

그렇다면 나의 브랜드는 어떻게 만들어야 할까? 보편적인 조언은 나다움, 나의 소명 의식, 나의 의미, 나의 스토리에서 브랜드 소재를 찾으라는 것이다. 나를 브랜드로 만들려면 어떻게든 나를 표현하고 차별화해야 한다.

나의 브랜드가 시장에서 가치를 창출하려면 여러 조건을 만족해야 한다. 전문가들은 브랜드 자체를 소비자에 대한 명확한 약속으로 정의한다. 브랜드 기획자 임태수가 강조하는 키워드도 '진정성'이다. 진정성이 팬덤을 만들고, 진정성이 팬덤을 유지한다. 하지만 일관되게 진정성을 유지하는 것은 쉽지 않다. 특히 확장 욕구가 걸림돌 중 하나다. 자신이 설정한 브랜드에 만족하지 않고 확장하는 과정에서 처음의 진정성이 훼손되기 때문이다.

그런데 브랜딩에 앞서 할 일이 있다. 먼저 나에게 브랜딩할 만한 가치나 스토리가 있는지 면밀히 점검해야 한다. 브랜딩해야 하는 나 자신이 '누구'인지, 아니 더 정확하게 표현하면 '무엇'인지 질문해야 한다. 퍼스널 브랜드를 상업적 목적으로 개발할 경우, 나 자신이 나의 콘텐츠다. 브랜딩으로 나를 차별화해야 한다.

내가 만들 수 있는 콘텐츠를 찾자

리테일 산업에서는 콘텐츠를 브랜드, 프로덕트, 공간, 커뮤니티 공공재 등 유무형 혼합 콘텐츠를 포함한 다양한 아웃풋(생산물)으로 정의한다. 현 단계에서 나의 콘텐츠란 내가 직접 만들 수 있는 무언가를 말한다. 중요한 점은 다른 사람이 쉽게 만들지 못해야 한다는 것이다. 내가 직접 만들 수 있지만 다른 사람은 쉽게 못 만드는 콘텐츠가 무엇인지를 알아야 한다.

여기서 콘텐츠는 예술작품, 공예품, 문화 콘텐츠, 스토리, DIY, 음식, 디자인, 인테리어 등 크리에이터가 직접 만드는 상품만을 의미하지 않는다. 제안, 기획, 편집, 사업 계획서, 장기 발전 계획 등 여러 가지 유무형 자원을 연결해 새로운 가치를 창출하는 '아이디어'도 여기에 포함된다.

대량생산, 대량소비 중심의 산업사회는 무언가를 직접 만드는 '기술자'보다 기존 자원을 동원해 생산 체계를 구축하는 '기획자'를 중시했다. 하지만 지식 정보 경제, 라이프스타일 경제에서는 기획 능력만으로는 부족할 수 있다. 무언가를 기획할 뿐 아니라 직접 또는 주변의 도움을 받아 쉽게 만들 수 있어야 한다.

배운 기술, 나의 '콘텐츠'

그렇다면 우리는 무엇을 직접 만들 수 있을까? 나의 경우는 학술 논문인 것 같다. 박사 과정을 거치면서 논문 쓰는 방법을 배웠다. 그리고 졸업 후에는 그 기술을 학술 논문을 쓰는 데 응용하고 발전시켰다.

내가 쓰는 대중적인 글도 논문 형식이 대부분이다. 내 눈에 들어온 어떤 현상을 포착하고, 그것을 설명할 수 있는 가설을 제시하고, 이를 논리와 자료를 바탕으로 검증하는 형태의 글을 쓴다. 논리보다 감성, 감정, 흥미에 호소하는 시, 소설, 에세이 등의 장르는 잘 쓰지 못한다.

다른 사람도 교육과 훈련 과정에서 배운 무언가를 바탕으로 창업 아이템을 만들고 싶을 것이다. 이미 배운, 아니면 앞으로 배울 기술이 우리의 기본 콘텐츠다. 개념을 정리하는 차원에서, 이를 '배운 기술'이라 부르기로 하자.

나다움, '나의' 콘텐츠

'나의 콘텐츠'는 물론 배운 기술로만 채워지지 않는다. 사실 '콘텐츠'보다 '나의'가 더 중요할 수 있다. 여기서 '나의'의 정확한 의미는 나다움이다. 나다움을 배운 기술로 제작한 콘텐츠가 나의 콘텐츠다. MZ세대는 나다움이라는 개념에 익숙하다. 나다움은 나의 취향, 나의 가치관, 나의 세계관, 나의 라이프스타일 등으로도 표현할 수 있다.

더 간단하게 말하면 '내가 좋아하는 것'이다. 많은 사람이 자기가 좋아하는 것을 모으거나 구현하기 위해 창업한다. 그런데 자기 내면 속에 숨어 있는 나다움은 표현되어야 비로소 의미를 갖는다. 나다움을 표현할 수 있어야 나다움에 대해 확신을 가질 수 있고, 타인과의 소통도 가능하다. 내가 나다움을 제대로 표현하지 못하는데 어떻게 타인에게 그것을 설명하고, 매력적인 콘텐츠로 만들 수 있겠는가?

여기서 나다움은 개인심리학이 강조하는 개인의 심리적 자아가 아니다. 비즈니스에서 필요한 나다움은 자아의식의 사회적 표현이다.

나만의 라이프스타일을 찾자

사회과학에서 나다움에 가장 근접한 개념이 라이프스타일이다. 라이프스타일은 보통 '삶의 방식'이라고 번역하는데, 나다움이 나의 라이프스타일이라면 우리는 생활 산업의 다양한 분야에서 나다움을 표현할 수 있다. 나다움에 기반한 콘텐츠 개발 영역이 확장되는 것이다.

사회학에서는 라이프스타일을 '특정 계층이나 그룹이 공유하는 생활 방식'이라고 정의한다. 일반적으로 주목받는 라이프스타일은 지배 계급의 라이프스타일이다. 프랑스 사회학자 피에르 부르디외도 라이프스타일을 부르주아가 계급적 취향과 정체성을 구별하는 수단으로 이해했다.

우리가 나다움과 라이프스타일에 관심이 있다면, 그 라이프스타일은 '대안적' 라이프스타일일 가능성이 높다. 주류 사회나 지배계급의 라이프스타일은 아니지만 그래도 검증된, 지속 가능한 라이프스타일을 말한다. 여기서 라이프스타일의 대안성을 강조하는 이유는 차별화 때문이다. 현실적으로 남이 보편적으로 추구하는 라이프스타일로는 나를 차별화하기 어렵다. 많은 사람이 주류 문화 안에서 자기를 찾으려 애쓰지만, 과연 그게 가능할까 묻지 않을 수 없다.

나의 전작 《인문학, 라이프스타일을 제안하다》는 물질주의와 탈물질주의를 기준으로 주류와 대안적 라이프스타일을 분류한다. 모든 선진국의 주류 문화는 물질을 추구하는 부르주아 문화다. 대안적 라이프스타일은 물질 외에 다른 가치를 더 중요하게 생각한다. 전작에서는 서구의 라이프스타일 역사를 부르주아(18~19세기)에서 보헤미안(19세기), 히피(1960년대), 보보스(1990년대), 힙스터(2000년대), 노마드(2010년대) 순으로 진화했다고 설명한다.

보헤미안은 예술과 자연에서 물질의 대안을 찾는다. 히피는 본격적으로 물질주의에 반기를 들고 자연으로의 회귀와 커뮤니티의 형성을 적극 추구한다. 부르주아와 보헤미안의 변증법적 결합을 의미하는 보보스'Bo'urgeois+'Bo'hemian에게 가장 중요한 탈물질 가치는 인권, 환경 그리고 사회적 책임이다.

히피의 후예라고 볼 수 있는 힙스터는 도시에서 독립적이고 창의적인 경제 영역을 구축한다. 힙스터에게 중요한 가치는 창조적 방식으로 대량생산, 대량소비의 대안을 모색하는 것이다. 공유 경제의 부상으로 확산하는 노마드는 이동성에서 자신의 정체성을 찾는다.

대안적 라이프스타일 중에서 가장 적극적으로 물질과의 공존을 추구하는 것은 보보스다. 노마드는 공유 경제에서의 생산과 소비를 통해, 즉 새로운 방식으로 물질적 성공을 추구한다. 힙스터 또한 자본주의를 전면적으로 거부하기보다는 그 체제 내에서 독립적 영역을 개척한다.

이제 1가지 질문을 제기해보자. 나는 어떤 대안적 라이프스타일을 선호하는가? 다음의 링크를 참고하기 바란다.

라이프스타일
테스트

대안 문화는 라이프스타일을 표현하는 하나의 방법이다. 지역 문화 등 다른 분류 방법도 많다. 중요한 것은 나다움을 사회적으로 표현하는 방식이다. 나다움이 타인이 인식할 수 있는 구체적 라이프스타일로 표현될 때, 나다움에 기반한 퍼스널 브랜드의 진정성과 사업성이 동시에 강화된다.

정리하면, 퍼스널 브랜드는 나 자신, 즉 나의 콘텐츠를 표현하는 것이다. 비즈니스 세계에서 우리는 나의 콘텐츠를 배운 기술과 나다움의 교집합에서 찾아 계발해야 한다. 나의 기술로 나만이 만들 수 있는 무언가다. 그리고 이렇게 도출한 콘텐츠를 카피, 이미지, 스토리, 디자인 등 다양한 방식으로 표현하고 차별화하는 것이 퍼스널 브랜딩이다.

퍼스널 브랜드를 구축하고 관리하려면 지속적인 자기성찰과 자기표현이 필요하다. 자신만의 독특한 콘텐츠를 만들고, 그것을 통해 타인과 소통하면서 개인의 가치를 창출하는 과정은 개인적으로도 직업적으로도 매우 의미 있는 일이다. 이러한 퍼스널 브랜딩 접근 방식은 개인이 자신의 경력과 평판을 발전시키는 데 중요한 역할을 하며, 창의적이고 독특한 방식으로 자신을 표현하고자 하는 모든 이에게 유용한 전략이다.

콘텐츠 성공 공식, 재미·의미·심미

"나에게 창조적 감각이 있을까?"

크리에이터는 자신의 능력에 끊임없이 의문을 품을 수밖에 없다. 많은 이들이 창작은 타고난 재능이라 여기고, 이를 훈련으로 개선하기 어렵다고 생각하기 때문이다. 이러한 불확실성 속에서 크리에이터는 콘텐츠의 질을 향상시킬 수 있는 공식을 찾아 적극적으로 학습에 나서야 한다.

콘텐츠 문헌에서 자주 언급하는 여러 공식 중 '3미'라는 게 있다. 즉 재미fun, 의미meaning, 심미aesthetics다. 나는 이 3미를 가장 설득력 있는 콘텐츠 공식이라고 생각한다. 3미는 크리에이터가 자신의 작업에 어떤 방식으로 접근하고, 어떻게 독특하고 차별화된 콘텐츠를 창조할 수 있는지에 대한 직관적 방법론을 제공한다.

3미 개념을 설명하는 데는 이론적 논의보다 사례가 훨씬 효과적이다. 서울의 홍대 지역 같은 도시 콘텐츠가 어떻게 재미, 의미, 심미를 구현하는지 살펴보면, 이 개념이 크리에이터에게 제공하는 실질적인 가치와 영감을 이해할 수 있다.

재미: '노잼'이냐, '꿀잼'이냐

'재미'는 보통 콘텐츠가 관객에게 제공하는 즐거움의 정도로 정의할 수 있다. 그러나 이 정의만으로는 재미의 다층적인 복잡성을 완전히 포착하기 어렵다. 재미는 웃음이나 오락을 넘어서며, 보다 심오한 뜻을 내포한다.

도시의 관점에서 재미를 바라보면 그 뜻은 더욱 분명해진다. 한국의 도시를 평가할 때 종종 쓰이는 '노잼'과 '꿀잼'의 기준을 통해 어떤 콘텐츠가 재미있는지 판단할 수 있다.

홍대 인근은 젊은 층 사이에서 대중음악, 거리예술, 다양한 카페와 상점 덕분에 '꿀잼' 지역으로 인식되고 있다. 홍대의 매력은 단순한 상업적 풍부함을 넘어 창의적 문화와 예술이 결합된 인디·소셜·디자인 문화에서 비롯된다. 아울러 이러한 특징은 기존 문화에 도전하는 차별화된 독립성을 상징한다.

사회학자 벤 핀첨은 재미의 어원을 연구하며 그 사회적 의미를 탐구했다. 17세기부터 재미는 흥분되는 일이 벌어지는 상황과 관련해서 쓰였다. 산업화 과정에서 노동자들은 일상의 규격화에 대한 저항으로서 재미를 찾고 표현했다. 지금의 우리도 재미를 기존 관습과 교양에 대한 반항적 형태로 추구한다.

현대 도시에서는 오프라인 크리에이터, 아방가르드 예술가, 택티컬 어버니스트tactical urbanist(도시 문제에 관해 소규모로 실험적인 조치를 시도해보는 활동가들), 스트리트 아티스트 등이 전복적인 가치를 통해 도시의 재미를 창조하고 있다.

'대전에 친구가 놀러왔을 때' 알고리즘

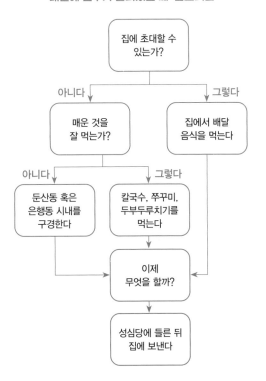

핀첨이 보는 노잼과 꿀잼 도시의 차이는 간단하다. 진지함, 도덕성, 의무, 금욕주의처럼 재미와 대치되는 가치를 추구하는 도시는 노잼으로, 행복, 쾌락, 기분 전환, 즐거움, 몰두 같은 감정을 추구하는 도시는 꿀잼으로 분류하는 식이다. 이러한 맥락에서 보면, 어떤 크리에이터 콘텐츠가 재미있는지 명확해진다. 예컨대 훈계적이고, 무겁고, 엄숙하고, 교양주의적인 콘텐츠는 노잼이다. 반면, 뻔하지 않고, 독립적이며, 도전적이고, 개성이 뚜렷한 콘텐츠는 꿀잼으로 평가받는다.

의미: 상호작용에서 드러나는 가치

'의미'는 콘텐츠가 관객에게 전달하는 가치와 메시지의 깊이를 나타낸다. 도시 콘텐츠 개발자들은 도시의 자원, 역사, 문화를 마케팅하면서, 독특한 이야기와 정체성을 통해 의미 있는 경험을 제공하고자 한다.

도시가 추구하는 가치와 정체성보다 그 의미를 전달하는 방식이 크리에이터에게 더 큰 영감을 줄 수 있다. 장소의 의미는 공간과의 상호작용을 통해 형성 및 발현된다. 마찬가지로 도시의 진정한 의미는 공식적인 캠페인보다는 개인적 경험을 통해 드러난다. 책이나 미디어가 아닌 거리와 상점을 통해 나타나며, 이에 필요한 주된 도구는 보행이다. 도시를 오래 걸을수록 그 의미가 드러나기 시작한다. 이때 크리에이터와 소상공인이 도시의 의미를 어떻게 해석하고 사업화하는지 관찰해야 한다.

크리에이터도 도시처럼 차별화를 통해 의미를 창출한다. 창작의 핵심은 차별화에 있으며, 이를 통해 다른 사람이 복제할 수 없는 콘텐츠를 만들어야 한다. 도시 사례에서 볼 수 있듯, 크리에이터는 의미를 직접적으로 강요하기보다 관객이 그것을 발견하도록 유도해야 한다. 즉, 메시지를 명확하게 전달하는 것이 아니라 관객이 크리에이터와의 상호작용을 통해 의미를 발견하게끔 하는 것이 더 효과적인 방법이다.

심미: 시각적 아름다움을 넘어선 인간적 가치

'심미'는 콘텐츠의 예술적 가치 및 아름다움과 관련된 요소로, 이는 종종 주관적 기준으로 인해 논의하기 어려운 것으로 여겨지곤 한다. 창작물의 아름다움을 이해하려면 그것이 만들어지는 과정을 살펴보는 것이 중요하다. 여기서는 윌리엄 모리스가 제시한 아름다움의 관점을 소개한다.

모리스는 근대 디자인 산업을 혁신한 예술가로, 그에게 예술적 아름다움은 중요한 가치였다. 그는 아름다운 세상을 꿈꾸었고, 이를 실현하기 위해서는 '아름다운 일'을 해야 한다고 믿었다. 아름다움을 만드는 일이 바로 인간이 해야 할 일, 인간다운 일이다. 그에 따르면, 콘텐츠의 아름다움은 단순히 시각적 매력을 넘어 창작 과정에서 나타나는 노동의 즐거움과 인간적 가치에 있다.

모리스는 아름다운 일을 '희망이 있는 일'이라고 간략하게 정의한다. 좋은 일과 좋지 않은 일, 인간이 해야 하는 일과 하지 않아도 되는 일 모두 희망 여부에 따라 구분된다고 주장했다. "어떤 일에 희망이 있다면, 그 희망으로 일이 할 만한 가치를 갖게 된다."

일에서 찾을 수 있는 희망은 3가지다. 휴식에 대한 희망, 생산물에 대한 희망, 그리고 일 자체에서 느끼는 즐거움에 대한 희망이다. 다시, 일한 후 충분한 휴식 시간을 보낼 수 있다는 희망, 인간에게 진정으로 도움이 되는 물건을 만들 수 있다는 희망, 일하면서 즐거움을 느낄 수 있다는 희망을 말한다. 이런 점을 고려해 자신이 해야 할 일을 먼저 결정하는 것이 기계와의 관계를 제대로 설정하는 길이다.

3가지 유형의 희망에서 공통적으로 강조하는 감정이 '즐거움'이다. 모리스에게는 휴식, 사용, 생산 과정에서 모두 즐거움이 따라야 인간다운 일이다. 즐거움과 그 즐거움에 대한 희망이 없다면 "무가치한 일이고 노예의 일"인 것이다.

그에게 아름다운 생산물은 중세 공예품이다. "인간의 독창성으로 그런 작품을 만들어내려면 그것을 구상하는 머리와 직접 주조하는 손과 더불어, 세 번째 요소인 즐거움이 없이는 불가능하다." 그가 중시한 아름다움은 일부 천재의 작품이 아니라, 평범한 인간이 구성원과 함께 일상적으로 노동하는 즐거움을 표현한 작품이다.

그와 반대로 가장 인간답지 않은 일은 대량생산 체제의 단순노동, 그리고 무산계급의 노동으로 부를 유지하는 유산계급의 무위도식이다. 물론 19세기 상황에서 도출한 이런 분류가 현대사회에서도 적합하지는 않다. 하지만 모리스가 왜 중세 수공업을 중시했는지 짚고 넘어가야 한다.

현대사회에서는 자유롭고 독립적으로 아름다움을 창출하는 크리에이터가 중세 수공업자와 비슷한 인간적인 일을 한다고 볼 수 있다. 우리가 도시에서 아름다움을 찾을 수 있는 이유는 도시 자체가 우리를 즐겁게 하는 예술작품이기 때문이다. 윌리엄 모리스가 중세 공예품이 아름답다고 생각하는 이유와, 우리가 도시의 일상적 콘텐츠를 아름답다고 생각하는 이유는 다르지 않다.

도시는 크리에이터의 작업장이다. 크리에이터가 자신의 기준으로 재미, 의미, 심미를 갖춘 콘텐츠를 만드는 장소다. 여행자도 자신의 기준으로 도시의 재미, 의미, 심미 콘텐츠를 발견하고 즐긴다. 이런 곳에서 풍부하고 다양한 콘텐츠를 발견하는 것은 어쩌면 당연한 결과다. 도시의 콘텐츠는 크리에이터 자신의 작품이며, 이것이 도시의 본질적 매력을 형성한다.

도시 사례를 통해 우리는 아름다운 콘텐츠가 시각적 매력 이상의 의미를 지닌다는 사실을 이해할 수 있다. 그것은 창작의 즐거움과 인간적 가치가 표현된 결과물이다. 아름다운 콘텐츠는 일상과 주변 환경에서 영감을 받고, 창작 과정을 즐기는 데에서 나온다.

결론적으로, 도시의 재미, 의미, 심미는 크리에이터에게 중요한 통찰을 제공한다. 이 3가지 요소는 크리에이터가 자신의 작업을 어떻게 차별화하고 관객에게 의미 있는 경험을 제공할지에 대한 일관된 지침으로 작용한다.

재미는 단순한 오락을 넘어 창의성과 독특함을 통해 형성되는 가치다. 의미는 크리에이터가 강요하는 것이 아니라, 관객의 개인적 경험과 상호작용을 통해 형성 및 발현된다. 심미는 시각적 아름다움을 넘어 창작 과정에서 발견되는 즐거움과 인간적 가치가 중심이 되어 형성된다. 크리에이터는 자신만의 독특한 매력과 창작 과정에서의 즐거움 그리고 인간적 가치를 관객과의 상호작용을 통해 공유하고 전달함으로써 3미 공식을 효과적으로 활용할 수 있다.

기술, 대체되거나
활용하거나

크리에이터에게 중요한 능력 중 하나는 기술 활용력이다. 온라인·오프라인·어번 크리에이터 모두 콘텐츠의 구상부터 디자인, 제작, 판매에 이르기까지 다양한 기술을 활용한다. 크리에이터가 되고자 준비 중이거나 현재 활동하고 있는 크리에이터는 기술의 변화를 이해하고 적극 수용해야 한다.

이 과정에서 중요한 것은 크리에이터의 주체적 관점이다. 시시각각 변하는 기술 환경 속에서 단순히 실무적으로 좋은 기술이 아닌 크리에이터 경제의 성장에 도움이 되는 기술을 판별할 수 있어야 한다.

1인 레스토랑 사례로 본 크리에이터의 기술

크리에이터의 기술 환경을 설명하는 데 '1인 레스토랑'은 좋은 사례다. 1인 레스토랑은 오너 셰프가 혼자 독립적으로 운영하는 레스토랑이다. 분식점, 시장 가판 식당, 포장마차 등 1인 형태로 운영하는 곳이 많지만, 나는 파인다이닝급 1인 레스토랑에 주목한다. 이들은 전통적인 자영업 식당과 다르게 대기업 수준의 경쟁력을 갖췄다. 외부 투자를 받은 기업형 레스토랑이나 대기업이 운영하는 호텔 레스토랑에 뒤지지 않는 수준의 음식으로 그들과 동등하게 경쟁한다.

이 같은 트렌드가 계속되면 외식업이 장차 1인 레스토랑 중심으로 재편될 가능성을 배제할 수 없다. 다른 산업보다 먼저 1인 경제 시스템에 진입하는 것이다. 왜 대기업 경쟁력을 갖춘 1인 레스토랑이 증가할까?

1인 레스토랑 증가 현상의 동력은 크리에이터 경제의 그것과 크게 다르지 않다. 생산자와 소비자가 라이프스타일을 중시하면서 1인 레스토랑의 공급과 수요가 동시에 증가했다. 1인 레스토랑 창업을 원하는 크리에이터형 셰프와 1인 레스토랑이 제공하는 개성 있는 콘텐츠를 원하는 소비자가 늘어난 것이다.

크리에이터와 3가지 기술

라이프스타일만큼 중요한 변화가 기술의 변화다. 콘텐츠 분야의 크리에이터와 마찬가지로 외식업계의 셰프도 기술력으로 1인 기업을 운영하며 대기업과 경쟁할 수 있다. 개인 셰프가 의존하는, 즉 1인 레스토랑에 긴요한 기술은 크게 3가지로 분류된다. 기본 창작 기술인 요리가 1차 기술이라면, 요리 활동을 보조하는 장비와 식자재 구매 시스템 등이 2차 기술이다. 그리고 SNS, 위치 기반 서비스, 소상공인 플랫폼 등 식당 운영을 지원하는 다양한 온라인과 오프라인 활동을 3차 기술로 정의할 수 있다.

1차·3차 기술과 달리 2차 기술의 역할은 일반인에게 많이 알려져

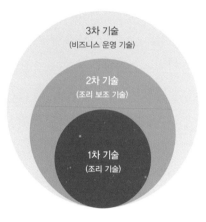

1인 레스토랑에 공급되는 기술

3차 기술
(비즈니스 운영 기술)

2차 기술
(조리 보조 기술)

1차 기술
(조리 기술)

있지 않다. 2차 기술은 대부분은 인력을 대체하는 기술이다. 그러나 2차 기술 도입이 직접적인 창작 기술을 대체한다는 뜻은 아니다. 2차 기술을 활용한다고 해서 손으로 만드는 음식을 기계로 만드는 것은 아니라는 얘기다. 파인다이닝 분야에서는 오히려 수제가 기계를 대체하는 추세다. 2차 기술은 수제 기술을 보조하고 보완한다.

1인 레스토랑의 교훈

1인 레스토랑의 성공은 크리에이터에게 적지 않은 교훈을 준다. 첫째, 외식업 경쟁력을 디지털 전환과 프랜차이즈화로부터 찾는 시각에서 탈피해야 한다. 배달 서비스나 프랜차이즈 기업보다 1인 레스토랑에서 더 큰 기회를 얻을 수 있다. 개인이 기업가 정신을 발휘해 자유롭게 활동하는 경제를 원한다면, 1인 레스토랑이 그 이상에 부합하는 비즈니스다.

둘째, 크리에이터의 2차 기술도 1차·3차 기술만큼 중요하다. 현재 크리에이터에 대한 지원은 1차 기술을 훈련받는 크리에이터 양성과 3차 기술을 제공하는 플랫폼의 진출에 집중하고 있는데, 앞으로는 크리에이터의 생산 기술, 즉 2차 기술의 지원에 눈을 돌릴 필요가 있다. 크리에이터가 어떤 소프트웨어와 장비를 사용해 경쟁력을 유지하는지 면밀하게 파악해서 이런 기술을 적정한 가격에 확보해야 한다.

예를 들어 푸드 콘텐츠 크리에이터를 위해 인덕션, 싱크대 등 주방 시스템과 아일랜드 테이블을 구비한 스튜디오를 제공하는 네이버 스퀘어 광주를 민간의 2차 기술 지원 사업으로 해석할 수 있다. 크리에이터는 해당 시설과 장비로 전문가 수준의 오디오와 비주얼 콘텐츠를 제작할 수 있다.

사람들은 대부분 프리랜서와 1인 기업 시대를 먼 미래의 일로 생각한다. 하지만 IT 산업에서 디지털 노마드가 활동하는 것처럼, 전통적 오프라인 리테일 분야인 외식업에서도 이제 1인 기업의 시대가 시작됐다. 문제는 지속 가능성이다. 1차·2차·3차 기술을 크리에이터에게 적절히 공급하는 환경을 조성하는 것이 크리에이터 경제의 지속 가능성 제고를 위해 정부가 해야 할 일이다.

'좋은' 기술이란 무엇인가?

크리에이터에게 좋은 기술이란 어떤 것인지 논의를 계속해보자. 1인 레스토랑 사례에서는 크리에이터에게 필요한 기술을 1차 제작 기술, 2차 제작 보조 기술, 3차 비즈니스 운영 기술로 분류했다. 그리고 각 영역에서 1인 크리에이터를 지원하는 기술을 꾸준히 모니터링 및 수용해야 한다고 강조했다.

이때 모든 기술이 사회에 좋은 것은 아니라는 사실을 기억해야 한다. 기술 발전은 일상을 더 편리하고 효율적으로 만드는 한편, 데이터 프라이버시 침해, 자동화에 따른 실업 증가, 사회적 격차 확대 등 여러 중대한 사회적 문제를 야기한다. 크리에이터 관점에서도 마찬가지이며, 분명 더 좋은 기술, 즉 크리에이터에게 더 유리한 기술이 존재한다.

크리에이터가 기술 변화에 적극 대응하려면, 기술 변화에 대응하는 사회적 방법론을 이해해야 한다. 역사적으로 인간은 새로운 기술에 반기술, 탈기술 그리고 선(善)기술이라는 3가지 방식으로 대응했다. 반기술은 19세기의 기계 파괴, 즉 러다이트운동처럼 새로운 기술에 직접적으로 저항하는 것을 의미하며, 기술의 부작용을 강조한다. 탈기술은 자연주의, 초월주의, 디지털 디톡스 등 기술의 영향력으로부터 벗어나려는 시도로, 기술 중심적 사회를 지양하고 독립적인 인간적 가치를 추구한다.

반면, 선기술은 기술 발전을 인간 중심적 관점에서 재해석하고 개선하는 방법으로, 기술을 보다 인간적이고 윤리적인 방향으로 이끄는 전략이다. 이런 다양한 접근 방식은 기술 발전에 대한 인간의 복잡한 반응을 나타내며, 현재도 기술사회의 문제를 해결하는 방법에 영향을 미치고 있다.

선기술이라는 개념은 이론적으로는 명확하지만, 실제 세계에서 어떤 것을 선기술로 분류할지 판단하는 일은 복잡한 문제다. 1가지 방법은 개인 기술과 집단 기술을 구분하는 것이다.

개인 기술은 개인의 자유와 독립성을 증진시키는 기술을, 집단 기술은 집단의 역량을 강화하는 기술을 말한다. 사회 발전에는 개인 기술과 집단 기술이 모두 중요하지만, 개인주의와 기술철학의 관점에서는 개인 기술이 선기술의 정의에 더 잘 부합한다. 이는 개인 기술이 단지 크리에이터에게 유익한 것을 넘어 사회 전체에 긍정적 영향을 미칠 수 있다는 의미다. 따라서 크리에이터는 개인 기술을 활용하는 동시에 이러한 기술을 발전시키는 데 기여해야 한다.

기술의 발전사: 개인 기술과 집단 기술의 충돌

역사를 돌이켜 보면, 인류 사회는 항상 개인 기술과 집단 기술을 동시에 발전시켜왔다. 수렵 채취 시대에도 개인용 도구와 집단용 도구는 명확히 구분됐다. 예를 들어, 개인용 사냥 도구는 개인 기술의 범주에, 집단 사냥 전략과 공동체 건축은 집단 기술의 범주에 속한다. 전근대 사회에서는 전쟁을 비롯해 수리, 수송, 통신, 토목 등 공공 분야에서도 집단 기술을 활용했다.

우리가 집단 기술 개념을 강조하는 이유는 개인 기술과의 충돌 가능성 때문이다. 개인 기술과 집단 기술의 충돌이 표면 위로 부상한 것은 산업혁명 시대인 19세기에 들어서였다. 개인 기술인 수동 방직기를 보호하기 위해 집단(기업) 기술인 동력 방직기를 파괴한 러다이트 운동이 그 시발점이다.

러다이트운동은 개인 기술과 집단 기술 간 충돌을 상징하는 사건이다. 집단 기술, 특히 대량생산 기술은 생산 효율성을 크게 향상시키고, 필수적인 상품과 서비스의 접근성을 높이는 등 많은 사람에게 긍정적인 역할을 했다. 그러나 이 기술은 동시에 개인의 자율성과 전통적 생활 방식에 대한 위협으로 여겨졌다. 집단 기술의 긍정적 측면과 그것이 일으킬 수 있는 부정적 결과 사이에서 균형을 찾는 일은 여전히 중요한 과제다.

러다이트운동에도 불구하고 기술은 산업혁명을 거치면서 대량생산, 대량소비 문화를 지원하는 집단 기술 중심으로 발전했다. 집단 기술의 전성시대는 대량생산 체제가 자리 잡은 1950년대일 것이다. 이때 에너지, 통신, 수송, 제조, 서비스 전 분야에서 대량생산 기술이 완성 궤도에 올랐다.

역설적으로 원자력, 우주 기술, 메인프레임 컴퓨터 등에 의해 집단 기술이 절정에 오른 1950년대에 집단 기술에 대한 새로운 저항이 시작됐다. 비트 제너레이션beat generation이라고 불리는 시인과 예술가들이 집단 기술로 대표되는 물질주의 문명에 조직적으로 반기를 든 것이다. 비트 운동은 1960년대 들어 반전 운동과 결합해 미국 사회를 뒤흔든 히피 운동으로 진화했다. 히피 운동도 단순한 사회 저항을 넘어 기술관료주의 사회와 군산복합체에 대한 거부로 나아갔다.

개인 기술의 부상

히피 세대의 과학자들은 개인용 컴퓨터(PC)와 DIY 같은 개인 기술을 통해 해결책을 모색했다. 당시 전자 산업을 주도했던 메인프레임 컴퓨터와 대규모 기술의 대안으로 PC와 인터넷을 발명한 것이다. 그들은 분권, 수평적 조직, 평등, 자유의 가치를 실현하는 이상사회를 건설하려 했고, 이에 필요한 개인 기술로 PC와 인터넷에 주목했다. 실제 PC와 인터넷의 역사를 보면, 실리콘밸리에서 활동한 히피 엔지니어와 과학자들이 기술 상용화를 주도했음을 알 수 있다. PC를 처음 상품으로 개발한 사업가가 바로 히피 출신의 스티브 잡스다.

히피 세대는 DIY 기술을 새롭게 개발했다. 많은 지도자가 기술관료주의 사회의 대안인 자연 공동체에 귀의했고, 자연에서 자생적 삶을 살기 위해 필요한 많은 도구와 기술을 만들어냈다. 이런 DIY 기술을 모은 잡지가 스티브 잡스가 1970년대의 인터넷이라고 칭송한 〈전지구 목록〉이며, 이를 발행하고 보급한 사람이 인터넷의 아버지로 불리는 스튜어트 브랜드다. 커피, 빵, 치즈, 잼 등 오늘날 우리가 즐겨 찾는 수제 아르티장artisan 식품 역시 히피 세대가 자연 공동체에서 살아가기 위해 전문적인 훈련 없이 시행착오를 거듭해가며 대중화한 개인 기술이다.

빅테크와 빅 AI는 위협인가 기회인가?

순탄해 보였던 개인 기술 시대가 암초를 만난 것은 2010년대의 일이다. PC, 스마트폰으로 진화한 개인 디바이스를 연결하는 기술 기업과 플랫폼이 거대 기업으로 성장한 것이다. 빅테크 기업으로 불리는 플랫폼 기업들은 시간이 갈수록 막대한 데이터 수집과 분석 기술로 개인의 프라이버시와 자율권을 위협할 정도의 영향력을 행사하기에 이르렀다. 개인을 강하게 만들기 위해 개발한 기술이 오히려 개인을 억압하는 집단 기술로 '악용'될 위기에 처한 것이다.

기술사회의 미래를 장담할 수 없게 만드는 또 하나의 변수는 AI다. 2023년 챗GPT의 상용화로 기술 산업은 새로운 혼란기에 진입했다. 빅테크 기업들이 AI 산업을 선점할지, 아니면 새로운 경쟁자가 나타날지는 미지수다. 이런 불확실한 상황에서, 어떤 기업이 AI 산업을 주도하든 빅테크보다 더 위협적인 빅 AI를 개발할지 모른다는 불안이 확산되고 있다.

그러나 빅테크와 빅 AI가 집단 기술과 개인 기술의 속성을 동시에 갖고 있다는 사실을 인지해야 한다. 초기에 플랫폼 기업은 개인 간 연결 및 개인의 역량을 강화하는 기술로 출발했다. AI 기술도 개인 소유 AI 기술과 기업 소유 AI 기술의 존재가 혼재하는 현상을 볼 수 있다. 개인 소유 AI는 사용자가 직접 관리하고 제어할 수 있는 시스템으로, 맞춤형 서비스와 사용자 경험을 제공하는 것을 목표로 한다. 사람들이 어떻게 대응하느냐에 따라, 빅테크와 빅 AI는 집단 기술이 될 수도 있고 개인 기술로 발전할 수도 있다.

플랫폼에 대한 규제가 본격적으로 시행됨에 따라, 플랫폼 기업의 독점력은 이미 약해지고 있다. 앞으로는 비영리 플랫폼, 공공 플랫폼, 블록체인 플랫폼 등을 포함한 새로운 기술과 비즈니스 모델이 기존 플랫폼 기업의 중앙집중식 권력을 분산시킬 것이다. 이렇게 변화할 경우, 플랫폼은 원래 목적대로 개인 간 연결을 강화하고 개인의 능력을 증진시키는 긍정적 개인 기술로 재편될 가능성이 있다.

빅테크와 빅 AI가 탈중앙화 플랫폼으로 진화하는 과정에서 핵심 역할을 할 개인 기술이 블록체인과 NFT다. 분산된 데이터베이스로 거래 기록을 여러 컴퓨터 네트워크에 걸쳐 저장하는 블록체인 기술은 투명성과 보안성을 강화해 중앙집중식 권력이나 중개자 없이 거래할 수 있게 한다. NFT는 예술작품, 음악, 게임 아이템 등 디지털 형태로 표현되는 자산에 대한 소유권을 증명하는 토큰으로, 크리에이터 개인이 자신의 창작물을 직접 통제하고 수익을 얻을 수 있는 방법이다.

빅 AI가 포용적이 될 수 있다고 믿는 사람도 있다. 즉, 누구나 자신을 위해 일해주는 개인 AI를 소유하는 세상이 가능하다는 것이다. 실제로 하이테크 기업과 벤처 투자사들은 집단 AI 기술에 투자하는 동시에, 서버나 클라우드를 거치지 않는 개인 맞춤형 AI 기술과 기기의 개발에도 관심을 보이고 있다.

현재 개인 소유 AI는 눈부신 기술 진보와 함께 사용자의 일상·업무·창작 활동에 깊숙이 통합되어가고 있다. 사용자의 건강 관리, 학습 지원, 엔터테인먼트, 심지어 정서적 지원에 이르기까지 다양한 맞춤형 솔루션을 제공함으로써 개인의 자율성을 향상시키고 삶의 질을 근본적으로 개선하는 데 기여한다.

개인 소유 AI가 크리에이터 경제와 결합하면서 'AI 프로슈머'라고 불리는 새로운 유형의 크리에이터가 등장하기 시작했다. AI 프로슈머는 일상에서 AI를 사용하는 동시에 AI 기술을 활용해 자신만의 콘텐츠, 제품, 또는 서비스를 창출하고, 이를 시장에 제공하는 크리에이터를 말한다.

빅테크와 빅 AI 영역 밖의 개인 기술, 이를테면 3D 프린팅과 디자인 소프트웨어 같은 생산 기술도 지속적으로 발전하고 있다. 네이버, 구글 등의 플랫폼도 개인 사업자와 소상공인을 위해 온라인 쇼핑몰, 위치 기반 서비스, 온라인 예약, 기업 경영 소프트웨어 등 다양한 디지털 솔루션을 무료로 제공한다.

개인 기술의 미래는 어떻게 될 것인가?

개인 기술의 발전은 결국 1인 기업과 크리에이터의 성장을 의미한다. 제러미 리프킨이 전망한 대로 창업 비용, 거래 비용, 생산 비용이 지속적으로 하락하는 '제로 한계 비용 사회'에서 개인과 소기업에 대한 대기업의 이점이 사라지고 있는 것이다.

변수가 있다면 권력관계다. 최근 대런 아세모글루와 사이먼 존슨 교수가《권력과 진보》에서 지적한 것처럼 기술이 선기술로 진보하기 위해서는 기술 견제 세력이 정치적으로 건강해야 한다. 대표적 사례가 20세기 전반기의 미국 자동차 산업이다. 미국 사회가 자동화 기술이 노동자 생산성을 높이고 새로운 업무를 창출하도록 노력했기 때문에, 자동차 산업이 고용을 확대하고 중산층 소득을 끌어올리는 쪽으로 발전할 수 있었다.

넓은 의미에서, 시장도 개인 기술의 편일 수 있다. 1960년대 이후 개인 기술의 승리가 이어지는 것으로 보아 개인 기술에 대한 시장 수요가 존재한다고 볼 수 있다. 오늘날 독점적인 빅테크들이 개인 기술의 성장을 방해하고 있지만, 장기적으로는 블록체인이나 개인 AI 기술 같은 새로운 개인 기술이 등장해 집단 기술의 영향력을 중화할 것으로 기대된다. 개인 기술을 응원하고 추구하는 것이 인간 중심의 기술사회를 실현하는 방법이다.

AI 혁명으로 부각되는 신체적 기술

AI 확산으로 변화하는 노동시장에서도 새로운 기회를 찾을 수 있다. AI 혁명은 노동시장을 근본적으로 바꾸고 있다. 세계적 대기업과 금융 기관이 기술 인력과 고임금 사무직 노동자를 대대적으로 정리해고하는 상황은 AI가 크리에이터의 업무와 콘텐츠 제작에 점점 더 폭넓게 적용되고 있음을 시사한다. 2023년 발생한 할리우드 작가와 배우들의 파업도 이러한 추세의 일면을 드러낸다.

이 같은 변화 속에서 육체노동자의 임금이 상승하고 신체적 기술 교육에 대한 관심이 늘어나고 있다. 인간의 지적 작업을 대체하려는 AI의 시대에 신체적 기술에 새로운 가치가 부여되는 것이다. 핸드메이드와 공예 기술 등의 분야에서 AI와 경쟁하거나 상생하는 기술이 떠오르며 크리에이터에게 새로운 기회를 제공하고 있다. 이런 상황에서 크리에이터는 신체적 기술과 지적 기술을 통합하는 새로운 방식을 모색하고, AI와의 상호작용을 통해 새로운 창작 경로를 개척해야 한다.

그러기 위해서는 어떤 신체적 기술이 AI와 경쟁할 수 있는지 명확하게 이해해야 한다. 신체적 기술 및 지적 기술은 AI와의 상호작용을 토대로 AI-독립적, AI-호환적, AI-전환적, AI-경쟁적으로 분류할 수 있다. 크리에이터는 자신의 기술을 파악해 AI 시대에 자신의 위치를 확고히 할 수 있다. 이 과정에서 기회를 찾고 자신의 역량을 확장할 수 있는 전략을 세워야 한다.

신체적 기술로 AI와 경쟁하다

크리에이터가 주목해야 할 것은 AI와 독립적으로 작동하거나 AI와 호환되는 신체적 기술이다. 미래학자 바이런 리스는 《제4의 시대》에서 정원사 제리의 이야기를 통해, 신체적 기술을 가진 사람이 AI 및 로봇과 어떻게 경쟁하며 새로운 기회를 찾는지 보여준다.

잔디 깎기로 생계를 유지하는 사람을 상상해보자. 그를 제리라고 부르겠다. 제리는 고등학교를 졸업했지만, 그 이상의 교육은 받지 않았다. 어느 날 누군가 저렴한 가격에 판매하는 자율주행 잔디깎이를 개발하자 갑자기 제리의 직업이 쓸모없어진다. 그는 무엇을 할 수 있을까?

사실 1,000가지도 더 되는 일을 할 수 있다. 제리가 해야 할 일은 가치를 더하는 방법을 찾는 것뿐이다. 그러면 그에게는 일자리가 생긴다. 예를 들어, 제리는 인터넷에서 포도를 심고 관리하는 방법을 배울 수 있다. 그리 어렵지 않다. 그렇지 않은가? 나는 제리가 원예학자가 된다고 말하는 것이 아니다. 그저 포도를 심고 키우는 방법에 대해 충분히 읽어보는 것 뿐이다. 그런 다음 제리는 집집마다 방문해 포도를 키우는 즐거움에 대해 알린다. 헉, 나라면 넘어갈 거다.

그리고 20년 후, 포도원 로보틱스라는 기업이 제리보다 훨씬 나은 실력으로 포도를 심을 수 있는 로봇을 출시한다. 그럼 제리는 무엇을 할까? 빅토리아 시대의 조경에 대해 공부한다. 그런 다음 역사적으로 정확한 관목과 꽃을 역사적으로 정확한 배열로 심어주겠다며 집집마다 방문한다. 언젠가 그 일을 할 로봇이 발명될 것이지만, 그때쯤이면 제리는 은퇴했을 것이다.

기술의 관점에서 흥미로운 것은 제리가 소유하고 있는 기술의 성격이다. 그는 고정된 기술 집합을 가지고 있지 않다. 잔디 깎는 사람에서 시작해 포도원 기획자, 정원 조경사로 진화한다. 그가 습득한 기술은 AI가 쉽게 대체할 수 있는 것이 아니다. 그렇다면 이러한 새로운 기술을 정의하고 구분하는 것이 중요하다.

위에서 설명한 기술 분류에 의하면, 제리의 기술은 AI-경쟁적 신체적 기술에서 시작해 AI-독립적 혼합(지적+신체적) 기술과 AI-호환적 혼합 기술로 발전한 셈이다. 처음엔 자동화나 로봇이 대체할 수 있는 잔디 깎기 같은 신체적 작업을 했지만, 자율주행 잔디깎이가 나오자 그 일에서 손을 뗀다. 이후 인터넷에서 포도 재배 방법과 조경을 배우는 등 새로운 지식을 습득해 AI-독립적 혼합 기술 영역으로 넘어간다. 이런 기술은 창의성과 지역에 기반한 전문 지식, 그리고 신체적 기술이 필요해 AI가 쉽게 대체할 수 없다.

또 제리가 집집마다 방문해 서비스를 제공하는 것은 AI-호환적 지적 기술의 사례다. AI와 협력하면서도 인간만의 가치를 더하는 것이다. 제리는 신체적 기술자도 자기 역량을 발전시키고 다양화해 AI 시대에 지속 가능한 경력을 구축할 수 있다는 것을 보여준다.

신체적 기술의 미래

AI와 결합한 신체적 기술은 창작자에게 새로운 기회를 열어준다. 이미 많은 오프라인 창작자가 새로운 창작 가능성을 탐색하는 도구로 AI를 활용하고 있다. 미래학자 앤 리즈 크예르는 AI가 패턴을 발견하고 창의적 과정을 지원해 "다차원적이고 글로벌한 뇌"를 제공할 수 있다고 말한다.

수공예 산업에서는 AI 도입 이전부터 기술의 긍정적 영향을 인식했다. 3D 프린팅과 디지털 플랫폼 같은 혁신을 전통 공예와 통합해 수공예의 본질을 유지하면서도 창의성, 효율성, 대중 접근성을 확보했다. 이러한 기술적 발전은 수공예품의 독특한 가치를 높이고 미래에 해당 기술에 대한 선호를 강화하며 시장 수요를 증가시킬 것으로 기대된다.

오프라인과 온라인 창작자 모두 예술·수공예·건축 분야에서 신체적 기술을 활용해 AI와 차별되는 독특한 작품을 창조할 수 있다. 이런 기술은 개인의 재능과 창의성을 기반으로 새로운 가치를 만들어내고, 디지털 시대에 인간만의 독특한 감성과 경험을 제공한다.

AI와 상호작용하는 신체적 기술은 AI-호환적 및 AI-전환적 기술로 발전할 수 있으며, 새로운 형태의 직업 창출에 기여한다. AI 기술의 등장과 발전에 적응하고 새로운 기술을 습득함으로써 인간은 AI 시대에도 유의미하고 창조적인 역할을 할 수 있다.

AI의 발전이 신체적 기술의 미래에 미칠 영향은 여전히 불확실하지만, 신체적 기술이 갖는 독특한 가치와 인간의 창의성, 감성, 복잡한 문제해결 능력은 AI와의 경쟁에서 인간에게 중요한 우위를 제공한다. AI 시대에도 신체적 기술과 창의성은 대체 불가능한 가치를 지니고 새로운 기회를 창출하며 사회적·경제적 발전을 이끌 것이다.

따라서 지속적인 교육, 기술 훈련, AI와의 상호작용을 통해 신체적 기술을 발전시키고 다각화해야 한다. 정부와 기업은 신체적 기술과 AI 기술의 통합을 촉진하고 지원하는 정책 및 프로그램을 개발해야 한다. AI 기술과 함께하는 신체적 기술은 인간의 창의성과 혁신을 기반으로 지속 가능한 발전을 모색하도록 도울 것이다.

AI-관계에 따른 기술의 분류

AI 기술의 발전에 따라, 인간의 능력과 AI의 관계를 기준으로 기술을 크게 4가지로 분류할 수 있다. 이러한 분류는 AI와의 상호 작용, 대체 가능성, 미래 발전 방향을 이해하는 데 도움을 준다.

AI-독립적 기술 AI가 모방하거나 대체하기 어려운 인간 고유의 능력, 예컨대 창의성, 감성에 대한 이해, 고급 문제해결 능력, 손재주와 같은 신체적 기술을 포함한다. 가령 인터랙티브 설치 미술, 환경 예술 등의 예술 창작은 인간의 창의성과 감성적 표현이 중요하며, 사회적 상호작용과 네트워킹 같은 커뮤니티 기술과 이를 공간에서 구현하는 공간 기술을 요구한다.

AI는 정보를 제공할 수 있지만, 인간 사이의 진정한 감정 교류와 이해를 대체할 수는 없다. 비판적 사고와 윤리적 판단 또한 인간에 대한 깊은 이해와 다양한 관점을 요구한다. AI는 데이터와 알고리즘에 기반한 결정은 할 수 있어도 인간의 가치, 윤리, 문화적 맥락을 전체적으로 이해하거나 결정에 반영하지는 못한다.

AI-호환적 기술 AI 시스템과 협력해 AI의 효율과 성능을 극대화하는 기술이다. 이 기술은 AI 시스템의 구축·운영·유지에 필요하며, AI와 인간이 상호보완적인 관계를 유지하는 데 중요하다. AI

시스템의 통합과 관리, 데이터의 분석과 해석, UX(사용자 경험)와 인터페이스 설계가 여기에 포함된다.

AI-전환적 기술 AI 개발 초기 단계에는 중요했지만, AI의 자율적 작동이 가능해지면서 수요가 점차 줄어들고 있다. AI 시스템 설계, 아키텍처 개발, AI 알고리즘 및 모델링, AI 테스트와 초기 구현 기술 등이 여기에 해당된다.

AI-경쟁적 기술 AI나 자동화가 인간의 역할을 대체할 가능성이 높은 기술이다. 반복적이고 예측 가능한 작업, 루틴 데이터 처리, 기본적 수학 계산, 기본 콘텐츠 생성 등이 여기에 속한다.

우리는 AI-독립적 · AI-호환적 · AI-전환적 기술에서 새로운 기회를 찾을 수 있으며, AI-전환적 기술은 장기적으로 AI-경쟁적 기술로 변모할 가능성이 있다. 투자가 어떤 기술에 집중되는지에 따라 일자리가 지속적으로 증가 혹은 감소할 수 있다.

크리에이터 시대의
공간 콘셉트

온라인과 가상 공간에서의 활동이 유행하고 있다지만 주위를 둘러보면 실제 상황은 다소 다르다. 코로나19 이후 오프라인 상권 회복, 재택근무 증가, 집 꾸미기 트렌드 부상, 하이브리드 사무실의 등장 등의 변화는 사람들이 현실의 공간과 장소에 더 많은 관심을 갖게 됐음을 보여준다. 인스타그램 같은 소셜 미디어의 영향으로 공간에 대한 취향이 다양해지고, 자신의 취향을 발전시키는 현상도 이를 뒷받침한다.

이런 현상은 크리에이터에게 새로운 기회를 제공하며, 공간 콘텐츠를 통해 자신의 경쟁력을 강화할 방안을 모색하게끔 한다. 여기서 중요한 질문은 어떤 공간 콘텐츠가 사람들을 끌어들이고, 이들의 소비를 어떻게 유도할 수 있는가 하는 점이다. 이에 대한 답은 공간 운영자의 취향과 시장 트렌드에 대한 이해가 결합된 형태로 나타난다.

공간 기획의 핵심은 단순히 인테리어, 조명, 음악, 동선 같은 기술적 요소를 넘어 공간의 의미와 콘셉트에 대한 고민이기도 하다. 《컨셉 있는 공간》의 저자 정창윤이 표현한 대로, 공간 기획자는 자신이 설정한 콘셉트가 공간의 모든 요소에 스며들어 그 공간을 찾은 고객이 브랜드와 소통하는 느낌을 주기를 원한다.

공간지리학자 이-푸 투안도 공간의 의미가 그곳에 존재하는 맥락에 있다고 보았으며, 이 맥락을 이해함으로써 사람들이 특정 공간에 애정을 갖게 된다고 주장한다. 맥락은 공간의 용도나 이야기와 직결된다. 특히 해당 지역의 정체성과 라이프스타일이 중요한 맥락을 제공한다. 예컨대 어떤 공간이 로컬 크리에이터가 기획하거나 운영하는 공간이라는 것을 알면, 로컬의 관점에서 그 공간을 관찰하고 감상하게 된다. 공간 기획에서 중요한 것은 맥락과 이를 구체화한 콘셉트를 반영한 콘텐츠를 창출하는 것이다.

문제는 콘셉트의 설정이다. 콘셉트를 '감'에 의존해 설정해야 한다는 주장은 구체적인 공간 기획 기술을 배우려는 크리에이터에게 도움이 되지 않는다. 조금 더 체계적인 가이드가 필요하다. 많은 공간 기획 관련 문헌이 경험, 접근성, 진정성, 환경과의 조화 등 매력적인 공간의 공통 요소를 제시하지만, 이를 일관된 기준으로 정리하지는 못한다. 여기서는 공간 비즈니스를 선도하는 스타벅스의 사례와 현대 라이프스타일에 중요한 영향을 미친 역사적 흐름을 살펴보며 공간 콘셉트의 중요한 맥락을 찾아보기로 한다.

스타벅스와 '제3의 공간'

공간 콘셉트의 다양성에도 불구하고 일부는 여러 시대에 걸쳐 영향력을 발휘한다. 공간 기획의 큰 흐름은 스타벅스를 통해 설명할 수 있다. 스타벅스는 단순한 카페 공간을 넘어 커뮤니티와 창의적 공간으로 진화했다. 이러한 변화는 공간 창업자에게 중요한 콘셉트를 제공한다.

스타벅스 공간의 본질은 집과 사무실을 넘어선 대안적 공간, 즉 '제3의 공간'에 있다. 스타벅스가 단순히 커피를 파는 장소가 아닌, 사람들이 쉬고 일할 수 있는 자유로운 공간이라는 의미다. 스타벅스는 이를 통해 개인의 취향과 라이프스타일을 표현하는 공간으로 자리매김했다.

스타벅스는 오랫동안 메뉴나 디자인에서 통일된 기준을 추구해왔다. 각 지역에서 제3의 공간을 지향했지만 지역성을 굳이 강조하지는 않았다. 1999년 서울에 처음 진출했을 때 인사동 매장의 간판을 한글로 적은 것이 세계적 뉴스가 될 정도로 표준화를 강조했다.

그러나 스타벅스는 2010년대 들어 변하기 시작했다. 로컬화에 가장 적극적인 사업 부서가 스타벅스 재팬인데, '콘셉트 스토어'라는 개념을 바탕으로 일본 각지에서 그 지역을 대표하는 건축물에 스타벅스를 입점시킨다. 한 지역에서 랜드마크가 되는 가장 빠른 방법이 바로 랜드마크 건축물에 들어가는 것이기 때문이다. 이와 동시에 스타벅스 재팬은 매장을 커뮤니티 공간으로 만들기 위해 노력한다. 매장마다 지역사회 소식판을 설치하는 식이다. 다른 오프라인 기업과 마찬가지로 동네의 앵커 스토어가 되기 위해 노력하는 것이다.

스타벅스 재팬은 커뮤니티 공간에 그치지 않고 코워킹 스페이스까지 매장에 입점시키고 있다. 2020년 7월에 문을 연 서클스 긴자점에서 1인 코워킹 공간을 매장에 설치했다. 커뮤니티 공간을 넘어 크리에이티브 공간을 본격적으로 실험하는 것이다. 여기서 멈출까? 나는

━━ 2020년 도쿄에서 문을 연 스타벅스 서클스 긴자점은 직장인이 집중해서 일할 수 있는 공간을 테마로 구성했다. (이미지 출처: ThinkLab)
도쿄 나카메구로의 리저브 로스터리는 특색 있는 건물로 눈길을 끈다.

스타벅스가 다음 단계로 넘어갈 것으로 전망한다. 한국의 스타필드가 보여주듯 스타벅스의 공간 콘셉트는 부동산 개발과 연계된 작은 도시 모델로 진화할 가능성이 높다.

스타벅스는 시대와 함께 변화하며 공간의 의미를 재정의하고 있다. 커피를 중심으로 한 비즈니스에서 출발해 사람들이 모이고, 일하고, 창조할 수 있는 다목적 공간으로 진화했다. 스타벅스의 이러한 접근 방식은 공간 기획자에게 공간이 단순한 장소가 아니라, 사람들의 생활 방식과 밀접하게 연결된 경험의 장이 될 수 있음을 보여준다.

라이프스타일을 반영한 공간을 만들다

공간 트렌드는 문화라는 더 큰 흐름 속에서 형성된다. 현대 도시 문화의 변화를 이해하는 데 중요한 요소가 라이프스타일이다. 라이프스타일을 반영한 공간 콘셉트는 현대 공간 기획에서 핵심 역할을 한다. 스타벅스도 예외가 아니다. 스타벅스는 테이크아웃 커피 한 잔을 들고 걸어서 출근하는 도시 전문직 종사자의 라이프스타일을 상품화했다. 공정무역, 인권, 환경보호 등 진보적인 가치를 중심으로 매장의 모든 요소를 구성했다. 도시 생활자들이 자신의 일상 속에서 이 모든 것을 경험할 수 있는 공간으로 스타벅스를 자리매김한 것이다.

츠타야 서점도 이런 전략을 취한다. 츠타야의 다이칸야마 플래그십 스토어는 경제적으로 성공하고 취향이 뚜렷한 단카이 세대(1947~ 1949년에 태어난 일본의 베이비 붐 세대)가 선호하는 라이프스타일을 반영한 공간이다. 청년 세대에게는 세련되고 개성 있는 도시 공간을 탐색하는 기회를 제공한다.

스타벅스와 츠타야는 각각 특정 라이프스타일을 공간에 접목시켜 고유한 브랜드 정체성을 구축하고 고객 경험을 극대화했다. 이러한 접근 방식은 공간 기획자에게 지역 문화와 세대 문화에서 영감을 받아 새로운 콘셉트의 프로젝트를 창출할 수 있는 가능성을 제시한다.

히피와 힙스터 문화는 도시 공간 기획에 대안적 라이프스타일이 접목되는 데 중요한 영향을 미쳤다. 히피 문화는 비건, 유기농, 천연염색, DIY, 미니멀리즘 등 다양한 친환경 트렌드의 시작점이 됐으며, 히피 문화의 원칙은 오늘날까지 지속적으로 공간 기획에 영향을 미치고 있다. 반면, 힙스터와 관련된 문화는 도심 낙후 지역에 새로운 생명을 불어넣으며 건축·공간·인테리어·패션 분야에 큰 영감을 주었다.

공간 기획과 라이프스타일 콘셉트의 접목은 공간이 단순한 물리적 장소를 넘어 특정한 라이프스타일과 가치관을 반영하는 복합적 경험의 장으로 발전할 수 있음을 보여준다. 공간 기획자는 이를 통해 더 깊이 있는 고객 경험을 창출하고, 지역 커뮤니티와의 연결 고리를 강화할 수 있다.

하위문화가 도시의 공간을 구성하다

힙합, 스케이트보드, 농구 같은 하위문화도 현대 도시 공간 기획과 디자인에 중요한 영향을 미쳤다. 이들 문화는 특히 젊은 세대의 도시 경험과 공간 인식에 깊이 관여한다.

힙합 문화는 1970년대 뉴욕에서 시작해 음악, 댄스, 그라피티 아트, 디제잉 등을 포함하는 광범위한 예술적 표현 방식을 발전시켰다. 힙합은 사회적·정치적 메시지를 전달하는 수단으로도 활용되며, 이는 공간 디자인과 인테리어에도 반영된다. 카페, 의류 매장, 갤러리 등은 힙합의 영향을 받아 도시적·반항적 느낌을 담은 공간을 창조한다. 이러한 공간은 종종 벽화, 스트리트 아트, 빈티지 가구를 갖추고 도심 속 예술적 자유와 창의성의 장소로 자리 잡기도 한다.

스케이트보드 문화는 도시의 공공 공간과 건축물을 새로운 시각에서 재해석하며 공간 기획에 독특한 영향을 미친다. 스케이트 파크, 스케이트 숍, 카페 등은 스케이트보더들의 모임 장소로서 공간의 유연성과 다목적 사용을 강조한다. 스케이트보딩의 자유로움과 모험심을 반영하는 공간으로서 젊은이들에게 자신의 취미와 정체성을 탐색할 기회를 제공한다.

농구 문화 역시 도시 공간의 중요한 구성 요소다. 농구 코트는 도심 속 사회적 만남의 장소로 기능하며, 지역 커뮤니티의 활성화에도 기여한다. 공공 공간, 학교, 주거 단지 내에 설치된 농구 코트는 접근성과 개방성을 강조하며, 모든 연령대의 사람들이 스포츠를 통해 교류할 수 있게 해준다.

이처럼 힙합, 스케이트보드, 농구는 모두 도시 공간을 활성화하고 다양성을 촉진하는 중요한 역할을 한다. 공간 기획과 관련해 창의성, 사회적 상호작용, 커뮤니티 구축의 중요성을 강조하며, 공간을 단순한 물리적 장소가 아닌 사람들의 라이프스타일과 정체성을 반영하는 복합적 경험의 장으로 전환시킨다. 공간 기획자는 이러한 문화적 요소를 통합해 모든 이용자가 참여하고 소통할 수 있는 역동적이고 포용적인 공간을 창출할 수 있다.

소비자의 욕구에 집중하면 끌리는 공간이 보인다

라이프스타일 기업에게 있어 공간 기획의 핵심은 타깃으로 삼는 소비자의 욕구 변화를 이해하는 데 있다. 이들 기업이 추구하는 목표는 결국 소비자를 만족시키는 것이며, 공간 콘셉트의 변화는 바로 이러한 소비자 욕구의 변화를 반영한다. 우리는 진화하는 소비자 욕구를 파악함으로써 어떤 공간 콘셉트가 현재와 미래에 필요한지 예측할 수 있다.

에이브러햄 매슬로의 욕구위계론은 이러한 공간 콘셉트 기획에 근본적 틀을 제공한다. 기본적 욕구부터 자아실현 욕구에 이르기까지 인간의 욕구를 5단계로 분류한 매슬로의 이론은 공간이 소비자에게 제공해야 하는 가치를 명확히 한다. 각 단계의 욕구를 만족시키는 공간 콘텐츠를 창출하는 것이 공간 기획자의 주된 임무다.

1단계: 생리적 욕구 기본적인 편안함과 기능성을 제공하는 공간

2단계: 안전의 욕구 안정성과 보안을 느낄 수 있는 환경

3단계: 소속감의 욕구 커뮤니티와 연결감을 형성하는 공간

4단계: 자존감의 욕구 개인의 성취와 인정을 지원하는 환경

5단계: 자아실현의 욕구 개인의 잠재력을 최대한 발휘할 수 있는 창의적이고 영감을 주는 공간

스타벅스는 이러한 이론을 공간 콘텐츠에 성공적으로 적용한 사례다. 제3의 공간으로서 소속감과 자존감 그리고 자아실현의 욕구를 만족시키며, 로컬 콘텐츠 강화와 크리에이티브 공간으로의 변화를 통해 현재 진행형의 변화를 모색하고 있다.

인간의 욕구는 시대와 기술의 발전에 따라 진화하지만, 그 본질은 변하지 않는다. 공간 콘텐츠도 인간의 이러한 욕구를 만족시키는 방향으로 지속해서 진화해야 하며, 이 과정에서 공간 기획자는 핵심적인 역할을 수행한다.

지금까지 현대사회에서 공간의 중요성을 알아보고 크리에이터가 소비자 욕구의 변화에 어떻게 대응해야 하는지 탐구해보았다. 스타벅스 사례를 통해 볼 때, 공간은 단순한 장소를 넘어 소비자의 다양한 욕구를 충족시키는 역할을 한다. 공간 기획자는 매슬로의 이론을 적용해 생리적 욕구부터 자아실현의 욕구까지 고객의 다양한 니즈를 만족시킬 수 있는 공간을 창출해야 한다. 공간 기획은 결국 인간의 욕구를 이해하고 이를 반영하는 콘셉트를 만드는 문제이며, 이를 통해 끌리는 공간의 차이를 만들어내는 것이다.

창조하고 연결하라, 창조적 유대

커뮤니티는 개인 창작자가 주도하는 크리에이터 경제에서 자주 언급되는 키워드다. 혼자 해결하기 어려운 문제를 다른 사람의 도움을 받아 해결하는 것을 의미하기도 하고, 타깃 고객층을 하나의 공동체로 결합하는 것을 의미하기도 한다.

2가지 해석 모두 맞다. 크리에이터 비즈니스는 기본적으로 생산과 판매 양쪽 모두에서 상호작용하는 커뮤니티 없이는 생존하기 어렵다. 커뮤니티와 함께 만든 콘텐츠를 커머스 채널을 통해 그 커뮤니티에 판매하는 것이 크리에이터 비즈니스의 본질이다.

여기서는 크리에이터가 만드는 커뮤니티의 의미와 그것을 구축하고 유지하는 데 필요한 전략과 기술에 대해 알아보려 한다. 흥미로운 점은 커뮤니티의 동기가 사익 추구든 공익 추구든 커뮤니티 기술의 기본 원칙은 크게 달라지지 않는다는 것이다. 커뮤니티의 역할이 점차 커지는 현대사회에서 구성원 간의 창조적 연결과 상호이해를 통해 긴밀한 관계를 형성하는 것은 매우 중요하다.

'창조적 유대'는 이런 관계 형성에 핵심 역할을 하며, 구성원 간의 존중과 이해를 바탕으로 다양성을 포용하고, 공동의 목표와 가치를 추구하는 문화를 조성한다. 콘텐츠 산업 분석가 차우진이 지적한 대로 "단지 관심사만 공유한다고 공동체가 되지는 않는다. 공동체에는 특정한 정서, 유대감이 흐른다." 이때 효과적인 커뮤니케이션 채널 활용, 정기 모임과 행사 개최, 공동 프로젝트나 활동 참여 등이 중요한 역할을 한다.

커뮤니티 없는 비즈니스는 없다

크리에이터 비즈니스는 크리에이터가 자신의 콘텐츠를 제작하고 이를 기반으로 온라인과 오프라인에서 커뮤니티를 형성해 제품이나 서비스를 판매하는 비즈니스 모델을 말한다. 이 과정에서 커뮤니티는 단순히 크리에이터의 콘텐츠를 구매하는 것을 넘어 크리에이터와의 상호작용을 통해 독자적인 콘텐츠를 제공함으로써 커뮤니티 생태계의 다양성과 역동성에 기여한다. 크리에이터 비즈니스에서 커뮤니티의 역할을 이해하는 데 중요한 콘셉트는 '공급자 경제(프로세스 이코노미)'와 '커뮤니티 비즈니스' 모델이다.

공급자 경제가 강조하는 가치는 제작 과정을 공유하는 것이다. 공급자 경제는 제품이나 서비스를 판매하는 개인 또는 기업이 창조성과 혁신을 통해 시장에서 차별화된 가치를 제공하며 경쟁우위를 확보하는 경제 모델이다. 이 모델은 고객과의 감정적 연결을 중요시하며, 제품 또는 서비스 제작 과정을 투명하게 공개해 고객의 참여와 몰입을 유도한다. 아울러 공급자가 단순히 물리적 제품이나 최종 결과물을 판매하는 것이 아니라, 제품 또는 서비스 생성 과정 자체를 중요한 가치로 여기고 이를 고객에게 판매하는 접근 방식을 강조한다.

관련 문헌에 따르면 고전적인 커뮤니티 비즈니스는 공통의 관심사나 가치를 가진 사람들을 연결해 사회적·경제적 가치를 창출하는 것을 지칭한다. 커뮤니티 비즈니스는 특정 타깃 고객층을 하나의 커뮤니티로 결합해 커뮤니티 내에서 제품이나 서비스를 판매하고, 동시에 커뮤니티 구성원의 적극적인 참여를 유도하는 방식으로 운영된다.

크리에이터 비즈니스와 공급자 경제, 커뮤니티 비즈니스는 커뮤니티 중심의 비즈니스라는 공통점을 갖고 있다. 이 3가지 비즈니스 모델을 통합하는 핵심 전략은 창조적 유대를 통한 커뮤니티 구축이다. 창조적 유대는 구성원 간의 존중과 이해를 바탕으로 다양성을 포용하고, 공동의 목표와 가치를 추구하는 문화를 조성하며, 강력하고 지속 가능한 커뮤니티를 형성한다. 이러한 커뮤니티는 단순한 소속감과 연대감을 넘어 크리에이터와 공급자에게는 새로운 시장 기회를, 소비자에게는 풍부한 경험과 가치를 제공한다.

창조적 유대를 통한 커뮤니티 구축하기

크리에이터가 창조적 유대를 직접적으로 활용하는 방법은 커뮤니티를 구축하는 것이다. 크리에이터 경제의 커뮤니티는 과거의 물질적 커뮤니티와 다르다. 말 그대로 상호 존중과 호혜의 원칙에 바탕을 둔 창조적 커뮤니티다. 고정된 룰을 따르지 않고 그때그때 상황에 따라 관계와 커뮤니티를 재구성하는 것이 원칙이다.

크리에이터는 개인 간 관계뿐만 아니라 커뮤니티 전체의 창조성을 중시하고, 창조적 유대를 통해 관계를 형성한다. 이것은 커뮤니티를 단순히 고객을 유치하는 록인lock-in 수단으로 활용하는 전통적인 기업과는 다른 접근 방식이다.

이와 같은 창조적 유대의 대표적 사례로는 K팝 아티스트와 팬 사이의 상호작용을 꼽을 수 있다. 활기찬 음악과 화려한 퍼포먼스로 잘 알려진 K팝 분야에서는 전통적인 아티스트-팬 관계를 뛰어넘는 독특한 관계가 구축됐다.

BTS와 블랙핑크 같은 K팝 그룹은 각각 아미와 블링크라는 팬덤을 통해 전 세계 팬들과 깊은 연결을 맺고 있다. 이러한 상호작용은 음악 발매와 콘서트에만 국한되지 않는다. 아티스트는 소셜 미디어, 팬 앱인 위버스Weverse, 비디오 공유 플랫폼 등을 통해 팬들과 소통한다. 이러한 다차원적 교류는 팬들로 하여금 공유된 문화적 경험에 참여해 소속감과 공동체 의식을 형성하게끔 한다.

더욱이 K팝 팬은 자신들이 좋아하는 아티스트를 적극적으로 홍보하는 역할을 한다. 그들은 음악 조회수를 높이기 위한 스트리밍 파티를 조직하고, 여러 음악 시상식을 앞두고 투표를 하며, 심지어 자신들의 우상 이름으로 자선 활동을 하기도 한다. 이러한 적극적 참여는 K팝 아티스트와 팬 사이의 강력한 유대를 증명한다.

또한 K팝 그룹은 종종 팬들의 아이디어와 피드백을 자신의 음악과 콘텐츠에 반영함으로써, 팬들이 창작 과정에서 능동적으로 기여한다고 느끼게끔 한다. 팬들은 아티스트의 콘텐츠를 소비할 뿐만 아니라, 자체적으로 콘텐츠를 만들고 이를 통해 콘텐츠 개발에 참여하는 프로슈머 역할을 수행하는 것이다. 이러한 상호 의존적 관계는 창조적 유대의 대표적 사례로, 창작자와 관객 간 상호 교류를 통해 단순한 팬덤 이상의 활기차고 역동적인 커뮤니티가 형성된다.

창조적 유대를 통한 커뮤니티 구축은 슈퍼스타나 인플루언서만의 영역이 아니다. 실제로 일반 크리에이터도 자신에게 맞는 규모의 커뮤니티를 구축해 창조적 유대의 잠재력을 최대한 활용할 수 있다. 크리에이터 경제에서는 케빈 켈리의 '1,000명의 진정한 팬' 이론을 예로 들지 않더라도, 커뮤니티의 크기가 아니라 그 안에서 형성되는 강한 연결과 상호작용이 더욱 중요하다.

크리에이터가 이용할 수 있는 커뮤니티 플랫폼의 범위도 점차 넓어지고 있다. 전통적인 온라인 커뮤니티는 물론 오프라인 커뮤니티와 도시 기반 커뮤니티도 크리에이터가 경쟁력을 강화하고 자신의 콘텐츠를 확장하는 데 중요한 역할을 한다.

온라인 커뮤니티는 디지털 공간에서 형성되며, 전 세계적으로 다양한 크리에이터와 관객을 연결한다. 크리에이터의 콘텐츠가 전 세계에 도달하게끔 하고, 새로운 아이디어와 트렌드를 빠르게 퍼뜨리는 플랫폼 역할을 한다. 크리에이터는 온라인 커뮤니티에서 다양한 배경과 문화를 가진 사람들과의 상호작용을 통해 창조적 영감을 얻고, 다양한 관점을 공유할 수 있다. 이는 크리에이터가 자신의 콘텐츠와 브랜드를 세계 시장에 맞춰 발전시키는 데 필수적이다.

실제 만남과 교류를 중심으로 이뤄지는 오프라인 커뮤니티는 크리에이터에게 심층적인 네트워킹 기회를 제공한다. 이러한 커뮤니티는 워크숍, 세미나, 전시회 등을 통해 크리에이터가 관객과 직접 만나 아이디어를 교환하고 협력할 수 있도록 도와준다. 이 과정에서 형성되는 개인적 관계는 크리에이터-커뮤니티 간 신뢰를 구축하는 데 중요하며, 장기적 파트너십의 기반을 마련하는 데 기여한다.

마지막으로, 도시 커뮤니티는 지역적 특성과 문화를 반영한다. 아울러 크리에이터가 자신의 작업을 지역사회와 연결하고, 지역의 문화와 트렌드를 반영한 독창적 콘텐츠를 제작할 수 있도록 해준다. 크리에이터는 지역사회의 지원을 받음으로써 안정적인 팬 기반을 구축하고, 지역에서의 영향력을 확장할 수 있다.

3가지 커뮤니티 유형은 각각 크리에이터에게 매우 중요한 혜택과 기회를 제공하며, 크리에이터가 창조적 유대를 통해 자신의 경쟁력을 강화하고 지속 가능한 성장을 추구하는 데 필수적인 역할을 한다.

"성심당은 대전의 문화입니다"

최근 들어 도시 플랫폼이 크리에이터 경제의 미래를 이끄는 핵심 장소로 떠오르고 있다. 도시의 환경은 크리에이터, 특히 작은 커뮤니티를 지향하는 크리에이터가 강력한 팬덤을 구축하는 데 이상적인 조건을 제공한다. 도시 플랫폼은 오프라인 활동의 중심이며, 온라인 플랫폼은 도시 기반 커뮤니티를 보다 넓은 범위로 확장하는 데 도움을 준다. 크리에이터에게는 모든 플랫폼이 중요하다. 하지만 최근의 변화를 보면 도시 플랫폼에서 견고한 커뮤니티를 구축하고 이를 온라인으로 확장하는 것이 효과적인 전략이다.

한국에서 지역 커뮤니티의 영향력을 보여주는 대표적인 사례는 오프라인 노포 기업 성심당이다. 성심당은 대전 시민의 압도적 사랑을 받는 브랜드로, 대전에서 가장 추천하고 싶은 맛집으로 손꼽힌다. 심지어 대전 지역 자부심의 거의 전부가 성심당에서 나온다고 할 정도다.

성심당 본점 정문에는 "성심당은 대전의 문화입니다"라는 문구가 적혀 있는데, 이는 이 기업이 얼마나 깊이 로컬과 연결되어 있는지를 잘 보여준다. 성심당은 대전 사업장에만 집중하며, 타 지역으로는 진출하지 않는 전략을 고수하고 있다. "성심당 빵을 먹고 싶으면 대전으로 와라"가 그들의 철학이다. 대전 지역사회 역시 성심당에 대한 충성도가 높다. 대전은 2022년 기준 인구 145만 명에 GRDP 49조 6,000억 원 규모의 큰 시장으로, 성심당 같은 기업에 충분한 기회를 제공한다.

성심당은 지역 커뮤니티와의 창조적 유대를 통해 브랜드의 지속 가능한 성장을 이끌어낸 모범적 사례다. 이 기업은 단순한 빵 판매를 넘어 대전 지역사회와 긴밀한 관계를 맺으며 강력한 커뮤니티를 구축했다. 이러한 진정성 있는 상호작용은 창조적 유대의 핵심 요소라고 할 수 있다.

성심당은 지역 베이커리라는 정체성을 기반으로 지역민이 자부심을 느낄 수 있는 상품과 서비스를 제공한다. 또한 매장을 대전 원도심에 집중시키고, 브랜드의 상징성을 부각하기 위해 원도심의 거리를 성심당 거리로 브랜딩했다.

━━ 대전의 대표적인 앵커 스토어 성심당. 다양한 후원과 문화
사업을 진행하며 커뮤니티를 형성하고 있다.

다양한 커뮤니티 활동을 통해 지역 주민과의 연결을 강화하는 것도 성심당의 전략 중 하나다. 성심당문화원을 통해 기업 문화를 소개하고, 다양한 지역 행사를 주최함으로써 대전 시민에게 성심당의 가치를 전달한다. 대전의 문화와 정서를 반영하는 콘텐츠를 제작하는 과정에서 성심당은 지역사회와 상호작용하며 새로운 영감을 얻고, 이를 제품과 서비스에 반영해 시민과의 유대를 강화한다.

성심당의 커뮤니티 기반 비즈니스 철학은 지역 경제 활성화뿐만 아니라 기업 실적으로 연결된다. 2023년 성심당은 마케팅 비용을 거의 지출하지 않고 매출 1,243억 원, 영업이익 315억 원을 달성했다. 150만 대전 시민을 커뮤니티로 보유하기에 가능한 실적이다.

성심당의 접근 방식은 창조적 유대와 커뮤니티 구축이 크리에이터 경제와 비즈니스에 기여하는 방법을 잘 보여준다. 기업이나 크리에이터가 자신의 콘텐츠와 브랜드를 강화하고 지역사회와 긴밀하게 연결되어 지속 가능한 성장을 꾀할 때 요긴한 전략이다.

창조적 유대를 구축하는 방법

창조적 유대를 구축하는 방법은 다양하다. 매킨지앤드컴퍼니는 '커뮤니티 플라이휠'이라는 개념을 통해 커뮤니티 구축 방법을 정리한다. 이것은 소비자가 자신들의 커뮤니티 내에서 브랜드 참여를 통해 멤버십을 표현할 수 있도록 하고, 브랜드 스토리를 매력적으로 만들고, 핵심 제품에 집중하고, 다양한 채널에서 대화를 촉진하고, 거래를 간단하게 만드는 5가지 전략으로 구성된다.

이 접근 방식을 통해 크로스 펑셔널 팀cross functional team(프로젝트를 위해 다부서에서 차출된 임시 팀)에 빠른 피드백을 제공하며, 상당한 기술 투자 없이도 마케팅을 확장할 수 있다. 또한 소비자의 니즈와 선호에 반응해 신속하게 성장하고 낮은 위험도로 높은 투자 수익률을 달성할 수 있다. 아울러 소비자와 깊은 감정적 연결을 구축하면서 소비자의 브랜드 충성도와 참여가 강화된다.

창조적 유대는 기업뿐만 아니라 주민 참여가 중요한 지역 사업에서도 필요하다. 야마자키 료의《커뮤니티 디자인》은 주민 커뮤니티 구축 및 유지를 위한 구체적인 전략과 기술을 소개한다. 저자는 이 책에서 커뮤니티 구성원 간의 긴밀한 관계 형성과 상호작용을 강조하며, 목표와 가치를 공유하고 구성원 간의 신뢰와 연대감을 구축하는 것이 중요하다고 말한다. 다양한 배경을 가진 구성원이 서로 존중하고 이해하는 문화가 필요하다는 것이다.

효과적인 커뮤니케이션 채널을 활용하고, 정기 모임과 행사를 개최하고, 공동 프로젝트 참여를 통해 커뮤니티의 지속 가능한 성장과 발전을 촉진하려면 무엇보다 커뮤니티 공간의 수혜자인 주민이 직접 프로그램을 디자인해야 한다. 이러한 접근 방식은 구성원 모두가 공유할 수 있는 긍정적 경험을 창출하며, 이를 통해 강력하고 활기찬 커뮤니티를 구축하는 데 중점을 두고 있다.

창조적 유대는 이처럼 다양한 기업, 크리에이터, 지역 커뮤니티 모두에 가치를 제공함으로써 호혜 관계를 구축하고 지속 가능한 성장을 도모할 수 있다. 혁신을 촉진하고 모두가 참여할 수 있는 포용적 커뮤니티를 만드는 데 필수적이다.

창조적 유대의 깊이를 더하기 위해서는 다양한 온라인 플랫폼을 활용해 지속적으로 구성원과 상호작용하고, 커뮤니티 구성원이 직접 콘텐츠를 생성하도록 격려하며, 투명성을 기반으로 신뢰를 구축해야 한다. 또 개인화된 경험을 제공해 각 개인의 관심사와 요구를 충족시키고, 다른 크리에이터나 조직과의 협업 및 파트너십을 통해 새로운 가치를 창출해야 한다. 이를 통해 창조적 유대는 단순한 소통의 수단을 넘어 혁신과 성장을 촉진하는 강력한 도구로 작용할 수 있다.

지역 커뮤니티는 어떻게 형성되는가?

크리에이터가 활동하는 지역의 커뮤니티는 다양한 구성원과 기관이 상호작용하며 서로를 지원하는 복합적인 네트워크다. 이곳에서 커뮤니티를 구축하려면 해당 지역 생태계의 구성과 작동 방식을 이해해야 한다. 이 생태계 내에서 핵심 역할을 수행하는 것은 지역 리더십 그룹, 구심점 기관, 로컬 상권이다. 이들의 상호작용은 개방성, 협력 그리고 확장 가능성을 촉진하는 형태로 이루어져야 한다.

지역 리더십 그룹의 역할

기업가, 정치인, 교육자 그리고 비영리 조직 운영자로 구성된 지역 리더십 그룹은 지역사회 내에서 비전과 방향성을 제시하며 지역의 주요 프로젝트와 이니셔티브를 주도하고, 정책 결정과 자원 배분을 통해 커뮤니티 생태계의 지속 가능한 발전 기반을 마련한다. 지역 리더십 그룹은 개방적인 커뮤니케이션 채널을 유지하면서 다양한 이해관계자와의 협력을 촉진해야 한다.

구심점 기관의 역할

구심점 기관은 교회, 학교, 도서관, 커뮤니티 센터 같은 공공 기관을 포함하며, 지역 내에서 소통과 연결의 중심 역할을 한다. 이 기관들은 지역 주민에게 만남의 장소를 제공하고, 교육과 문화 활동을 통해 커뮤니티 구성원의 역량을 강화한다. 또한 지역 문제를 해결하기 위한 공동 프로젝트의 발판을 마련하고, 지역사회의 다양성과 포용성을 증진하는 데 기여해야 한다.

로컬 상권의 역할

로컬 상권은 지역 경제의 중심이며, 소상공인과 크리에이터가 자신의 제품과 서비스를 통해 커뮤니티에 기여하는 장소다. 지역의 정체성을 반영하고 지역 주민에게 필요한 상품과 서비스를 제공함으로써 지역사회의 연결 고리를 강화한다. 로컬 상권의 활성화는 지역 경제의 순환을 촉진해 고용을 창출하고 사회적 연대를 공고히 한다.

상호작용하는 커뮤니티 시스템 만들기

커뮤니티의 개방성, 상호 연결성, 확장성을 공식화하는 개념이

API application programming interface 원칙이다. API 원칙은 소프트웨어 개발에서 특히 중요한 개념으로, 서로 다른 시스템, 앱 또는 플랫폼 간의 상호작용을 가능하게 하는 규칙과 프로토콜의 집합이다. 기본적으로 개방성, 상호 운용성, 확장성에 중점을 두며, 이는 시스템이 정보를 교환하고 기능을 공유할 수 있도록 설계됐다는 것을 의미한다.

API 원칙을 통해 각 구성원이 자유롭게 정보를 공유하고 협력하는 환경을 조성할 수 있다. 이러한 접근 방식은 커뮤니티 내의 다양한 주체가 각자 역량을 발휘하면서 전체 생태계의 목표와 가치를 공유할 수 있게끔 해준다.

역사적으로, API는 소프트웨어 엔지니어링에서 컴포넌트 간 효율적인 통신을 촉진하기 위해 개발됐으며, 이후 클라우드 컴퓨팅, 모바일 앱 그리고 사물인터넷 같은 다양한 기술 영역에 광범위하게 적용됐다.

API 원칙을 커뮤니티 생태계에 적용하는 것은 이러한 시스템 간 상호작용을 인간과 조직 간 상호작용에 적용한다는 뜻이다. 즉, 개방성을 통해 정보와 자원의 공유를 촉진하고, 상호 운용성을 통해 다양한 커뮤니티 구성원과 조직이 함께 작업하는 기반을 마련하며, 확장성을 통해 새로운 파트너십과 협력 기회를 유연하게 탐색 및 수용하게 한다. 이러한 접근 방식은 커뮤니티 생태계 내에서 혁신을 촉진하고, 복잡한 문제를 해결하기 위한 협업의 기회를 마련하며, 지속 가능한 발전과 성장을 가능하게 한다.

API 원칙은 기술적 맥락에서 적용되기 시작했지만, 조직과 커뮤니티의 상호작용 방식에도 영감을 줄 수 있다. 예를 들어, 공공 데이터의 개방은 정부와 비영리 조직 그리고 기업 간 협력을 촉진하며, 다양한 이해관계자가 공동의 목표를 향해 함께 노력하는 환경을 조성한다. 커뮤니티 생태계가 API 원칙을 기반으로 구축될 때 개방성, 상호작용 그리고 혁신이 생태계의 핵심 동력이 될 수 있다는 의미다. 따라서 API 원칙은 기술 분야를 넘어 사회적·경제적 상호작용에 있어서도 중요한 지침이 될 수 있다.

커뮤니티 생태계의 각 구성원은 지역사회의 지속 가능한 발전과 번영을 위해 중요한 역할을 수행한다. 지역 리더십 그룹의 비전 제시, 구심점 기관의 소통 증진, 로컬 상권의 경제 활성화는 모두 API 기반 생태계의 원칙에 부합하는 상호 연결된 활동이다. 이러한 협력적 관계를 통해 커뮤니티 비즈니스 생태계는 각 구성원의 장점을 최대화하고, 전체 커뮤니티의 목표를 향해 함께 나아갈 수 있다.

API 기반 커뮤니티 생태계는 개방성, 상호 운용성 그리고 혁신을 바탕으로 하며, 이를 촉진하기 위해서는 정부의 역할이 중요하다. 정부는 기업, 교육 기관, 비영리 조직 간에 협력할 수 있는 환경을 조성하고 디지털 경제 참여를 확대할 수 있다.

첫째, 정부는 개방성, 상호 운용성, 혁신을 촉진하는 정책과 법률 프레임워크를 마련해 서로 협력하고 정보를 공유할 수 있는 법적 기반을 제공해야 한다. 둘째, 기술 인프라와 액세스 지원을 통해 고속 인터넷에 대한 접근성을 높이고, 최신 디지털 도구와 플랫폼 적용을 용이하게 해야 한다. 셋째, 교육과 역량 강화 프로그램을 제공해 디지털 문해력과 기업가 정신을 키워야 한다. 넷째, 데이터와 자원을 공유함으로써 혁신적 앱 개발을 촉진해야 한다. 다섯째, 협업과 파트너십을 촉진해야 한다. 여섯째, 혁신적 프로젝트에 투자하고 보조금을 지원해야 한다. 마지막으로, 성공 사례와 우수 사례를 공유해 지식의 확산을 촉진해야 한다.

정부가 이러한 역할을 적극적으로 수행하면 API 기반 커뮤니티 생태계는 개방성, 협력 그리고 혁신을 통해 지속 가능한 발전을 이룰 수 있다. 이는 비단 비즈니스 성장에만 기여하는 것이 아니라, 광범위한 사회적 가치 창출과 지역 커뮤니티 강화에도 중요한 역할을 한다.

앞서 살펴보았듯 창조적 유대의 구축, 커뮤니티 디자인 전략 수행, 효과적 커뮤니케이션 및 참여 유도, 커뮤니티 주도 디자인 등의 요소는 커뮤니티의 성장과 발전에 필수적이다. 온라인 플랫폼 활용, 콘텐츠 생성 격려, 개인화된 경험 제공, 다른 크리에이터나 조직과의 협업을 통한 새로운 가치 창출 또한 중요하다.

온라인, 오프라인, 도시의
3대 축에 주목하라

크리에이터 경제는 다양한 유형의 참여자로 구성된다. 온라인 셀러, 콘텐츠 크리에이터, 오프라인 크리에이터, 어번 크리에이터, 디지털 노마드, 리모트 워커 등이 여기에 속하는데, 각각의 역할과 기여는 크리에이터 경제의 확장성과 포괄성을 증명한다. 활동 플랫폼도 디지털 플랫폼을 기본으로 하면서 오프라인과 도시 플랫폼으로 확장되고 있다.

현재의 플랫폼 비즈니스 환경은 온라인과 오프라인 플랫폼이 점점 통합되는 상황을 반영한다. 이러한 변화는 온라인과 오프라인 그리고 도시 공간을 아우르는 옴니채널 비즈니스 모델의 필요성을 증대시키고 있다. 온라인의 오프라인 전환은 전 세계적 추세로 미국의 아마존, 한국의 스타일난다와 무신사 등이 이러한 예다. 반대로, 전통적인 오프라인 사업자가 온라인 마케팅, 전자 상거래, 고객 관계 관리에 온라인 채널을 활용하는 경우도 늘고 있다. 한국에서는 235만 명의 오프라인 사업자가 네이버 스마트플레이스에 등록되어 있다.

부산의 허명란은 오프라인 매장의 한계를 극복하고 온라인 시장으로 전환한 대표적 소상공 업체다. 2017년 명란 사업을 시작한 허명란의 허동관 대표는 처음엔 오프라인 매장만 운영했으나 매장 입지에 따른 판매의 한계를 인식하고 온라인 시장에 눈을 돌렸다. 2019년 스마트스토어를 개설하면서 브랜드 캐릭터를 만드는 등 다양한 마케팅 전략을 활용했고, 이것이 온라인 구매자 사이에서 입소문을 타기 시작했다.

온라인 전략 덕분에 매출이 크게 증가하자 허동관 대표는 오프라인 사업을 확장해 매장 옆에 카페를 열고 명란을 활용한 빵을 판매하기에 이르렀다. 디지털 창업이 지역적·공간적 한계를 극복하고 사업을 성장시키는 데 어떻게 기여하는지 보여주는 사례다.

온라인과 오프라인의 상호작용은 비즈니스 성장과 고객 경험 개선 분야에서 중요한 시너지 효과를 창출한다. 소비자가 온라인에서 제품 정보를 검색한 후 오프라인 매장에서 실제 제품을 구매하는 과정에서 이런 시너지가 뚜렷하게 나타난다.

도시 공간과의 상호작용 또한 중요해지고 있다. 도시 공간은 온라인 크리에이터와 오프라인 소상공인에게 중요한 역할을 하며, 네트워킹, 협업, 그리고 고객과의 직접적 상호작용 기회를 제공한다. 창의적 활동이 활발한 크리에이터 타운에서는 도시 환경이 커뮤니티와 창업 공간, 공공 공간, 도시 어메니티를 통해 온라인과 오프라인의 혁신 및 통합을 촉진한다.

오프라인, 도시, 노마드, 부업 크리에이터 등 새로운 영역으로 확장하는 크리에이터 경제의 지속 가능성과 경쟁력을 보장하기 위해서는 온라인 플랫폼을 넘어 오프라인 플랫폼과 도시 플랫폼까지 통합하는 이른바 '3대 축 플랫폼'에 투자해야 한다.

온라인, 오프라인, 도시: 3대 축의 구성

'3대 축 경제'는 크리에이터가 도시 플랫폼에서 다양한 상호작용 기회와 어메니티를 활용해 활동하는 동시에, 온라인과 오프라인 플랫폼을 통해 수익을 창출하는 시스템을 말한다. 3대 축 경제는 기업 단위에서 운영될 수 있다. 즉 한 기업이 3대 축을 자체적으로 운영할 수 있다. 지역 단위 3대 축 경제도 가능하다. 해당 지역에서 플랫폼, 기업, 크리에이터, 공공 기관이 운영하고 참여하는 온라인·오프라인·도시 플랫폼들이 활성화된다면 지역 자체가 3대 축 경제로 기능한다.

3대 축 경제를 구성하는 3개 플랫폼의 역할에 대해 알아보자. 각 플랫폼은 독자적으로 또는 다른 플랫폼과 더불어 크리에이터를 다양한 관객 및 사용자와 연결하고 크리에이터에게 필요한 갖가지 자원을 제공한다.

온라인 플랫폼

아마존, 네이버, 쿠팡 같은 커머스 플랫폼, 인스타그램, 유튜브, 틱톡, 네이버 등의 콘텐츠 플랫폼을 포함하는 디지털 플랫폼은 전자 상거래와 디지털 콘텐츠의 창작 및 유통을 지원한다. 크리에이터와 기업도 기존 플랫폼에 입점  하거나 자사 몰을 운영해 온라인 플랫폼에 참여할 수 있다.

오프라인 플랫폼

오프라인 공간은 사람들이 모이고, 상품과 서비스를 거래하며, 사회적·경제적 상호작용을 통해 정보, 아이디어, 문화, 상품이 교환되는 플랫폼 역할을 한다. 크리에이터의 활동 무대, 네트워킹과 커뮤니티 구축 공간, 자원과 사업 기회 제공지, 문화 정체성 창출 장소가 오프라인 공간의 추가적 플랫폼 기능이다. 구독 서비스 롱블랙이 정기적으로 팝업 스토어를 여는 것에서 볼 수 있듯이 온라인 크리에이터 기업에게도 오프라인 기술이 중요해지고 있다.

도시 플랫폼

기업 관점에서 오프라인 플랫폼은 자신의 공간과 이 공간에 상업적 영향을 주는 주변 '상권'을 의미하며, 도시 플랫폼은 기업과 구성원에게 직주락 환경을 제공하는 '생활권'이다. 도시는 온라인과 단일 공간이 제공하지 못하는 문화, 공동체, 주거, 사교, 레저, 시장 같은 생활권 단위의 상호작용과 커뮤니티를 제공한다.

크리에이터와 기업이 도시 플랫폼을 구축한다는 것은 도시 정체성을 기반으로 고객 및 이해 당사자와 상호작용을 하는 커뮤니티를 조성한다는 것이다. 여기서 도시는 물리적 규모와 무관하다. 작은 지역의 생활권도 크리에이터에게 필요한 어메니티를 제공하고 독자적인 문화를 창출하면 도시 플랫폼으로 기능할 수 있다.

요약하면 온라인 플랫폼은 전 세계적인 가시성을 제공하는 동시에 디지털 마케팅과 판매 전략의 중심을 이루며, 오프라인 플랫폼은 실제 매장이나 이벤트를 통해 소비자와 직접 상호작용함으로써 브랜드 인지도를 높인다. 그리고 도시 플랫폼은 플래그십 스토어 등을 통해 공간과 거리를 브랜드화하고 테스트 마켓이나 팬덤과의 콜라보 커뮤니티를 구축할 기회를 제공한다. 이 3개의 플랫폼이 원활하게 작동하는 시스템이 바로 3대 축 경제다.

3대 축 크리에이터 되기

3대 축 크리에이터 기업은 온라인, 오프라인 그리고 도시 플랫폼을 통합적으로 활용하는 기업이다. 3대 축 플랫폼을 효과적으로 활용해 더 넓은 시장에 도달하고, 다면적인 브랜드 가치를 구축하며, 지속 가능한 성장을 추구하는 동시에 각 플랫폼의 장점을 극대화한다. 요컨대 3대 축 플랫폼 경제에 최적화되고, 또한 이를 주도하는 기업을 말한다.

'3대 축'이란 기술적 표현은 일상과 멀어 보이지만, 이미 많은 크리에이터가 일상에서 3대 축을 활용하고 있다. 홍대의 한 카페 주인을 생각해보자. 그는 온라인 주문 시스템을 구축하고 인스타그램에서 매력적인 음료 사진을 공유한다(디지털 축). 카페에서 커피 클래스, 아티스트와의 만남, 소규모 음악 공연 등을 개최하면서 고객들과 직접 소통한다(오프라인 축). 그리고 홍대의 문화적 정체성을 반영한 인테리어와 이벤트를 통해 지역 문화 형성에 기여한다(도시 축).

이처럼 3대 축 크리에이터의 활동은 일상의 삶과 문화를 풍요롭게 만드는 실천적 움직임이다. 3대 축 기업은 전 세계적으로 감지할 수 있는 플랫폼 통합 시대의 새로운 기업 모델이다. 특히 온라인·오프라인·도시 플랫폼 인프라가 우수한 한국에서 이들 기업의 활동이 활발하다. 따라서 앞으로 3대 축 크리에이터의 역할이 한층 중요해질 것이다. 이러한 3대 축 크리에이터를 더 많이 육성하기 위해서는 사회전체에 '3대 축 개인' 자원이 풍부해야 한다.

플랫폼 기업과 달리 개인 크리에이터는 온라인·오프라인·도시 플랫폼 모두에서 경쟁력을 확보하고 이를 통합적으로 활용하는 능력을 갖추기가 쉽지 않다. 그러나 3대 축 활용을 지원하는 개인 기술의 발전 추세를 보면, 크리에이터가 3대 축 개인이 되는 것은 시간문제다. 개인도 기업처럼 3대 축 플레이어로의 전환을 피할 수 없는 것이다.

더 높은 단계의 '슈퍼 개인'으로 성장하려면 단순한 플랫폼 활용을 넘어 플랫폼 자체를 구축하거나 혁신하는 능력이 필요하다. 3대 축 크리에이터에게 필요한 온라인 플랫폼 기술은 콘텐츠 제작과 유통을 통한 수익 창출에 기여하는 창작력, 연결력, 기술력, 마케팅 능력을 포함한다. 콘텐츠 크리에이터나 온라인 셀러에게 특히 중요한 기술이다. 한편, 오프라인 플랫폼 기술은 매력적인 공간을 조성하는 건축 능력, 자신의 콘텐츠를 공간과 디자인으로 구현하는 기획력, 공간을 활용한 커뮤니티 구축 능력을 의미한다.

도시 플랫폼 기술은 공간을 넘어 도시를 기획하는 능력을 요구한다. 1개 지역을 플랫폼으로 삼아 그곳에서 일자리, 주거 환경, 레저 환경까지 기획하는 도시계획 능력은 포괄적인 개념이지만, 현장에서는 지역 생태계와 지역 상생 사업으로 구현된다. 도시 플랫폼 사업에서 성공하기 위해서는 지역에 뿌리를 두고 지역 생태계 구축 및 지역 커뮤니티와의 연결을 중시하는 경영 철학이 중요하다.

한국에서도 3대 축 기술로 브랜드를 확장하는 크리에이터 사례를 찾을 수 있다. 대표적인 것이 한국의 크리에이터 허브로 부상하는 제주에서 3대 축 전략으로 성장하고 있는 제주미니다. 제주를 플랫폼으로 온라인에서 제주 여행 콘텐츠를 제작하는 제주미니는 인스타 팔로어 31만 명의 제주 최대 여행 SNS 채널로 성장했다.

"제주도민이 알려주는 진짜 제주도"를 내세운 제주미니의 다양한 콘텐츠는 지역 커뮤니티와의 깊은 연결을 반영하며, 제주의 문화와 관광에 대한 풍부한 정보를 제공한다. 제주미니는 제주 유나이티드와 함께 환경보호를 위한 플로깅plogging(조깅을 하면서 쓰레기 줍기) 행사를 하는 등 오프라인 플랫폼에서도 많은 활동을 하고 있다.

하지만 제주미니가 3대 축 기업으로서 잠재력을 극대화하기 위해서는 여러 방면에서 더욱 큰 노력이 필요하다. 우선, 온라인 콘텐츠를 제주의 문화, 역사, 생태 등 다양한 주제로 확장해 청중의 관심과 참여를 늘려야 한다. 오프라인에서는 정기적인 이벤트, 워크숍, 투어 등을 통해 존재감을 강화하고, 이를 온라인 콘텐츠와 연계시켜야 한다.

또한 제주도 내 다른 기업, 예술가, 문화 단체와 협력해 네트워크를 확장하고, 제주미니만의 독창적인 브랜드 정체성을 개발해야 한다. 기술적으로는 최신 디지털 마케팅 도구와 분석 기술을 활용해 타깃 고객을 정확히 파악하고 맞춤형 콘텐츠를 제공하는 것 또한 중요하다.

마지막으로, 지속 가능한 수익 모델을 개발해 장기적인 비즈니스 성장을 도모해야 한다. 이런 다양한 접근 방식을 통해 제주미니는 제주 기반 3대 축 크리에이터로서의 위치를 확고히 할 수 있을 것이다.

— 제주미니의 줍젠 JEN: Jeju Eco-friendly-Network 행사. 도민과 관광객이 함께 참여해 쓰레기를 줍는다.

대체 불가능한 문화를 창출하는 3대 축 크리에이터

3대 축 크리에이터를 단순히 기술 능력으로만 정의하는 것은 시대 정신에 맞지 않는다. 3대 축 크리에이터의 근본적인 능력은 문화 창출이다. AI와 상생하기 위해서는 개인과 사회 모두 인간만의 독특한 문화를 창조할 수 있어야 한다. 온라인 콘텐츠만으로는 부족하며, AI가 (적어도 당분간은) 접근하기 어려운 오프라인과 도시에서 문화력을 확보해야 한다.

챗GPT의 상용화 이후 인간만이 창출할 수 있는 가치를 찾게 되면서 사람들이 지식 기술과 온라인보다 신체적 기술과 오프라인에 더 많은 관심을 보이는 추세다. 3대 축 플랫폼을 활용해 자신의 정체성을 확립하고, 이를 바탕으로 타인이 복제할 수 없는 콘텐츠를 개발하는 것이 진정한 문화 창출 능력이다.

정부와 플랫폼 기업도 3대 축 개인의 육성에 기여해야 한다. 이를 위해 정부는 교육 및 훈련 프로그램 제공, 창의적이고 혁신적인 환경 조성, 적절한 규제와 법적 프레임워크 제공, 지역 생태계와 상호 협력을 촉진하는 정책 마련 등의 역할을 맡아야 한다.

플랫폼 기업 또한 사용자에게 필요한 기술과 지식을 습득할 수 있는 교육과 훈련 기회, 그리고 다양한 배경을 가진 사람들 간의 네트워킹 및 협업 기회를 제공해야 한다. 사용자 중심의 서비스 개발과 지속 가능한 성장을 위한 혁신을 지원하는 것도 중요하다. 아울러 정부와 플랫폼 기업의 협력은 개인의 성장을 촉진하고, 사회 전반의 발전에 기여하는 중요한 요소다.

3대 축 경제를 맞이해 플랫폼 기업은 3대 축 플랫폼으로, 기업은 3대 축 기업으로, 크리에이터는 3대 축 크리에이터로 발전해야 하고, 개인은 3대 축 개인으로 변신해야 한다. 3대 축 개인은 플랫폼 융합 시대가 요구하는 진정한 인재상이다.

크리에이터는
어떻게 세상을
바꾸는가?

소셜 섹터
크리에이터의 등장

⟳

소셜 섹터는 사회적 가치와 공익을 추구하는 다양한 조직과 개인이 활동하는 분야로, 대기업(사회적 책임CSR 부문), 소셜 벤처, 사회적 기업, 활동가, 시민단체 등이 참여한다. 이들은 지역사회의 문제를 해결하고, 지속 가능한 발전을 촉진하며, 사회적 약자의 권익을 보호하기 위해 노력한다.

전 세계적으로 환경보호, 교육, 건강, 빈곤 완화 같은 이슈에 대응하기 위한 혁신적 아이디어와 접근 방식에 대한 수요가 증가하고 있다. 특히 환경·인구·가족·공동체·지역 위기를 겪고 있는 한국에서는 소셜 섹터의 역할이 더욱 중요하다.

한국의 소셜 섹터는 현재 정부 지원 감소로 침체에 빠졌다. 정부에 의존했던 과거의 방식 대신 새로운 해결책을 모색해야 한다. 그러기 위해서는 시장과 공동체 사이에서 활동하며 지속 가능한 발전을 추진하는 소셜 벤처 및 사회적 경제 시스템과 임팩트 투자를 적극적으로 활용해야 한다. 특히 일하고 관계를 맺는 방식을 근본적으로 변화시키는 크리에이터 경제에 주목해야 한다.

소셜 섹터 크리에이터의 개념과 역할

소셜 섹터 크리에이터는 콘텐츠 제작 활동으로 사회 문제 해결에 기여한다. 소셜 섹터와 크리에이터의 협업은 온라인과 오프라인 양쪽에서 시너지 효과를 낸다. 성공적인 크리에이터는 창의적 콘텐츠 제작 능력과 강력한 소통 능력으로 대중과 직접 연결됨으로써 사회적 이슈에 대한 인식을 높이고 사람들의 참여를 유도한다. 그 결과 소셜 섹터의 메시지가 더 많은 대중에게 전달되고 사회적 변화가 촉진될 수 있다. 기후변화에 대한 세계인의 인식을 높인 스웨덴의 환경 운동가 그레타 툰베리는 정부의 정책 결정에도 큰 영향을 미친 성공적인 크리에이터 사례다.

온라인 크리에이터는 다양한 디지털 플랫폼에서 활동한다. 오프라인 크리에이터는 예술, 공연, 전시, 워크숍 같은 전통적인 문화예술 활동이나 공간 기획, 공간 콘텐츠, 상권 개발 같은 오프라인 콘텐츠를 토대로 사회적 메시지를 전달한다. 대중과의 직접적 교류와 개인적 경험을 중시하는 이들은 커뮤니티를 통해 영향력을 확대한다.

오프라인 성공 사례로는 성수동의 제로 웨이스트 숍 더피커와 뒤에서 소개할 연희동의 보틀팩토리가 있다. 이들은 무포장 식품, 친환경 생활용품 판매로 쓰레기를 최소화하며 환경보호에 앞장선다.

소셜 섹터에서 크리에이터의 역할은 더 확대될 전망이다. 기술 발전과 디지털 미디어 접근성 증가로 크리에이터는 더 많은 사람에게 더 큰 영향력을 발휘할 수 있다. 젊은 세대를 중심으로 사회적 가치에 대한 관심이 커지는 상황에서 크리에이터는 변화를 이끌 위치에 있다.

— 다양한 기업과 지자체에서 홍보 중인 '용기내 챌린지'.
 일회용품 사용을 줄이기 위해 시작됐다. (이미지 출처:
 인스타그램 @anvv_)

소셜 섹터 조직은 크리에이터와 협력해 자신들의 활동을 더 광범위한 대중에게 알리고 참여를 유도하는 새로운 방법을 모색할 것이다. 이런 상호작용은 소셜 섹터 활동을 한층 효과적이고 지속 가능하게 만든다. 크리에이터도 소셜 섹터 조직과 연계해 신규 시장을 개척할 수 있다. 이들의 결합은 미래의 사회를 위한 지속 가능한 변화를 촉진하는 중요한 동력이 될 수 있다.

어떤 문제를 해결할 수 있을까?

한국에서는 특히 환경 분야에서 소셜 섹터 크리에이터의 활동이 활발하다. 많은 온라인 크리에이터가 친환경, 동물복지, 인권 같은 분야에서 적극적으로 활동하고 있다. 오프라인에서도 제로 웨이스트, 비건, 업사이클링, 로컬 푸드, 환경보호, 로컬 콘텐츠를 추구하는 로컬 숍이 늘고 있다.

한국의 소셜 섹터가 직면한 과제는 활동 범위와 영향력을 넓히는 것이다. 제한된 자원을 가지고 모든 분야에 손을 대기보다는 어떤 분야에 집중할지 선택해야 한다. 앞으로 특히 수요가 늘 것으로 보이는 분야는 '기술의 사회적 책임'이다. AI 같은 발전된 기술에 대한 우려가 커지고 있는 상황에서, 정확한 정보를 제공하고 인간과 기계가 상생할 수 있는 대안을 제시하는 테크 크리에이터(기술 기반 크리에이터)의 역할이 점점 중요해지고 있다.

소셜 섹터 관점에서 기술이 중요한 이유는 사회와의 관계 때문이다. 기술을 활용해 좋은 사회를 만들기 위해 노력하는 크리에이터를 발굴하고 응원해야 한다. 크리에이터 사회에서는 사회를 혁신하는 기술을 '문화 창출 기술'이라고 표현할 수 있다. 기술을 활용해 개인과 커뮤니티의 창의성, 도시 어메니티와 환경, 사회적 책임을 중시하는 기업 문화를 창출할 수 있어야 한다.

다른 분야도 중요하지만, 한국에서는 기술, 환경, 로컬을 연결하는 소셜 섹터 크리에이터와 기업이 성공할 가능성이 높다. 친환경 기술은 문화 창출 기술의 대표적인 예다. 로컬도 유망한 분야다. 소멸 위기에 처한 지역을 살리는 데는 대기업과 정부의 힘만으로는 부족하다. 농업, 농촌, 공간, 콘텐츠가 갖춰져야 하고, 크리에이터 및 온라인 셀러 등 지역의 장점을 활용해 콘텐츠를 제작할 수 있는 다양한 크리에이터가 그 지역에 진입해야 한다.

로컬과 기술을 결합하는 것은 대기업만의 일이 아니다. 시흥의 동키마켓(동네를 키우는 마켓) 같은 사례에서 볼 수 있듯이 많은 크리에이터가 로컬 푸드 생산자, 소비자, 유통업체를 잇는 새로운 비즈니스 모델을 개척하고 있다.

저출생 문제 해결에도 기술 기반 크리에이터가 필요하다. 이를 위해 다양한 공간과 도시 디자인으로 3대 가족이 서로 돕고 근거리에서 살 수 있는 가족 친화적 도시 구상을 제안한다.

소셜 섹터와 크리에이터 간 협업은 사회적 변화의 중요한 동력으로 자리 잡고 있다. 기술, 환경, 로컬을 연결하는 크리에이터의 활동은 한국 사회에 새로운 활력을 불어넣으며, 지속 가능한 발전을 추진하는 동력이 되고 있다. 이러한 크리에이터를 적극적으로 지원하고 발굴해, 그들의 혁신 사례를 널리 공유함으로써 사회적 가치 창출을 촉진하고, 더 많은 사람이 소셜 섹터에 관심을 갖고 참여할 수 있도록 동기를 부여해야 한다.

자유롭고 독립적인 생활을 선호하며 사회적 가치를 중시하는 청년 세대에게는 소셜 섹터 크리에이터가 소셜 섹터 조직보다 더 매력적으로 다가올 것이다. 이 과정에서 소셜 섹터는 더욱 강력한 사회 변화의 원동력으로 자리 잡을 것이다.

환경 크리에이터의 원조
스튜어트 브랜드

20세기 후반의 기술사회는 1960년대의 반문화 운동의 시대에서 시작해 2010년대의 빅테크 시대로 이어진다. 2020년대에는 AI의 등장으로 기술사회가 새로운 단계로 진입했으며, 미래의 역사가들은 AI 시대를 기술사회의 새로운 형태로 분류할 것으로 예상된다.

20세기 말은 개인 기술 중심의 기술사회 또는 '개인 기술 사회'로 정의할 수 있다. 이는 인류가 군산복합체라 불리는, 1960년대에 형성된 집단 기술 중심의 사회에 대응해 PC, 인터넷, 스마트폰, 블록체인 중심의 개인 기술 사회를 개척했기 때문이다.

개인 기술 사회가 형성되는 거의 모든 과정에서 예외 없이 등장하는 인물이 잡지 〈전 지구 목록〉의 편집자로 유명한 스튜어트 브랜드다. 스티브 잡스가 스탠퍼드대학교 졸업식에서 인터넷 시대 이전의 인터넷이라고 극찬한 〈전 지구 목록〉은 개인이 1970년대의 자연과 커뮤니티가 직면한 문제를 스스로의 힘으로 해결하는 데 필요한 도구tool를 카탈로그 형태로 모아 소개했다. 이 잡지는 잡스가 암시한 것처럼 개인을 해방하고 연결하는 기술에서 미래의 희망을 찾는다는 점에서 디지털 유토피아주의의 도래를 상징한다고 볼 수 있다.

기술 발전으로 인한 사회 변화의 격동기였던 20세기 후반에 브랜드는 이 둘 사이의 중요한 연결 고리를 제공하며, 개인이 기술을 활용해 자신의 삶과 사회를 어떻게 변화시킬 수 있는지에 대한 새로운 시각을 제시함으로써 현대사회에 지대한 영향을 미쳤다. 특히 그는 인류가 직면한 다양한 문제의 해결책을 찾는 데 있어 기술의 역할을 재정의했다.

브랜드의 접근 방식은 개인의 창의성과 기술을 통해 더 나은 미래를 구상할 수 있다는 믿음에 기반한다. 이는 PC, 인터넷, 스마트폰, 블록체인 같은 혁신 기술이 개인의 손에 권력을 부여하고, 전통적인 권위와 구조에 도전하는 새로운 기술사회의 출현을 이끌었다. 브랜드의 비전과 작업은 이러한 기술사회가 어떻게 인류의 문제를 해결하고, 지속 가능한 발전을 촉진할 수 있는지에 관한 중요한 사례다.

브랜드의 정체성을 형성하는 3가지 주요 키워드는 환경 운동, 창조성 그리고 실용주의다. 브랜드가 개인 기술 사회에 끼친 영향을 분석하려면, 아울러 그의 철학과 어젠다를 이해하려면 그가 언급한 3대 정체성에서 시작해야 한다. 그는 정체성에 충실한 방식으로 자신의 비전을 구현하기 위해 노력했다. 브랜드의 프로젝트는 우리가 기술과 환경 그리고 사회 변화를 어떻게 이해하고 대응해야 하는지 크리에이터적 시각에서 볼 수 있도록 한다.

환경 운동가, 크리에이터 그리고 실용주의자

브랜드의 첫 번째 정체성은 환경 운동가다. 미시간주에서 성장한 브랜드는 자연과 인디언 문화에 대한 관심이 깊었다. 어린 시절 외웠던 〈아웃도어 라이프Outdoor Life〉 잡지의 보존 서약Conservation Pledge을 평생의 좌우명으로 삼고, 이를 공개적으로 인용하곤 했다.

두 번째 정체성은 크리에이터다. 〈전 지구 목록〉의 부제 '도구에 대한 접근Access to Tools'에서 볼 수 있듯, 브랜드는 단순한 아이디어만으로는 세상을 변화시킬 수 없다고 믿었다. 그래서 아이디어를 실현할 수 있는 도구를 제공함으로써 사람들이 행동할 수 있도록 도왔다. 도구에 대한 이러한 믿음은 기술에 대한 긍정적 전망으로 이어졌다. 브랜드는 기술이 환경문제 해결과 사회 진보에 중요한 역할을 할 수 있다고 보았다.

세 번째 정체성은 실용주의자다. 브랜드는 자신의 마지막 저작《전 지구 규칙: 환경실용주의자 선언Whole Earth Discipline: An Eco-pragmatist Manifesto》을 통해 자신이 실용주의자라는 점을 강조했다. 권위적 군대 문화를 거부하고, 집단주의 해결책을 강요하는 사회주의에 반대하면서 실용주의적 태도를 보였다. 또 브랜드는 당시의 많은 강경파 환경주의자들과 달리 원자력, GMO, 도시화 그리고 지구공학geo-engineering을 지지했다.

〈전 지구 목록〉에서 1만 년 시계까지, 브랜드의 주요 프로젝트

1968년 〈전 지구 목록〉을 발행하기 전, 브랜드는 《뻐꾸기 둥지 위로 날아간 새》의 작가인 켄 키지 등 1960년대 샌프란시스코 반문화 운동의 핵심 인물들과 교류하며 사진과 멀티미디어를 활용한 문화 기획 활동에 참여했다. 반문화 시대에 그가 기획한 대표 작품으로는 '미국에는 인디언이 필요해!America Needs Indians!'(1965)를 들 수 있다.

〈전 지구 목록〉으로 세계적 명성을 얻은 후에도 그는 문화 기획 활동을 지속했다. 그가 착수한 주요 문화 운동에는 〈계간 공진화Coevolution Quarterly〉 출간, 해커스 콘퍼런스Hackers Conference 개최, 가상 커뮤니티 더 웰the WELL 창립, 《미디어 랩Media Lab》과 《건물은 어떻게 배우는가How Buildings Learn》 출간, GBN Global Business Network(글로벌 비즈니스 네트워크) 창립, 〈와이어드〉 출간, 1만 년 시계The Clock of the Long Now 프로젝트 출범, 《전 지구 규칙》 발간 등이 있다.

스튜어트 브랜드의 프로젝트들은 현대 하이테크 역사의 주요 분기점으로 기록된다. 그는 시대의 흐름을 정확히 읽고 적절한 시기에 적절한 장소에서 활동했다. 〈전 지구 목록〉은 PC 혁명의 선구자 역할을 했고, 더 웰은 인터넷 시대의 도래를 예고했다. 해커스 콘퍼런스는 오픈 소스 운동의 기반을 마련했으며, 1만 년 시계 프로젝트는 장기적 관점의 기술 발전을 강조했다. 이러한 프로젝트들을 통해 브랜드는 기술 발전의 방향을 제시하고, 새로운 아이디어와 혁신을 촉진하는 데 기여했다. 브랜드의 활동을 이해하면 현대 기술 발전의 흐름과 그 사회적 영향에 대한 중요한 통찰을 얻을 수 있다.

— 스튜어트 브랜드의 다양한 활동. 위부터 시계 방향으로
〈전 지구 목록〉, 더 웰의 로고, 1만 년 시계.

브랜드의 초기 주요 작업 중 하나인 '미국에는 인디언이 필요해!'는 1960년대의 반문화 운동과 맞물려 자연과 원주민 문화에 대한 그의 지대한 관심을 드러낸 프로젝트다. 원주민 문화를 통해 현대사회의 여러 문제를 비춰보고, 자연과 조화롭게 살아가는 방법을 탐색했다. 브랜드는 사진, 동영상, 전시, 음악 등 다양한 멀티미디어 수단을 결합해 메시지를 전달함으로써 환경보호의 중요성을 강조했다. 이 과정에서 그는 환경 운동가와 크리에이터로서 자신의 정체성을 강화하고, 대중의 환경에 대한 인식을 높이며 그들이 지속 가능한 라이프스타일을 추구하도록 영감을 주었다.

〈전 지구 목록〉(1968~1971) 발행은 환경 운동가, 크리에이터 그리고 실용주의자로서 브랜드의 정체성을 모두 결합한 대표적인 프로젝트다. 이 잡지는 자연과 커뮤니티 환경에서 직면하는 문제를 스스로의 힘으로 해결하는 데 필요한 도구와 정보를 카탈로그라는 새로운 매체로 제공함으로써 개인의 자율성과 창의성을 강조했다. 또한 기술과 도구가 사회 및 환경 문제 해결의 중요한 수단이 될 수 있음을 보여주며, 실용적인 해결책을 제시하는 데 중점을 뒀다. 브랜드의 이러한 작업은 개인 기술 중심의 기술사회를 형성하는 데 기여했으며, 디지털 유토피아주의의 도래에 영향을 미쳤다.

〈계간 공진화〉(1974년 창간)는 실용주의적 접근 방식을 취한 브랜드의 또 다른 프로젝트로, 다양한 분야의 전문가들과 협력해 지속 가능한 발전과 환경문제에 대한 혁신적 해결책을 탐구한 잡지다. 사회적·환경적 문제에 대한 근본 해결책을 다학제적 접근을 통해 모색했다. 사상가 그레고리 베이트슨의 생태학적 사상과 시스템사고의 영향을 받은 이 잡지는 인간과 자연의 상호 의존성을 강조하고, 이에 기반해 지속 가능한 미래를 위한 실질적인 전략과 아이디어를 제시했다. 〈계간 공진화〉는 브랜드의 실용주의적 태도를 반영하며, 집단주의적 해결책 및 권위적인 방식 대신 개방적이고 협력적이며 창의적인 방식으로 문제를 해결하려는 그의 노력을 보여준다.

　　브랜드는 해커스 콘퍼런스(1984)에서도 중요한 역할을 맡았다. 해커스 콘퍼런스는 컴퓨터 해커, 기술 전문가 그리고 디지털 문화 선구자들이 모여 기술의 미래와 사회에 미칠 영향에 대해 토론하는 행사였다. 디지털 시대의 새로운 가능성을 탐구하고, 컴퓨터 네트워킹과 소프트웨어 개발의 중요성을 강조하는 데 중점을 뒀다. 기술과 인간의 상호작용에 대한 브랜드의 깊은 관심을 반영하는 행사로, 개인의 자율성과 창의성이 기술 발전을 통해 어떻게 강화될 수 있는지를 보여줬다. 해커스 콘퍼런스는 디지털 혁신이 사회적·문화적 변화를 촉진할 수 있는 잠재력을 탐색하는 중요한 순간이었다.

　　더 웰(1985)은 브랜드가 공동 창립한 초기 인터넷 커뮤니티 중 하나로, 디지털 공간에서의 깊이 있는 대화와 정보 공유의 중요성을 강조했다. 사용자들은 다양한 주제에 관해 토론함으로써 디지털 시대 커뮤니티 형성과 개인의 참여를 촉진하는 데 기여했다. 더 웰의 창립은 크리에이터로서 브랜드의 정체성을 드러내며, 기술을 활용해 사람들을 연결하고 소통의 장을 마련하는 그의 능력을 보여주었다. 또한 더 웰은 브랜드의 실용주의적 접근을 반영해 실제 사용자의 필요와 경험을 기반으로 한 디지털 커뮤니케이션의 발전을 목표로 삼았다. 디지털 유토피아주의의 초기 사례로, 개인의 창의성과 기술의 결합이 사회적 연결성과 공동체 의식을 강화할 수 있다는 브랜드의 비전을 실현한 프로젝트다.

GBN(1987)은 브랜드의 또 다른 중요한 프로젝트로, 미래 예측과 전략적 사고를 전문으로 하는 컨설팅 회사다. GBN은 기업, 정부, 비영리 조직이 복잡하고 빠르게 변화하는 세계에서 미래의 도전과 기회를 이해하고 준비할 수 있도록 지원했다. 다양한 분야의 전문가들과 네트워킹을 통해 광범위한 관점과 통찰력을 제공하며, 실용주의적이고 혁신적인 해결책을 모색하는 데 중점을 두었다.

GBN의 설립은 브랜드가 환경 운동가, 크리에이터, 실용주의자로서의 정체성을 모두 활용한 사례로, 그의 전략적 사고와 미래 지향적 접근 방식을 보여준다. GBN은 기술·사회·환경 등 많은 분야에서 발생하는 복잡한 문제에 대해 전략적이고 다각적인 해결책을 제시함으로써, 지속 가능한 발전과 혁신을 추구하는 브랜드의 비전을 구현했다.

《미디어 랩》(1987)은 브랜드가 MIT 미디어 랩의 혁신적 프로젝트와 연구를 조명한 책으로, 기술과 크리에이티브가 결합한 미래의 가능성을 탐구한다. 기술과 창의성이 사회를 어떻게 변화시킬 수 있는지에 대한 브랜드의 신념이 담겨 있으며, 개인과 커뮤니티가 직면한 문제를 해결하는 데 혁신적 기술을 어떻게 활용할 수 있는지에 대한 그의 낙관적이고 실용적인 통찰을 보여준다.

브랜드는 〈와이어드〉(1993년~)의 공동 창립자 중 1명이다. 이 잡지는 디지털 혁명과 그것이 문화, 경제, 그리고 정치에 미치는 영향을 다루는 주요 매체로 자리 잡았다. 〈와이어드〉는 신기술, 인터넷, 사이버문화에 대한 심층 분석과 미래 예측을 제공함으로써, 독자들에게 디지털 시대의 트렌드와 혁신을 이해하는 데 필수적인 정보를 제공한다.

《건물은 어떻게 배우는가》(1994)에서 브랜드는 건축물이 어떻게 변화하고, 그 변화가 사용자와 커뮤니티에 어떤 의미를 갖는지 탐구한다. 건물이 단순한 구조물이 아니라, 시간이 지남에 따라 다양한 요구와 기능에 맞춰 진화하는 생명체와 같다는 관점을 제시한다. 브랜드는 이를 통해 지속 가능한 환경을 위한 실용주의적 접근을 강조한다. 건물의 유연성과 적응성이 중요하다는 메시지는 크리에이터로서의 그의 정체성과도 연결되며, 사용자와 환경을 세심하게 배려한 설계의 중요성을 강조한다.

1만 년 시계 프로젝트(1996)는 시간의 인식을 재구성하고 장기적인 사고를 촉진하기 위해 브랜드와 컴퓨터 과학자 대니얼 힐리스가 주도한 이니셔티브다. 이 프로젝트의 핵심은 인류가 미래 세대를 위해 생각하고 계획할 것을 장려하는 것이며, 이를 위해 브랜드는 1만 년 동안 작동하는 시계를 건설하는 아이디어를 냈다. 1만 년 시계는 단기적 이익과 현재의 우선순위에 치중하는 현대사회의 태도에 도전하며, 지속 가능한 미래를 위한 깊은 반성과 행동 변화를 촉구한다. 기술과 예술, 과학을 융합해 인류의 시간 인식을 확장하고, 우리가 속한 지구와 더 긴밀한 관계를 형성하도록 독려한다.

《전 지구 규칙》(2009)은 브랜드가 환경 운동가로서 자신의 정체성을 재확인하는 동시에 실용주의적 접근을 통해 현대사회가 직면한 환경문제에 대한 혁신적 해결책을 제시한 책이다. 그는 여기서 원자력, GMO, 도시화, 지구공학 같은 논란의 여지가 있는 주제를 지지하

며, 현대 기술이 환경문제 해결의 중요한 도구가 될 수 있다고 강조
한다.

착한 기술과 함께하는 미래를 꿈꾸다

브랜드의 3대 정체성을 한 줄로 요약하면 '선기술 환경 크리에이터'
다. 착한 기술과 창의성을 기반으로 환경을 포함한 인류의 문제를 해
결하고 새로운 유토피아를 건설할 수 있다고 믿은 그의 세계관을 함
축적으로 표현한 말이다. 그가 추구한 개인 기술 중심의 기술 사회는
단순히 기술의 발전을 지향하는 것을 넘어, 이를 어떻게 인류의 복지
와 지속 가능한 발전을 위해 사용할 수 있는지에 대한 근본적 질문을
던진다.

브랜드의 접근 방식은 오늘날 우리에게 여전히 중요한 교훈을 준
다. 그는 기술이 인간과 자연의 관계를 어떻게 개선할 수 있는지, 그
리고 우리가 어떻게 더 책임감 있는 방식으로 기술을 활용할 수 있는
지 탐구했으며, 특히 급변하는 디지털 시대의 환경적·사회적 문제를
해결하는 데 중요한 통찰력을 제공한다.

브랜드의 진정한 유산은 그가 우리 사회에 심어놓은 사고방식과 가
치관에 있다. 브랜드는 우리에게 미래를 장기적 관점에서 바라보고,
현재의 행동이 우리 후손에게 미칠 영향을 고려하라고 충고한다. 기
술과 창의성을 사용해 사회와 환경에 긍정적 변화를 가져올 수 있다
고 믿으며, 지속 가능한 미래를 향한 영감과 도구를 제공한다. 이러한

접근 방식은 우리가 당면한 도전을 해결하는 데 중요한 열쇠가 될 것이다.

브랜드의 정체성에 하나의 요소를 더 추가한다면 '로컬'이다. 스탠퍼드대학교에 진학한 후 브랜드는 한 번도 노스캘리포니아를 떠나지 않았다. 베이스캠프를 바꾸지 않은 것이다. 이에 대해 브랜드의 전기 《전 지구》의 저자 존 마코프는 서문에서 이렇게 썼다.

> 그는 노스캘리포니아라는 장소에서 이 모든 일을 해냈다. 그의 삶의 궤적은 매우 특별한 캘리포니아 감성을 창조했으며, 그 사고방식은 전 세계로 퍼져나갔다.

이런 면에서, 브랜드를 '로컬 크리에이터'라고 부를 수 있다.

제로 웨이스트를 꿈꾸는
보틀팩토리

연희동은 고유한 라이프스타일을 경험할 수 있는 장소로 많은 사람의 사랑을 받는다. 상대적으로 부유한 환경에서 많은 예술가가 거주하는 지역 특성상 연희동의 라이프스타일은 보보스에 가깝다.

연희동이 진정한 보보스 지역이라면, 친환경 생활에서 차별성을 보일 것이다. 실제로 연희동은 친환경 문화를 실천하기에 좋은 조건을 갖추고 있다. 안산, 홍제천에 둘러싸여 라이더나 등산 인구가 많고 단독주택 중심의 거주 문화로 인해 가드닝 등 자연 친화적 활동이 활발하다. 홍제천 주변에 형성된 1인 가구도 환경 운동에 우호적이다.

이런 조건 덕분에 연희동에서는 제로 웨이스트 운동이 활발하다. 제로 웨이스트 운동은 1970년대 환경보호와 지속 가능한 소비의 필요성에 대한 인식이 증가하면서 시작됐다. 핵심 목표는 쓰레기 발생을 최소화하고 재활용, 재사용, 책임 있는 소비를 촉진하는 것이다. 최근 몇 년간 제로 웨이스트 운동은 전 세계로 확산됐으며, 특히 소셜미디어와 디지털 플랫폼을 통해 많은 사람에게 영향을 미치고 있다.

연희동 기반 환경 크리에이터들의 활동도 주목할 만하다. 이들은 주로 블로그, 유튜브, 인스타그램 등 다양한 온라인 플랫폼을 활용해 환경보호 메시지를 전파하며, 제로 웨이스트 라이프스타일, 친환경 제품 사용, 지속 가능한 소비에 대한 정보와 영감을 제공한다.

연희동 제로 웨이스트 운동의 앵커 스토어는 홍연로에 위치한 보틀팩토리다. 보틀팩토리의 정다운 대표는 '3대 축 환경 크리에이터'로서의 역할을 충실히 수행한다.

환경으로 온라인과 오프라인, 동네를 엮다

3대 축 크리에이터는 온라인, 오프라인 그리고 도시 플랫폼에서 활동하며 이들 분야를 통합하는 크리에이터를 가리키는 말이다. 정다운 대표는 환경보호 분야에서 이 3개의 영역을 결합해 다양한 활동을 전개한다.

온라인 플랫폼에서 정다운 대표는 환경문제에 대한 인식을 높이기 위해 다양한 디지털 채널을 활용한다. 특히 다회용 컵 대여 서비스 '보틀클럽'을 운영하며 환경 친화적 대안을 제시한다. 제로 웨이스트 제품 구매 시 포인트를 적립하는 보틀클럽 앱도 개발했다. 또 웹사이트와 소셜 미디어를 통해 제로 웨이스트 라이프스타일과 관련된 정보 교육 콘텐츠를 제공함으로써 온라인 커뮤니티 내에서 환경문제에 대한 논의를 촉진한다. 이러한 온라인 활동은 디지털 시대의 특성을 살려 폭넓은 대중에게 환경보호의 중요성을 전달하는 데 중요한 역할을 한다.

오프라인 플랫폼에서는 카페 보틀라운지가 중심 역할을 한다. 이 카페는 일회용품을 전혀 사용하지 않는 독특한 콘셉트로 운영되며, 이를 통해 방문객에게 제로 웨이스트의 중요성을 직접 체험할 기회를 제공한다. 운영자가 운영자이니만큼 가게 전체에 '에코 기운'이 가득하다. 제로 웨이스트, 차별 금지, 두유 사용, 오래된 미래 등 지속 가능 발전의 중요한 키워드를 모두 찾을 수 있는 'PC'(정치적으로 올바름)한 장소다. 보틀팩토리는 매달 오프라인에서 로컬 상품을 개인 용기에 담아 구매할 수 있는 제로 웨이스트 마켓 채우장을 주최한다. 이런 행사는 지역사회에 제로 웨이스트 문화를 확산하는 데 기여한다.

도시 플랫폼에서 정다운 대표의 활동은 더욱 두드러진다. "우리 동네가 더 나은 동네가 되려면 무엇을 바꿔야 할까?" 정 대표가 자신에게 묻는 질문이다. 그에게 더 나은 동네란 일차적으로 제로 웨이스트 문화를 선도하는 동네다. 그의 노력 덕분에 연희동 홍연길은 지역 커뮤니티와의 교류를 통해 환경보호 의식을 공유하는 환경 중심지로 자리 잡고 있다.

정 대표는 지역 내 제로 웨이스트 라이프스타일의 확산에 기여하는 한편, 지속 가능한 변화를 추구하면서 지역 자원을 활용한 브랜드 개발에도 힘쓴다. 대표적인 도시 플랫폼 사업이 유어보틀위크Your Bottle Week 행사다. 지역 커뮤니티와 동네 상점을 연계해 제로 웨이스트 문화를 확산하고 지속 가능한 생활 방식을 장려하는 데 중점을 두었다. 2018년에 시작된 이 행사는 초기 설정 목표인 '일회용 컵과 빨대 사용 줄이기'와 '용기를 가져가 담는 경험'을 통해 지역사회 내에서 큰 변화를 이끌어냈다. 2018년 7곳의 카페와 시작해 2020년에는 연희동

— 보틀팩토리의 다양한 사업들.

일대 가게 50여 곳이 참여했다.

2023년 행사는 "바라는 동네로 바꾸는 일주일"이라는 슬로건 아래, 제로 웨이스트를 넘어 지역사회를 더 나은 곳으로 만들기 위한 새로운 아이디어를 실험했다. 제로 웨이스트 실천을 점수화한 '보틀' 시스템을 통해 지역 경제를 순환시키고, 지역 주민이 환경보호에 기여하는 독특한 방법을 모색했다.

유어보틀위크 활동은 지역 커뮤니티를 강화하고, 지역 자원을 효율적으로 활용하는 역할을 한다.

온라인에서 쌓고, 오프라인에서 쓰고

정다운 대표의 보틀팩토리는 현재 '보틀을 쌓고'와 '보틀을 쓰고' 프로그램을 통해 온라인과 오프라인 플랫폼의 통합 가능성을 모색한다. 보틀을 쌓고는 보틀클럽 앱을 통해 제로 웨이스트 습관 형성을 장려한다. 이 앱은 사용자들이 다양한 선택과 행동을 통해 제로 웨이스트 실천을 점수화하고, 이를 보틀로 쌓아나갈 수 있도록 설계됐다. 온라인 플랫폼을 활용해 환경보호에 대한 인식을 높이고, 사용자들이 일상에서 쉽게 환경보호 활동에 참여할 수 있도록 돕는 프로그램이다.

한편, 보틀을 쓰고는 오프라인에서 구현된다. 2022년 11월 보틀라운지에서 진행한 바꾸장은 전통적인 화폐 거래가 아닌, 지역 주민의 재능과 기술을 교환하는 장터로 운영됐다. 이 행사는 지역 커뮤니티 내에서 배움과 필요를 나누고, 제로 웨이스트 실천과 지역 자본을 연결하는 플랫폼으로 기능했다. 누구나 참여할 수 있었으며, 지역사회 구성원이 서로의 재능을 나누고 배울 수 있는 기회를 제공했다.

두 프로그램은 각각의 방식으로 제로 웨이스트 문화를 촉진하고, 사용자들의 참여를 독려한다. 온라인에서는 앱을 통해 제로 웨이스트 행동을 점수화하고 추적하는 반면, 오프라인에서는 실제 커뮤니티 참여와 상호작용을 통해 제로 웨이스트 문화를 경험하고 실천하는 식이다.

온라인과 오프라인 프로그램을 통합하는 하나의 방법은 앱을 통한 동네 '커먼즈commons' 기반 생성적 경제 모델이다. 정다운 대표는 보틀클럽에서 코인을 발행해 참여자의 생태·탈탄소 관련 행동을 보상하는 체제를 개발할 예정이다. 이 체제가 활성화하면 코인 사용처는 물론 보틀팩토리가 주관하는 매장이나 행사의 참여 기업이 크게 늘어날 것으로 전망된다. 보틀앱 기반 커뮤니티 화폐와 커뮤니티 자본이 자연스럽게 온라인·오프라인·도시 플랫폼을 활성화하고 통합할 것이다.

정다운 대표는 이러한 활동을 통해 온라인과 오프라인 그리고 도시 플랫폼에서의 장점을 최대한 활용해 지속 가능한 성장을 추구하고, 다면적인 브랜드 가치를 구축한다. 제로 웨이스트 운동이 더 확산되려면, 정다운 대표 같은 3대 축 크리에이터가 더 많이 활동해야 한다. 이들은 디지털 플랫폼을 활용해 환경보호에 대한 인식을 널리 퍼뜨리고, 오프라인 행사와 지역 커뮤니티 활동을 통해 직접적인 체험과 실천을 촉진한다. 이러한 통합적 접근은 제로 웨이스트 운동과 환경보호에 대한 사회적 변화를 더욱 가속할 것이다.

문화 공간으로
진화하는 독립 서점

독립 서점은 현대사회에서 단순한 책 판매점을 넘어 지역 문화의 중심지로 진화하고 있다. 이들은 골목 상권의 필수 요소로 자리 잡아 동네의 분위기를 바꾸고, 지역 경제를 활성화하며, 주민들에게 다양한 문화적 경험을 제공한다. 동시에 지역사회의 사회적·문화적·경제적 가치를 창출하는 소셜 섹터 크리에이터로서의 역할을 수행하고 있다.

그러나 이러한 중요성에도 많은 독립 서점들이 경영난에 직면해 있어, 새로운 비즈니스 모델의 필요성이 대두되고 있다. 이에 대한 해답으로 3대 축 크리에이터 모델이 주목받고 있다. 온라인·오프라인·도시 플랫폼을 통해 자체 제작 콘텐츠를 유통하는 새로운 형태의 크리에이터로 거듭나는 것이다.

독립 서점이 동네를 바꾼다

독립 서점이 생산하는 지역 문화를 가장 쉽게 목격할 수 있는 곳이 골목 상권이다. 독립 서점은 베이커리, 커피 전문점, 게스트하우스와 더불어 골목 상권이 갖춰야 할 필수 업종 4개 중 하나다. 독립 서점 없이는 골목 상권을 조성할 수 없다고 해도 과언이 아니다.

골목 상권에서 독립 서점의 일차적 기능은 동네 여행 가이드다. 동네에서 동네 지도를 자발적으로 만드는 업소가 어디인지를 생각해보자. 어느 동네에서나 독립 서점이 그곳일 가능성이 높다. 독립 서점은 또한 지역 콘텐츠를 모으는 것에서 시작해 독서 모임, 북 토크, 책 만들기 수업 등 다양한 행사로 지역의 책 문화를 활성화한다.

독립 서점이 동네 자체를 바꾸기도 한다. 갤러리, 팝업 스토어, 동네 축제로 교토의 이치조지 지역을 재생한 작은 서점 게이분샤와 같은 곳이 한국에도 늘어나고 있다. 독립 출판사 남해의봄날이 대표적인 사례. 남해의봄날은 게스트하우스, 카페, 독립 서점을 미술관 등 기존의 문화 자원과 연결해 통영 봉평동의 작은 골목을 여행자가 찾는 관광 명소로 만들었다.

이처럼 독립 서점은 그곳에서 판매되는 책 이상의 문화 공공재를 생산한다. 정부가 산출하는 소비자 후생에 책 가격과 함께 지역 문화라는 외부 효과가 추가돼야 한다. 정부가 소비자 편익을 제대로 산출한다면, 독립 서점의 긍정적 외부 효과를 고려해 독립 서점을 보조금을 지급하는 교육·연구 기관과 같은 수준으로 대우할 것이다.

서점에서 문화 공간으로

동네 중심으로 살고 여행하는 사람에게 동네 서점은 단순히 책을 사는 매장이 아니다. 여유롭게 일상을 즐기고 이웃과 소통하는 문화 공간이다. 소비자가 독립 서점에서 얻는 편익은 책에 담긴 콘텐츠에 한정되지 않는다. 현대 리테일 이론은 소비자 후생의 요소로 가격과 더불어 다양성과 체험을 강조한다.

독립 서점은 이제 골목 상권을 넘어 리테일 산업 전체에 중요한 문화 자원이 됐다. 라이프스타일 비즈니스를 이해하는 부동산 개발사라면 개발 건물 내 독립 서점 입점은 필수다. 네오밸류는 앨리웨이 광교에 책발전소, 오티디코퍼레이션은 성수연방에 아크앤북, 에머슨퍼시픽은 아난티코브에 이터널저니를 유치했다. 부산 기장에 위치한 아난티코브는 호텔 로비에 해당하는 메인 층에 대형 서점 등 복합문화시설을 조성하고 다양한 테마의 공간 콘텐츠를 제공해 아난티 브랜드를 소비자에게 각인시키는 데 성공했다. 마포구 인근의 독립 서점으로 많은 인기를 얻은 책발전소는 '동네 커뮤니티의 활성화'를 목표로 신도시에서 새로운 고객을 만나고 있다.

신세계가 코엑스몰에서 별마당 도서관을 운영하는 것도 리테일 산업에서 책 문화가 얼마나 중요한지를 보여준다. 대기업뿐만이 아니다. 북 카페, 공예 도서를 전시하고 파는 공방, 요리책을 판매하는 식당 등 일반 상점도 책을 상점 정체성을 구현하는 콘텐츠로 활용한다.

서점을 라이프스타일 비즈니스로 개척한 기업은 일본의 츠타야다. 기존 서점이 잡지, 단행본, 문고본 등 유통업자의 입장에서 편리하게 기계적으로 책을 진열해 판매했다면, 츠타야 서점은 고객의 입장에서 테마별로 모든 상품을 재분류해 제공한다. 예를 들어, 여행이라는 테마를 선정하면 그와 관련된 모든 서적과 CD, DVD를 한자리에 모으고 거기에 덧붙여서 가전제품이나 기타 여러 관련 상품까지 한꺼번에 제공해 한 번에 여행 준비를 마칠 수 있게 해주는 것이다. 츠타야는 고객이 관심 있는 라이프스타일과 관련된 고민 일체를 한꺼번에 해결해줄 수 있는 솔루션을 제공하는 것을 서점 사업의 본질로 인식한다.

서점 운영자에서 문화 크리에이터로

독립 서점 운영자는 단순한 상인이 아닌 문화 크리에이터로 볼 수 있다. 이들은 자산의 개성과 취향을 반영한 독특한 공간을 창조하고, 세심한 큐레이션을 통해 책의 가치를 재해석한다. 고객들은 이러한 공간에서 책을 구매할 뿐만 아니라, 서점을 중심으로 형성된 동네의 독특한 책 문화를 경험하게 된다.

운영자가 창조하는 문화는 그 자신의 취향에 그치지 않고 지역 전체로 확장된다. 동네 문화의 중심지로서 독립 서점은 다양한 역할을 수행한다. 첫째, 지역 작가들의 작품을 소개하고 지역의 이야기를 담은 책을 선별하는 등 지역 콘텐츠의 발굴과 유통에 기여한다. 둘째, 신진 작가부터 유명 작가까지 다양한 작가들을 큐레이션해 독자들에게 소개하는 안내자 역할을 한다. 셋째, 독립 서점만의 시각으로 동네 지도를 제작해 방문객들에게 새로운 관점의 지역 정보를 제공한다.

넷째, 독서 모임, 작가와의 만남, 문학 강좌 등 다양한 문화 활동을 기획해 동네 주민들의 문화적 삶을 풍요롭게 한다.

이러한 활동들을 통해 독립 서점 운영자는 단순히 책을 판매하는 것을 넘어 동네의 문화와 콘텐츠를 직접 생산하는 크리에이터가 된다. 그들은 지역의 문화적 정체성을 형성하고, 주민들의 문화적 경험을 확장하며, 나아가 지역 전체의 문화적 가치를 높이는 데 중요한 역할을 한다. 이런 맥락에서 독립 서점 운영자는 책과 사람, 그리고 지역을 연결하는 문화적 매개자이자 크리에이터로서 그 역할과 가치를 인정받아야 한다.

독립 서점의 생존 전략

독립 서점의 문화적 가치에도 불구하고 많은 독립 서점이 경영난을 겪으면서 비즈니스의 지속 가능성 문제가 대두되고 있다. 그 대응책으로 정부와 지역사회가 독립 서점을 지원하고 있다. 정부는 도서정가제를 통해 독립 서점의 수익을 보호하고, 저자 북 토크, 독서 모임, 글쓰기 클럽 등 지역 문화 활동 비용을 지원한다. 지역 도서관들도 도서 구매 시 대형 서점 대신 지역 독립 서점을 이용하거나, 독립 서점에서 구입한 도서를 재구매하는 등의 방식으로 협력한다.

그러나 이러한 외부 지원만으로는 장기적인 지속 가능성을 확보하기 어렵다. 독립 서점만의 자체적인 수익 모델이 필요하다. 이를 위해 3대 축 크리에이터 모델을 제안한다. 독립 서점이 자신을 크리에이터로 재정의하고, 직접 만든 콘텐츠를 온라인 플랫폼, 오프라인(공간) 플 랫폼, 도시 플랫폼 등 3가지 축을 통해 유통하는 것이다.

다양한 독립 서점이 혁신적인 비즈니스 전략을 통해 성공을 거두고 있다. 홍대 땡스북스의 독립 서점 개념 재정립, 연희동 유어마인드와 책바의 독립 출판물과 칵테일 큐레이션, 상암동 북바이북의 저자 특 강, 역삼동 최인아책방의 클래식 콘서트와 인문학 서점 브랜딩, 망원 동 책발전소의 신도시 진출, 통영 남해의봄날의 지역 출판사 직영 서 점, 속초 완벽한 날들의 북스테이, 서교동 책방연희의 작가 커뮤니티, 전주 경원동샵의 마이크로 서점, 천안 보부아르의 소품샵 등이 대표 적이다.

또한 대전 다다르다는 책과 함께 도시의 숨은 매력을 탐험하는 여 행을 제안하고, 연남동 서점 리스본은 고객의 생일에 취향을 고려한 특별한 책을 추천하는 서비스로 개인화된 독서 경험을 선사하며, 경 주 어서어서는 아날로그 감성의 추억 속 물건들과 책을 예술적으로 어우러지게 배치해 독특한 문화 공간을 창출하고, 제주 소리소문은 위트 있는 주제별 큐레이션과 블라인드 북, 리커버 북 등 독특한 책 판매 방식으로 오직 책에만 집중하는 특별한 독서 경험을 제공한다.

진주 진주문고, 구미 삼일문고, 부산 인디고서원, 비온후책방, 대전 계룡문고, 속초 동아서점과 문우당서림 등 지역의 중형 서점들은 인 문학 중심의 새로운 책 문화를 조성하고 있다. 이들은 온라인으로 활 동하며 오프라인 매장을 효과적으로 활용한다. 지역 고객을 위한 맞 춤형 큐레이션과 로컬 크리에이터 행사 등을 통해 단순한 서점을 넘 어 지역 책 문화의 중심지이자 도시 문화 플랫폼으로 자리 잡고 있다.

미국의 독립 서점들도 다양한 혁신을 통해 경쟁력을 확보하고 있다. 특히 브루클린 지역의 독립 서점들은 지역 작가 지원, 커뮤니티 중심 역할, 지역주의 전략 등을 통해 독특한 가치를 창출하고 있다. 이들은 독서회, 저자 사인회, 북 페스티벌 등의 행사를 개최하고, 지역 기념품을 판매하며, 지역사회 행사에 공간을 제공하는 등 다양한 방식으로 지역공동체와 밀접하게 연결되어 있다.

일부 미국 서점은 고객 개별 관리를 통한 맞춤형 서비스 제공, 상품 다변화, 자체 독립 출판물 발간 등의 전략을 구사한다. 더불어 3D 프린팅, SNS, 인공지능 등의 최신 기술을 활용해 출판과 마케팅 비용을 절감하고 상업성을 높이는 노력도 병행하고 있다. 이러한 혁신적인 접근은 독립 서점을 단순한 책 판매점에서 지역 문화의 중심지이자 커뮤니티 허브로 탈바꿈시키고 있다.

위 사례들은 독립 서점이 창의적인 접근을 통해 지속 가능한 비즈니스 모델을 구축할 수 있음을 보여준다. 3대 축 크리에이터 모델은 이러한 혁신의 연장선에서, 독립 서점의 미래를 위한 새로운 방향을 제시하고 있으며, 이를 통해 독립 서점은 문화적 가치를 유지하면서 경제적으로도 지속 가능성을 확보할 수 있을 것으로 기대된다.

크레타가 보여준 독립 서점의 새로운 가능성

부산 전포동의 독립 서점 크레타는 3대 축 크리에이터 모델을 통해 지역 문화와 비즈니스의 새로운 패러다임을 제시하고 있다. 창업

14개월 만인 2024년 6월, 크레타는 월 매출 2,000만 원을 달성했다. 온라인·오프라인·도시 플랫폼을 통합적으로 활용해 독립 서점의 역할을 확장하고 지역 커뮤니티를 활성화한 결과다.

크레타의 핵심 강점은 온라인 플랫폼 활용에 있다. 부산 최대 독서 모임 사과를 운영하며 온라인 플랫폼에서 독서 모임 정보를 공유하고 참가자들과 소통한다. 또한, 지역 브랜드의 홍보영상 제작을 지원하면서 지역 소상공인의 디지털 마케팅 역량 강화에 기여하고 있다.

크레타는 오프라인 공간을 문화 활동의 중심지로 활용한다. 지역 소상공인 역량 강화 북 토크, 작가와의 만남, 글쓰기 워크숍 등을 통해 지식 교류와 네트워킹의 장을 만들었다. 특히 6개의 특색 있는 섹션으로 구성된 큐레이션 북샵은 독자들에게 새로운 독서 경험을 제공한다.

도시 플랫폼으로서 크레타는 전포공구길의 지역적 특성을 살려 골목을 브랜드로 만들고 커뮤니티를 구축하고 있다. 다양한 업종의 골목 소상공인들을 연결하고, 로컬 매거진을 제작하고 골목 브랜드 큐레이션 이벤트를 계획해 지역 전체를 하나의 문화 플랫폼으로 발전시키고 있다.

이러한 3대 축 접근은 지역 문화 생태계 강화, 경제적 지속 가능성 확보, 사회적 가치 창출, 지역 인재 유출 방지 등 다양한 성과를 거두고 있다. 독립 서점을 중심으로 한 네트워크는 지역의 문화적 다양성과 활력을 증진시키며, 다각화된 활동은 지역 경제 활성화에 기여한다. 이때 독립 서점은 지역 주민들의 문화적 욕구를 충족시키고 커뮤니티 의식을 강화하며, 젊은 인재들의 지역 정착을 유도하는 성공 모델이 된다.

독립 서점은 단순한 책 판매점에서 지역 문화의 중심지로 진화하고 있다. 경영난에 직면한 많은 독립 서점들에게는 3대 축 크리에이터 모델이 새로운 해답이 된다. 온라인·오프라인·도시 플랫폼을 통합적으로 활용해 독립 서점의 역할을 확장하고 지역 커뮤니티를 활성화하는 것이다.

크레타와 같은 혁신적인 독립 서점들은 3대 축 크리에이터 모델을 통해 지역 문화 생태계를 강화하고, 경제적 지속 가능성을 확보하며, 사회적 가치를 창출하고 있다. 독립 서점 운영자들은 문화 크리에이터로서 지역의 문화적 정체성을 형성하고, 주민들의 문화적 경험을 확장하는 데 중요한 역할을 한다.

결론적으로, 3대 축 크리에이터 모델은 독립 서점의 새로운 비전을 제시하며, 지역 기반의 문화 사업이 나아갈 방향을 보여주고 있다. 독립 서점의 경제적 지속 가능성을 높이는 동시에, 그들의 고유한 가치와 정체성을 유지하면서도 현대사회의 요구에 부응하는 새로운 모델이다. 이를 통해 독립 서점은 앞으로도 지역 문화의 중심지로서 더욱 중요한 역할을 해나갈 것이며, 궁극적으로 지역 문화의 다양성과 풍요로움을 증진시키는 데 기여할 것이다.

대기업과 크리에이터의 만남, 프로젝트 꽃

크리에이터 커리어를 고려하는 창업가는 먼저 다양한 플랫폼을 효과적으로 활용하는 능력을 갖춰야 한다. 온라인, 오프라인, 도시 어느 영역에서 활동하든 플랫폼과의 연결은 필수다. 전통적인 리테일 산업에서도 네이버 지도, 스마트플레이스, 온라인 쇼핑몰과 연결되지 않은 사업자는 드물다.

플랫폼들은 적극적으로 소상공인과 크리에이터를 유치한다. 특히 네이버는 SME(중소기업)와 창작자를 지원하는 통합 플랫폼 프로젝트 꽃을 운영한다. 2016년부터 시작된 이 프로젝트는 갓 창업한 사업자들이 온라인 비즈니스 기반을 구축하게 해주고, 기술적 솔루션과 교육 프로그램을 제공하는 한편 신속한 정산 처리로 사업자들의 성장을 돕는다.

아울러 네이버는 스마트스토어, 스마트플레이스, 브랜드 커넥트, 쇼핑라이브, 네이버 프리미엄 콘텐츠 등 다양한 서비스를 통해 이들을 대규모 사용자와 연결하고 새로운 비즈니스 기회를 모색할 수 있도록 한다.

네이버가 이처럼 SME와 창작자 지원에 나서는 이유는 다양성을 중시하기 때문이다. 네이버 플랫폼은 주목받지 못하는 틈새 상품이나 콘텐츠에 새로운 기회를 부여하며, 이들의 성공 가능성을 입증한다. 네이버의 핵심 전략은 이런 창작자와 소비자를 연결해 그들이 새로운 생태계를 형성하고, 이를 통해 사회와 경제에 긍정적 영향을 미치도록 지원하는 데 있다.

네이버가 창작자를 지원하는 방법

네이버는 프로젝트 꽃을 추진하기 위해 다양한 서비스를 활용한다. 그중 네이버 분수펀드는 2017년부터 2021년까지 약 3,760억 원 규모로 조성되어 국내 유사 펀드 중 최고 수준의 금액을 기록했다. 네이버는 재정 지원과 함께 전략적 조언 및 멘토링도 제공한다.

온라인 스토어 분야에서 네이버는 스마트스토어와 쇼핑라이브 등의 플랫폼을 통해 SME의 온라인 판매 및 매출 증진에 기여한다. 스마트스토어는 사용자 친화적인 인터페이스를 제공해 누구나 쉽게 자신만의 온라인 스토어를 만들어 운영할 수 있다. 쇼핑라이브는 비대면임에도 생동감 넘치는 방식으로 상품을 소개하고 판매할 수 있는 채널이다.

오프라인 스토어 분야에서는 신규 고객을 연결하고 온라인 전환을 지원해 오프라인 SME의 성장과 디지털 플랫폼 진출을 유도한다. 오프라인 매장의 정보를 등록할 수 있는 스마트플레이스는 예약, 주문 연

━━━ 네이버는 소상공인을 다양한 방식으로 지원한다.
  (이미지 출처: 네이버)

결 등 다양한 기능을 제공함으로써 비즈니스 운영의 간소화를 돕는다.

온-오프라인 SME 풀케어 시스템은 사업 시작부터 확장, 세계 진출에 이르기까지 전방위적으로 SME의 성장을 지원한다. 빠른 정산 프로그램으로 정산 주기를 단축시키고, '스타트 제로수수료' 프로그램으로 스마트스토어 등록 초기 판매자에게 주문 관리 및 매출 연동 수수료를 면제해 재정 부담을 경감시킨다. 사업자의 각 성장 단계에서 고객 마케팅 및 검색 광고 집행에 유용한 성장 포인트 프로그램도 운영한다.

주제별 인플루언서와 국내외 브랜드를 매칭해 다양한 비즈니스 기회를 창출하는 브랜드 커넥트 프로그램은 브랜드와 크리에이터 모두에게 유익한 협업의 장을 마련한다.

마지막으로, 네이버 프리미엄 콘텐츠를 통해 창작자들은 자신의 콘텐츠를 유료로 제공하며, 공정한 보상을 받을 수 있다.

네이버를 통한 성장 사례: 'X'의 경우

각종 서비스와 프로젝트 꽃의 비전을 통해, 네이버는 SME와 창작자에게 특정한 창업 및 성장 경로를 제안한다. 가상 인물 X를 예로 들어 이 과정을 살펴보자. X는 창의적 디자인으로 인정받는 뷰티 크리에이터로, 네이버의 창작자 지원 서비스를 활용해 자신의 비즈니스 성장 여정을 시작했다.

그는 네이버가 제공하는 '네이버비즈니스스쿨'을 통해 온라인에서 제품을 판매하기 위해 필요한 다양한 서비스 활용법과 사업 운영에 필요한 교육을 받을 수 있었다. 또한 네이버의 멘토링 프로그램은 비즈니스 운영에 필요한 실질적인 조언도 제공했다.

창업 초기 단계에 X는 네이버 스퀘어의 뷰티 크리에이터 교육 과정을 통해 제품 생산과 디자인 기술을 보완했다. 오프라인 비즈니스가 안정된 후에는 네이버 스마트스토어를 활용해 온라인 시장에 진출했고, 사용자 친화적 인터페이스 덕분에 쉽게 자신의 스토어를 구축 및 운영할 수 있었다. 그리고 쇼핑라이브를 이용해 제품을 생동감 있게 소개하고 판매했다. 라이브 스트리밍을 통한 직접적인 고객 소통은 제품의 홍보에 큰 도움이 됐다.

X의 비즈니스는 네이버의 온-오프라인 통합 지원 시스템으로부터 추가 성장 동력을 얻었다. 빠른 정산 시스템은 비즈니스 유동성을 향상시켰고, 스타트 제로 수수료 프로그램은 초기 비용을 줄여주었다. 브랜드 커넥트 프로그램을 통한 다양한 인플루언서들과의 협업 기회는 X가 자신만의 창작자 생태계를 구축하고 비즈니스를 성장시키는 데 결정적 역할을 했다.

프로젝트 꽃, 3대 축을 통합하다

프로젝트 꽃의 의의는 개별 SME와 크리에이터를 지원하는 일을 넘어선다. 네이버가 운영하는 온라인, 오프라인 및 도시 플랫폼(하이퍼로컬)의 유기적 통합이 프로젝트 꽃의 더 큰 목적이다. 네이버의 SME

와 창작자가 3대 축 플랫폼에서 활동하며 이들의 생태계를 지원하는 것 자체가 플랫폼 통합을 의미한다.

네이버의 과제는 지역 단위 SME와 창작자 생태계를 관리하는 것이다. 현재 전국 5개 지역(역삼, 종로, 홍대, 부산, 광주)에서 SME 교육과 콘텐츠 제작을 지원하는 네이버 스퀘어를 운영하지만, 네이버 온라인 서비스는 지역 단위가 아닌 전국 단위로 공급한다.

네이버가 지역 단위 SME와 창작자 생태계를 확대하려면, 지역 관리 시스템의 성공적인 작동을 입증해야 한다. 하지만 디자이너와 디지털 마케터 같은 전문 인력을 지역 내에서 찾는 것이 현실적 문제로 남아 있다. 이런 불확실성 때문에 네이버를 포함한 많은 플랫폼 기업이 오프라인 투자를 통한 지역 창작자 생태계 구축을 주저한다.

이러한 상황에서는 지방정부와 지역사회가 먼저 오프라인 지역 콘텐츠 개발과 지원 시스템을 구축해야 한다. 네이버가 지역사회에 의해 구축된 지역 콘텐츠 시스템을 네이버 서비스와 연결할 때, 네이버의 3대 축 플랫폼 통합 전략은 최대 효과를 발휘할 수 있을 것이다.

ESG에서
로컬 소셜라이징으로

ESG(환경, 사회적 책임, 투명 경영)에 대한 전 세계적 관심이 증가함에 따라, 그 기준을 둘러싼 논쟁도 함께 높아지고 있다. 한편에는 ESG 공시 의무만으로는 충분하지 않다며 더 강력한 조치를 요구하는 환경주의자들이 있고, 다른 한편에는 ESG를 반反기업 세력의 음모나 유럽의 보호무역주의로 포장한 환경주의라고 비판하는 시장주의자들이 있다. 이렇게 상반된 입장 사이에서 ESG 운동이 실질적으로 진전하기 위해 필요한 전략은 무엇일까?

ESG 운동을 지속 가능하게 만들려면 국제기구, 국제 금융 기관, 세계적 대기업 중심의 협력만으로는 부족하다. 생활 문화 운동으로 ESG 정신이 지역사회에 뿌리내리도록 지원해야 한다. 그리고 이를 위해서는 ESG 운동을 지역사회 단위 로컬 ESG 운동으로 재구성해야 한다.

ESG 경영은 기업의 사회적 책임론에서 그 기원을 찾을 수 있다. 고전적인 의미에서 기업의 사회적 책임은 고객, 소비자, 협력사, 지역사회, 미래 세대 등 기업 활동과 관련된 이해 당사자에 대한 책임을 말한다. 국제 협력 차원에서 진행되는 현재의 ESG 논의는 국제사회에 대한 책임 중심으로 이뤄지고 있다.

그런데 기업이 사업장을 운영하는 지역사회만큼 중요한 이해당사자가 있을까? 기업의 비즈니스 환경을 구성하는 1차적인 경제 단위인 지역사회야말로 가장 먼저 기업 활동에 영향을 주고 그로부터 영향을 받는다. 만에 하나 국제 ESG 기준을 이행하는 과정에서 로컬 ESG 가치가 훼손되지는 않을까? ESG 기준 강화도 다른 규제 영역과 마찬가지로 생활권 단위에서 발의 및 실천되어야 지속 가능하다.

ESG 논의가 로컬, 즉 지역사회에 눈을 돌려야 하는 또 하나의 이유는 ESG 경영의 진정성과 일관성 때문이다. 나는 기업 ESG의 진정성이 궁금하다면, 기업의 로컬 ESG 상황을 살펴보라고 조언한다. 로컬에서 ESG에 충실하지 않은 기업이 국제사회에서 좋은 평가를 받을 가능성은 낮다.

기업한테도 인재 및 입지를 제공하는 지역과 상생해야 할 충분한 경제적 유인이 있다. 경제적·사회적·환경적으로 쇠락한 지역사회가 건강한 기업 환경을 제공할 수는 없다. 지역사회에 대한 기업의 사회적 책임은 사업장이 위치한 지역에 한정되지 않는다. 소비자와 고객이 활동하는 모든 지역이 기업의 사회적 책임이 미치는 영역이다.

특히 지역 소멸을 우려할 정도로 로컬의 사회적 기반이 약화된 한국에서 지역사회에 대한 기업의 사회적 책임은 더욱 중요하다. 상대적으로 상황이 좋은 수도권 지자체가 그 외 지역과의 상생을 모색하기도 한다. 서울시는 서울 청년을 지역 기업에 파견하는 도시 청년 지역 상생 일자리 프로그램, 서울 청년의 지역 정책을 지원하는 넥스트 로컬 사업을 통해 지역을 지원한다. 목적과 취지는 다르지만 미국의 낙후 지역 교육 봉사 프로그램 티치포아메리카Teach for America나 개발도상국 개발을 목표로 하는 봉사단체 평화봉사단Peace Corps과 유사한 사업이다. 그러나 정부의 노력만으로 지역을 살리기 어려운 실정이다. 이는 기업을 포함한 지역사회 전체가 나서야 해결할 수 있는 문제다.

그런데 기업이 기부, 봉사, 사업장 이전 등 전통적인 사회 공헌 방식으로 지역을 살릴 수 있을지는 확실치 않다. 정부가 막대한 자금을 투입해도 지역이 어려움을 벗어나지 못하는 것을 보면 자원 부족의 문제가 아닐 수 있다. 돈이 아니라 새로운 가치를 창출하는 아이디어와 이를 실현하는 인재가 부족한 것이다. 상대적으로 우수한 기술과 콘텐츠 개발 능력을 보유한 대기업이 협업해 지역사회의 자생적 창조 능력을 키워주는 것이 지역사회가 요구하는 기업의 사회적 책임 활동이다.

로컬 소셜라이징의 부상

그렇다면 기업은 어떤 방식으로 로컬 ESG 경영을 추진해야 할까? 정부나 투자자 기준을 충족하는 통상의 방식으로 이행할 수도 있으나, 조금 더 혁신적인 방법이 필요하다. 규정 준수를 뛰어넘는 자발적 로컬 ESG 경영의 대표적 사례가 '로컬 소셜라이징local socializing'이다.

로컬 소셜라이징은 "지역사회의 특성을 반영한 공간과 콘텐츠로 해당 지역의 주민들과 소통하며 함께 상생하고자 하는 가치를 실천하는 기업의 브랜딩"이라고 정의할 수 있다(기획재정부, 2022). 전통적인 기업의 지역사회 공헌과 다른 점은 로컬 소셜라이징으로 기획한 공간이 브랜드 정체성에 새로운 의미를 부여할 뿐만 아니라, 지역의 '핫 플레이스'로 부상해 기업과 지역에 다른 사회 공헌 사업에서는 기대할 수 없는 수준의 경제적 효과를 가져다준다는 것이다.

로컬 브랜드와 협업하는 대기업의 로컬 소셜라이징은 일종의 CSV creating shared value(공유 가치 창출) 활동이다. CSR(기업의 사회적 책임)이 선행을 통해 사회에 기업의 이윤을 환원하는 활동이라면, CSV는 기업의 비즈니스 기회와 지역사회의 니즈가 만나는 지점에서 사업적 가치를 창출해 경제적·사회적 이익을 동시에 추구하는 일이다.

현재 대기업은 다양한 방법으로 로컬 소셜라이징 사업을 추진한다. 첫째, 로컬 브랜드 개발이다. 지역의 이미지가 힙하게 변하는 과정에서 기업의 역할도 중요해졌다. 아모레퍼시픽의 오설록과 이니스프리는 제주를 브랜드의 핵심 요소로 삼아 크게 성공했다(이니스프리는 2023년 제주를 벗어났다. 앞으로는 특정 지리적 장소보다는 온라인, 오프라인 문화의 변화를 반영할 수 있는 가상의 섬을 이니스프리의 유니버스로 설정할 계획이다). 전북 고창을 브랜드로 만드는 매일유업의 상하농원도 좋은 사례다. 상하농원은 고창에서 만든 육가공품, 치즈, 잼, 된장 등을 전국적으로 유통한다.

둘째, 로컬 브랜드 플랫폼이다. 코오롱FnC의 패션 브랜드 에피그램은 로컬 큐레이션을 통해 고창, 강진, 옥천, 영월 같은 소도시를 '힙 플레이스'로 브랜딩한다. 현대백화점의 명인명촌, 이마트의 재발견 프로젝트, 롯데백화점의 띵크어스도 지역 특산물을 큐레이션해 소비자

━━ 시몬스 코리아와 켈로그 코리아의 팝업 스토어. 시몬스는
가구 기업이지만 식료품점 콘셉트를 내세워 많은 화제를
모았다.

에게 직접 소개한다.

셋째, 로컬 상권 진출이다. 다양한 기업이 골목 상권에 팝업 스토어를 운영하며 지역을 브랜딩하고 지역 소상공인을 지원한다. 지역 로컬 브랜드와 협업하지 않고 특정 상권에 팝업 스토어나 플래그십 스토어를 여는 것도 지역 활성화에 기여한다는 점에서 로컬 소셜라이징 활동이라고 말할 수 있다.

로컬 소셜라이징의 사회적·경제적 임팩트를 피부로 느낄 수 있는 곳이 경기도 이천에 위치한 시몬스 테라스다. 시몬스 침대의 역사, 기술, 철학 등 시몬스 문화와 더불어 대전 퍼블릭마켓 등 전국적으로 알려진 로컬 브랜드를 체험할 수 있는 복합문화공간이다.

시몬스 코리아는 시몬스 테라스 외에도 해운대, 성수동, 청담동에 로컬 콘텐츠로 지역과 상생 가치를 창출하는 팝업 스토어 시몬스 그로서리 스토어를 열었다. 2021년 진행된 부산 스토어에서는 부산 대표 사운드 숍 발란사, 수제 버거 브랜드 버거샵 등 로컬 브랜드들과 협업했다.

넷째, IT 기업의 하이퍼로컬 서비스다. 당근마켓, 네이버 스마트플레이스, 동키마켓 등이 작은 지역 단위 소비자, 기업, 주민, 상인을 연결해 새로운 가치를 창출한다. 하이퍼로컬 서비스를 통해 지역과 동네가 연결되고 브랜드 가치는 높아진다.

지속 가능한 로컬 활동을 하라

지속 가능한 발전과 관련해 기업의 로컬 소셜라이징은 단순한 과제가 아니다. 이는 로컬과의 진정한 상생을 바탕으로 한다. 기업은 로컬을 깊이 이해하고 로컬 파트너를 진심으로 존중해야만 진정성 있는 로컬 소셜라이징을 실현할 수 있다.

대기업과 로컬 기업의 상생은 동등한 상호교환 관계를 전제로 한다. 대기업이 자신의 자원과 브랜드 파워로 로컬 기업을 지원하는 동시에, 로컬 기업은 대기업에 독특한 로컬 콘텐츠를 제공한다. 이 과정에서 대기업은 해당 콘텐츠가 로컬 기업의 고유한 영역임을 인정하고 존중해야 한다.

대기업과 지역사회의 관계 역시 상호 간의 존중을 기반으로 해야 한다. 대기업이 지역 활동가로부터 배우는 것처럼, 지역 활동가도 대기업의 로컬 ESG 활동에서 전략적 접근, 혁신적 파트너십 구축, 목표 설정 및 성과 측정에 대한 인사이트를 얻을 수 있다. 특히 대기업의 성과 측정 방법을 통해 자기 활동의 실제 영향력을 명확히 파악하고, 그 결과를 효과적으로 전달하는 방법을 배울 수 있다.

로컬 소셜라이징의 성공은 지속 가능성에 달려 있다. 로컬 기업뿐만 아니라 대기업도 로컬 소셜라이징 활동을 통해 충분한 경제적 가치를 창출해야 한다. 이러한 활동이 기업 가치와 지역 가치를 모두 증진시키는 공유 가치 창출의 장으로 작용할 때, 대기업은 핵심 경쟁력을 강화하며 지속 가능한 성장을 이룰 수 있다.

동네를 키우는
로컬 푸드

○

'로컬 푸드'는 지역적으로 생산 및 소비되는 식품을 의미하며, 짧은 유통 체인을 통해 지역 경제를 강화하고 환경적 지속 가능성을 촉진한다. 식품의 신선도가 보장되고, 운송으로 인한 탄소 발자국이 상대적으로 적으며, 지역 농민과 소비자 사이를 직접 연결한다. 아울러 로컬 푸드 유통이 활발한 시장은 온라인, 오프라인 그리고 지역 자체를 포괄하는 통합적 3대 축 플랫폼을 구축하기에 최적의 환경이다.

소비자들 사이에서 지역 생산자에 대한 선호도가 높아지면서, 로컬 푸드는 온라인과 오프라인 모두에서 활발히 유통되고 있다. 온라인과 오프라인 채널을 넘어 지역 자체를 하나의 도시 플랫폼으로 적극 활용하는 혁신적 크리에이터 기업의 입장에서 로컬 푸드 중심의 새로운 3대 축 플랫폼을 성공적으로 구축 및 실행할 수 있는 강력한 기반이 마련된 것이다.

특히 로컬 푸드 3대 축 모델이 효과적으로 작동하는 지역은 도시 주변의 생산자들이 도시민에게 근거리에서 식품을 공급할 수 있는 도농 복합 도시다. 이러한 지역에서는 로컬 푸드 3대 축 기업이 전국 단위의 식품 커머스 기업이나 전통적인 오프라인 식품 기업에 비해 물류 창고, 도매상 등의 유통 단계를 축소함으로써 비용을 절감할 수 있다. 아울러 스토리가 있는 생산자를 발굴해 지역사회와 관련된 스토리텔링 능력을 발휘하고, 지역사회와의 연계망을 통해 로컬 푸드 커뮤니티를 구축하면서 비교우위를 가질 수 있다.

로컬 푸드 기업의 3대 축

로컬 푸드 3대 축 기업은 지역에서 생산된 농산물을 기반으로 온라인과 오프라인 그리고 지역 자체 플랫폼을 포괄하는 옴니채널 접근 방식을 사용해 유통·마케팅·판매 활동을 한다. 이러한 통합적 접근 방식은 각각의 플랫폼이 제공하는 독특한 장점을 극대화하며, 지역사회와의 긴밀한 연결을 통해 더 깊이 있는 브랜드 가치를 구축할 기회를 제공한다.

시장을 확장하는 온라인 플랫폼

온라인 플랫폼은 로컬 푸드 기업에 필수적인 도구다. 기업은 웹사이트, 소셜 미디어, 전자 상거래 플랫폼 등을 활용해 제품을 홍보하고, 디지털 마케팅 전략을 펼친다. 온라인에서 존재감을 발휘하면서 기업은 소비자에게 편리하고 접근하기 쉬운 쇼핑 경험을 제공하며, 로컬 푸드의 가치와 생산자의 스토리를 널리 전파할 수 있다. 또한 온라인 플랫폼은 지역 내 소비자뿐만 아니라 지역 외 소비자도 접근할 수 있기에 시장을 확장하는 데 기여한다.

특히 온라인 플랫폼의 선주문 및 결제 시스템은 식품 생산자와 소상공인에게 큰 이득을 준다. 상품을 수요에 맞춰 적시에 공급하는 것이 어려울 경우, 온라인을 통해 미리 주문을 받음으로써 생산 계획을 보다 효율적으로 세우고 재고 관리의 부담을 줄일 수 있다. 이는 오프라인 매장 운영의 복잡성을 해소하고, 생산자와 소비자 사이의 직접적 연결을 강화하는 데도 기여한다.

핵심 도구, 오프라인 플랫폼

오프라인 플랫폼은 로컬 푸드 기업의 핵심 전략 중 하나다. 기업은 물리적 매장, 로컬 파머스 마켓, 팝업 스토어, 커뮤니티 이벤트 등 다양한 형태로 소비자와 직접적인 접점을 만든다. 그러면서 소비자에게 제품의 품질을 직접 체험할 수 있는 기회를 제공하며, 이를 통해 신뢰를 구축하고 소비자 만족도를 높인다. 또한 오프라인 활동은 기업에게 있어 지역사회와의 관계를 강화하는 중요한 역할을 한다.

최근 세계적인 유통 대기업들이 오프라인 매장을 확장하고 있다. 이런 추세는 오프라인 매장이 단순한 판매 공간을 넘어 브랜드 경험을 제공하고, 고객과의 소통을 원활하게 하는 중요한 장소 역할을 한다는 것을 보여준다. 로컬 푸드 기업에도 시사하는 바가 크다. 오프라인 매장은 소비자가 지역 생산품의 스토리와 가치를 이해하고, 생산자와 직접적인 연결을 느낄 수 있는 공간으로 작용한다. 또한 지역사회 내에서 지속 가능한 소비문화를 조성하고, 로컬 푸드의 가치를 널리 전파하는 데 핵심 역할을 한다.

따라서 로컬 푸드 기업은 온라인 플랫폼의 편리함과 접근성에 더해, 오프라인에서 제공하는 깊이 있는 브랜드 경험과 직접적인 소비자 관계를 활용해 로컬 푸드 시장에서의 경쟁력을 강화할 수 있다. 이는 소비자가 지역 생산품에 더 깊은 관심을 갖고, 지역 경제의 성장을 지원하는 결과로 이어진다.

스토리를 제공하는 도시 플랫폼

도시 플랫폼은 로컬 푸드 기업에 단순한 유통 채널을 넘어 중요한 전략적 자원을 제공한다. 무엇보다 기업이 활동하는 지역의 문화를 브랜드의 핵심 가치로 삼아 그 지역에 깊이 뿌리내린 독특한 정체성을 발굴하고, 이를 통해 소비자와의 강력한 연결 고리를 형성하는 중요한 매개체가 된다.

현대의 소비자, 특히 밀레니얼 세대와 Z세대는 단순한 제품 구매보다 그 제품의 배경 스토리와 가치에 더 큰 의미를 둔다. 도시의 정체성을 중심으로 한 충성 고객 커뮤니티 구축이 더욱 중요해지고 있는 이유다. 소비자는 자신의 구매 행위가 지역 경제를 지원하고, 지속 가능한 생산 방식을 촉진하며, 지역 커뮤니티에 긍정적인 영향을 미친다는 사실을 알고 싶어 한다.

로컬 푸드 기업은 지역 생산자와의 협업, 지역사회를 위한 이벤트 개최, 지역 문화와 연결된 제품 개발 등을 통해 지역사회와 긴밀한 관계를 유지한다. 이런 활동은 지역사회 내에서 기업의 가시성을 높이고, 소비자에게 지역에 대한 자부심을 고취시킨다.

로컬 푸드 3대 축 기업은 온라인과 오프라인 활동을 통해 광범위한 시장에 도달하는 동시에, 지역을 도시 플랫폼으로 활용해 지역사회와의 연결을 강화하고 지역 경제에 기여할 수 있다. 그래서인지 국내외에서 로컬 푸드 3대 축 기업에 대한 사회적 관심이 높다.

해외의 로컬 푸드 기업: 포틀랜드 뉴시즌스마켓

뉴시즌스마켓New Seasons Market은 로컬 푸드 문화가 발달한 포틀랜드를 대표하는 유기농 슈퍼마켓이다. 로컬 푸드 3대 축 기업의 대표적 예로서 온라인, 오프라인 그리고 도시 플랫폼을 통합적으로 활용해 지역사회에서 지속 가능한 식품 시스템을 구축하고 있다. 2000년 포틀랜드의 롤리힐스에서 문을 연 이 회사는 지역 커뮤니티를 중심으로 한 식품 판매에 초점을 맞춰왔다.

온라인에서 뉴시즌스마켓은 디지털 커머스에 적극적이며, 최근에는 디지털 컨설팅 기업 그레이박스GRAYBOX와 협력해 휴일 식사를 예약할 수 있는 맞춤형 전자 상거래 웹사이트를 개발했다. 이 웹사이트는 뉴시즌스마켓이 온라인에서도 고객에게 우수한 서비스를 제공하고, 특히 바쁜 휴일 시즌에 신선한 지역 식품을 쉽게 접할 수 있도록 만든다.

오프라인에서 뉴시즌스마켓은 19개의 포틀랜드 메트로 매장을 통해 고객이 지역 농산물, 장인 제품 그리고 유기농 식품을 직접 체험하고 구매할 수 있는 공간을 제공한다. 매장은 단순한 쇼핑 공간을 넘어 지역사회의 중심지 역할을 하며, 지역 생산자와 소비자를 연결하는

━━ 뉴시즌스마켓은 다양한 로컬 푸드를 고객들에게
제공한다.

중요한 매개체로 작용한다.

도시 플랫폼으로서 뉴시즌스마켓은 최고의 쇼핑 경험 제공이라는 목표 아래, 지역사회에 긍정적 영향을 미치는 다양한 정책과 프로그램을 실행한다. 지역 농민과 예술가를 지원하고 비영리 단체와 협력하며, 지역사회 발전을 위해 이윤의 일부를 기부하는 등의 활동이다.

이러한 통합적 접근 방식은 뉴시즌스마켓이 로컬 푸드 3대 축 기업으로서 어떻게 성공적인 모델을 구축했는지 잘 보여준다. 뉴시즌스마켓의 사례는 로컬 푸드 3대 축 플랫폼을 통한 지속 가능한 사업 모델에 대한 영감을 제공한다.

국내의 로컬 푸드 기업: 시흥 동키마켓 프로젝트

한국 내 로컬 푸드에 대한 관심도 증가하는 가운데, 2021년부터 2022년까지 운영된 시흥시의 동키마켓 프로젝트가 눈길을 끈다. 중소벤처기업부와 소상공인시장진흥공단의 지원을 받고 로컬 기획사 (주)컬쳐네트워크가 운영한 이 프로젝트는 '동네를 키우는 마켓'으로 불리며, 온라인과 오프라인 그리고 도시 자체를 아우르는 옴니채널 유통 시스템을 통해 지역 생산품과 소비자를 직접 연결하는 지역 순환 경제 모델을 구축했다. 동키마켓은 지역 경제를 활성화하고 지속 가능한 소비문화를 조성하는 데 중요한 역할을 했으며, 로컬 푸드 3대 축 플랫폼의 의미 있는 사례로 평가받았다.

동키마켓은 온라인 앱을 통해 지역 생산품을 소비자에게 직접 판매했다. 시흥에서 활동하는 로컬 푸드 커머스 앱 팜닷을 확장한 서비스였다. 온라인 시장에 지역 생산품을 소개하고 모바일 시루 같은 지역 화폐를 활용해 결제할 수 있도록 함으로써, 지역 경제를 활성화하고 소비자에게는 유통 비용 절감의 혜택을 제공했다.

오프라인 동키마켓은 동네 슈퍼마켓 등을 활용해 실제 매장에서 소비자가 상품을 수령할 수 있도록 했다. 온라인으로 주문하고 오프라인으로 수령하는 옴니채널 전략을 채택함으로써, 소비자에게는 신선한 지역 생산품에 대한 접근성을 높이는 동시에 동네 슈퍼마켓에는 신규 고객 유입의 기회를 제공했다.

아울러 동키마켓은 시흥시라는 지역 자체를 하나의 큰 도시 플랫폼으로 활용함으로써 지역 내에서 생산, 유통, 소비가 이루어지는 순환 경제 모델을 구축해 지역 생산자의 판매 활로를 넓혔다. 소비자가 지역 생산품을 저렴하게 구매함으로써 지역 경제 전체의 성장이 촉진됐다.

동키마켓은 온라인과 오프라인 그리고 지역을 통합적으로 활용하는 전략으로, 지역 생산자와 소비자를 연결하고 지역 경제의 순환을 강화하는 3대 축 기업의 조건을 충족한 사례다.

로컬 푸드 기업이 성공하려면

로컬 푸드 3대 축 모델이 여러 장점을 가지고 있지만, 동키마켓이 중앙정부 지원으로 한시적으로 운영된 상황을 고려할 때 한국에서 성공적인 로컬 푸드 3대 축 사업 모델을 구축한 기업은 아직 없다고 평가할 수 있다.

그럼에도 로컬 푸드 3대 축 모델은 지속 가능한 식품 유통과 지역 경제 활성화를 위한 크리에이터 비즈니스로서 계속 도전할 만한 가치가 있다. 창의적으로 디자인하고 실행한다면, 이 모델은 지역 생산자와 소비자 모두에게 이익을 주고, 환경적 지속 가능성을 촉진하는 혁신적 사업으로 성공할 수 있다.

팜닷의 운영자가 나에게 동키마켓 프로젝트를 통해 얻은 경험과 교훈 몇 가지를 공유해주었다. 첫째, 로컬 푸드 산업과 유통업 사이의 교집합을 찾아내 독특한 가치를 창출하는 것이 중요하다. 이는 로컬 푸드 산업이 식재료에 국한되지 않고, 장기적으로는 지역 크리에이터와 생산자의 다양한 상품을 포함한 플랫폼으로 발전해야 한다는 의미다.

둘째, 유통 단계를 최소화하고 물류 창고 건설을 줄임으로써 비용 절감을 실현하고, 지역 단위에서 경쟁우위를 확보하는 전략이 필요하다.

셋째, 클래스, 시식, 생산지 체험 등 오프라인 매장에서의 다양한 활동을 통해 소비자와 생산자 간 신뢰를 구축하는 것도 필요하다.

넷째, 사업 초기 단계에서 계획했던 지역 범위를 넘어 스토리가 있는 상품을 발굴하고 유통하는 유연성을 갖춰야 한다.

다섯째, 사업을 지속하기 위해서는 투자와 인내를 통해 필수 소비자 기반을 확보해야 하며, 시장 규모를 확장하기 위해 정부 지원 사업에 참여하는 것도 중요하다.

이러한 조언은 로컬 푸드 유통 사업에 도전하는 미래의 사업자들에게 실질적 가이드라인을 제공하며, 로컬 푸드 산업의 혁신과 지역 경제 활성화에 기여한다는 방향성을 제시한다.

로컬 푸드 3대 축 모델의 성공은 지역사회와 환경에 긍정적 영향을 미치며, 로컬 푸드 시장의 새로운 가능성을 열어줄 것이다. 한국 로컬 푸드 시장에서, 특히 로컬 푸드 직매장이 활성화된 완주, 세종, 옥천 같은 지역에서 로컬 푸드 3대 축 모델에 도전하는 기업과 크리에이터가 나오길 바란다.

3대를 아우르는
크리에이터 도시

한국에서 앞으로 소셜 섹터 크리에이터가 활발하게 활동할 분야는 가족이다. 동아시아의 가족해체는 심각한 수준이다. 일전에 한 영국 주간지가 동아시아도 서양처럼 가족의 개념을 동성 커플, 비혼 가구, 위탁 가정까지 확대해 '새로운' 가족의 입양과 출생을 장려해야 한다는 훈계조의 기사를 냈을 정도다.

동양의 가족제도에 대한 서구 지식인의 훈수, 솔직히 떨떠름하다. 적어도 가족제도에 대해서는 동양이 우월하지 않을까? 그래도 인정할 것은 인정하고 가족해체에 대한 한국만의 해법을 주체적으로 찾아야 한다. 우리가 의식하지 못하는 사이 한국의 가족은 약화됐고, 가족의 육아 기능이 제대로 작동하지 않으면서 저출생 현상이 나타나고 있다.

위 영국 주간지의 제안 중 보호 대상 아동의 입양은 한국 사회가 오랫동안 고민해온 문제다. 기사가 지적한 대로 한국 사회는 아동의 국내 입양을 늘리기 위해 계속 노력해야 한다.

하지만 한국 상황에서 동성 커플 입양, 사실혼 관계에서의 출생, 미혼모 출생을 적극적으로 수용하기는 어렵다. 예컨대 동성 커플 입양을 허용하려면 동성 결혼을 먼저 허용해야 하는데 결코 쉬운 일이 아니기 때문이다. 가족의 확장을 한국식으로, 즉 한국의 가치와 현실에 맞게 추진해야 한다는 얘기다. 가능성이 있는 방안이 3대 가족 문화의 복원이다.

전통적으로 한국 사회는 3~4대로 구성된 대가족제도를 통해 출생과 육아를 지원했다. 그런데 가족제도가 대가족에서 핵가족, 핵가족에서 1인 가구로 진화하면서 육아를 가족보다는 사회의 일로 여기는 분위기가 자리를 잡았다. 전문가들도 가족제도보다는 복지제도에서 출생률 제고 방안을 찾는다.

하지만 현장에서는 가족의 '전통적' 확장을 감지할 수 있다. 조부모의 육아에 정부가 보조금을 지급함에 따라, 가족 형태가 핵가족에서 3대 가족의 느슨한 연대로 복원되고 있는 것이다. 3대 육아 공동체는 주택과 주거지 선택에도 영향을 끼친다. 3대가 같이 생활할 수 있는 주택을 찾거나 친정 부모 근처에 살면서 육아 공동체를 만드는 자녀를 쉽게 만날 수 있다.

미국에서도 육아를 지원하기 위해 조부모 동거 가족이 늘어난다고 한다. 일부 가족은 조부모의 주거 공간을 확보하기 위해 마당에 별채를 짓는다. 최근 미국에서 인기를 끈 드라마 〈영 셸든Young Sheldon〉도 3대 가족 문화의 확산 현상을 보여준다. 극중에서 주인공 셸든의 외조모는 셸든의 집 건너편에 살면서 천재 아들을 키우기 위해 다양한 지원 기관을 찾아다니는 딸 가족을 돕는다.

3대 육아 공동체가 바람직한 가족 확장의 방식이라면, 한국 사회는 이를 활성화하기 위해 무엇을 해야 할까? 조부모의 손자·손녀 육아 지원에 대한 보조금 확대가 좋은 출발점이다. 조부모의 '일방적' 희생을 요구하는 게 아니다. 요즘 MZ세대를 보면 기성세대와 다른 조부모 인식을 느낄 수 있다. 자신을 키운 조부모에 대해 부모 이상의 애정을 보이고 조부모 돌봄에 적극적으로 나서는 경우도 많다.

정부는 공간적으로도 3대 가족을 지원할 수 있다. 3대 가족 주택을 공급하는 것이다. 핵가족, 1인 가구 주택과 더불어 3대 가족 주택도 필요하다. 3대 가족이 한 집에 사는 주택을 말하는 것이 아니다. 3대 가족이 가까이에서 살 수 있는 구조의 공간과 인센티브를 제공해야 한다는 것이다.

싱가포르는 조부모·부모·자녀 세대가 함께 살 수 있도록 설계된 3세대 플랫3 Generation Flat을 구매하는 가족에게 보조금을 지원한다. 서울시도 노인과 자녀 가족이 가까이 살 수 있는 골드빌리지를 도입하는 등 세대 공존형 주택 정책을 추진하고 있다. 이를 통해 노인 고독사 문제와 자녀 양육 문제를 동시에 해결하고자 한다.

도시 공간 혁신을 주도하는 어번 크리에이터는 공유 주거, 임대 아파트, 3대 친화적 주택 및 주택 단지, 청년과 고령층 모두에게 친화적인 도시 설계 등 다양한 도시적 솔루션으로 3대 가족을 지원할 수 있다. 3대 주거지 및 3대 친화적 커뮤니티 공간 운영 등 소프트웨어 분야에서는 어번 크리에이터와 더불어 오프라인 크리에이터의 역할도 중요하다. 전통적인 가족의 가치와 현대 기술의 융합을 통해 새로운 형태의 3대 가족 문화를 창출하는 온라인 크리에이터의 활약도 기대된다.

공간에서 해법을 찾다 보면 결국 도시 디자인 문제로 귀결된다. 3대가 함께 모여 행복한 도시는 어떤 도시일까? 3대를 만족할 수 있는 직주락 센터, '3대 가족 근접 도시'로 요약할 수 있다. 3대가 함께, 그리고 따로 일하고, 즐기며, 생활할 수 있는 도시다.

2

기업에서
크리에이터 기업으로

4

조직은
어떻게 해체되고
재편되는가?

시스템에 도전하는
크리에이터의 진화

크리에이터 경제의 영역은 일반적으로 알려진 예술가와 소상공인 위주의 크리에이터 산업에 국한되지 않는다. 대기업이 장악해온 분야도 크리에이터 경제로 편입되고 있다. 그 대표적인 사례가 K팝이다.

K팝 산업이 크리에이터 사회로의 전환의 중심에 위치한 것은 놀랄 일이 아니다. 대중음악의 기본 단위가 아티스트(크리에이터)이기 때문이다. 2024년 4월 하이브는 자회사인 어도어의 민희진 대표를 업무상 배임 혐의로 고발했다. 민희진 대표는 이에 기자회견을 열고, 뉴진스 데뷔 과정부터 이어져온 모회사와의 갈등을 폭로해 큰 화제를 불러일으켰다. 연예계의 여러 고질적인 문제와 함께 '아티스트 주권주의'에 대한 논쟁도 재점화됐다.

민희진 대표는 과거 소녀시대를 시작으로 샤이니, 에프엑스, 엑소, 뉴진스까지 혁신적인 아티스트 브랜딩을 제시해온 것으로 유명하다. 민희진 대표를 둘러싼 논란은 크리에이터 중심의 가치를 지향하는 새로운 패러다임으로의 전환에 가해지고 있는 압력을 시사한다. 이 전환은 단기간에 이뤄지기 어려울 것이며, 앞으로 상당한 시간과 노력이 필요할 것으로 보인다.

사실 크리에이터 중심 사회에 대한 논의는 어제오늘의 일이 아니다. 그 출발점은 1990년대 초반으로 거슬러 올라간다. 당시 서태지는 기존 연예 시스템에 반기를 들고 아티스트로서의 주체성을 강력히 주장했다. 그의 행보는 이후 K팝의 성장과 한류 확산의 토대가 됐다.

서태지는 한국 대중문화 지형에 크리에이터 중심 패러다임을 도입한 선구자였다. 그는 당시 횡행하던 '노예 계약'의 문제점을 공론화하고 맞섰으며, 자신의 음반 판매량을 바탕으로 유리한 계약 조건을 관철시켰다. 그의 행보는 다른 가수들에게 선례가 되어 아티스트의 권리 신장에 기여했다.

또한 서태지는 2001년 서태지컴퍼니를 설립함으로써 아티스트 주도의 매니지먼트 시스템을 도입했다. 음악적 결정권과 수익 배분에서 아티스트의 주체성을 높이는 혁신적 사건이었다. 아울러 그는 아티스트와 방송국과의 관계에서도 변화를 이끌었는데, 음악적 신념을 굽히지 않고 방송 활동을 자제하면서도 대중적 인기를 이어갔다.

서태지는 기획사와 방송국 중심의 연예계 질서에 도전장을 내밀었고, 대중음악 산업 구조의 민주화와 선진화를 위한 동력을 제공했다. 그의 행보는 이후 등장한 뮤지션들이 음악적 정체성을 당당히 추구할 수 있는 기반을 마련해주었다. 한국 대중음악계에 아티스트 주권 시대의 서막을 연 선구자였던 셈이다.

서태지 이후에도 아티스트 주권을 향한 도전은 다양한 방식으로 이어졌다. 90년대 중후반 홍대 클럽을 중심으로 펼쳐진 인디 음악의 부흥이 한 예다. 수많은 인디 밴드가 드럭, 재머스, 롤링 스톤즈, 프리버드 등의 클럽을 기반으로 독자적인 음악 세계를 만들어갔다. 그들은 주류 음악과는 다른 방식으로 보다 자유롭고 실험적인 음악을 추구했다. 홍대라는 장소성도 이 과정에서 중요한 역할을 했는데, 홍대에 만연했던 자유로운 창작 정신과 독립성은 이후 등장한 수많은 뮤지션에게 영향을 주었다.

2000년대 이후에는 소위 '힙합 파문'으로 일컬어지는 한국 힙합의 붐이 일어났다. 다이나믹 듀오, 리쌍, 에픽하이 등 언더그라운드에서 출발한 힙합 아티스트들이 자신만의 음악 세계를 구축하며 대중적 인기를 얻기 시작한 것이다. 그들은 기존의 아이돌 음악과는 차별화된 음악적 정체성으로 주목받았다.

2010년대에 들어서는 자이언티, 크러쉬 등 다양한 뮤지션이 음원 사이트를 통해 직접 음원을 발매하거나 자체 레이블을 세우는 등 독자적인 행보를 보였다. 박재범은 JYP엔터테인먼트를 탈퇴하고 독립 레이블 AOMG를 설립하며 아티스트 주도의 음악 활동을 펼쳤다. 대형 기획사 중심의 산업 구조에 일종의 변화를 예고하는 사건이었다.

BTS의 성공 역시 아티스트 중심의 새로운 패러다임을 보여준 사례로 꼽힌다. 빅히트엔터테인먼트는 소속 아티스트에게 높은 자율성을 보장하고 그들의 창의성이 극대화될 수 있는 환경을 제공하는 것으로 알려져 있다. 멤버들이 작사, 작곡에 적극적으로 참여하고 자신들의 이야기를 음악으로 표현하는 방식은 기존 아이돌 그룹과는 차별화된 것이었다.

이러한 흐름은 최근 음원 플랫폼 시대를 맞아 더욱 가속화되는 양상이다. 유통 환경의 변화로 개인 창작자들이 직접 대중과 소통할 수 있는 통로가 열리면서, 다양한 스펙트럼의 음악이 쏟아지고 있다. 예를 들어 범 홍대권을 중심으로 활동하는 BANA(비스츠앤네이티브스) 소속 뮤지션들의 음악에서도 자유로운 창작 정신과 독립성의 맥락을 발견할 수 있다.

민희진 사태는 서태지가 30년 전 시작한 전쟁의 연장이다. 민희진 대표의 당찬 모습은 결코 우연이 아니다. 그녀는 확신에 찬 사람이다. 그 확신의 실체는 무엇일까?

일각에서는 민희진 대표를 페미니즘의 관점에서 해석하려 한다. 하지만 이는 적합하지 않아 보인다. 민희진 대표의 행보를 보면 여성 대 남성의 구도보다는, 크리에이터 대 기존 시스템의 구도가 두드러지기 때문이다. 그녀가 강조하는 것은 젠더 간의 평등이라기보다 창작자로서의 권리와 자유다.

또 다른 시각에서는 민희진 대표를 이기주의자로 몰아세우기도 한다. 하지만 만약 그녀가 자신의 이익만을 쫓는 이기주의자라면 굳이 위험을 감수하면서까지 전면에 나서지 않았을 것이다. 그녀의 행동에는 연예 산업을 넘어선 보다 근본적인 문제의식이 깔려 있다.

기자회견에서 화제가 됐던 "내가 기사 딸린 차를 타나, 술집에서 술을 먹나, 골프를 치나"라는 발언에서는 기성 사회에 대한 그녀의 시각이 여실히 드러난다. 이 발언은 한국 사회에서 성공의 상징으로 여겨지는 것들, 즉 권력과 부, 지위를 과시하는 행위를 일축하는 것이다.

이로써 민희진 대표가 반대하는 세계가 무엇인지 분명해졌다. 바로 한국의 기성세대 문화다. 그렇다면 민희진 대표가 지향하는 세상은 무엇일까?

그 답은 아마도 '크리에이터 사회'에서 찾을 수 있을 것 같다. 크리에이터 사회는 개인의 창의성과 다양성이 존중받고, 자유로운 창작 활동이 보장되는 사회다. 민희진 대표가 아티스트에 대한 존중과 공정한 대우를 강조하는 것은 바로 이런 사회를 향한 의지의 표현이 아닐까?

물론 크리에이터 사회로의 전환이 하루아침에 이뤄질 수는 없다. 기득권 세력의 저항이 만만치 않을 것이며, 제도와 인식의 변화에도 상당한 시간이 걸릴 것이다. 하지만 민희진 대표의 도전은 분명 한국 사회에 의미 있는 화두를 던져주고 있다. 우리가 어떤 사회를 원하는지, 그리고 그 사회를 위해 무엇을 해야 할지 진지하게 고민해볼 수 있는 계기가 마련된 셈이다.

앞으로 민희진 대표의 행보가 어떤 결실을 맺을지 지켜볼 일이다. 그 과정이 순탄치는 않겠지만, 크리에이터의 권리와 창작의 자유를 향한 그녀의 투쟁이 결코 헛되지 않기를 기대해본다. 지금 벌어지고 있는 '민희진 전쟁'이, 한국 사회가 크리에이터 사회로 나아가는 데 있어 촉매제 역할을 할 수 있기를 기대해본다.

민희진 대표의 행보는 창작자 대 기존 시스템의 대결 구도를 형성하고 있다. 민희진 대표는 아티스트의 음악적 권리를 주장하는 동시에 자유롭고 주체적인 삶의 방식을 지향한다. 서태지가 아티스트의 주체성과 권리를 위해 싸웠다면, 민희진 대표는 그 정신을 계승해 오늘날 크리에이터 사회를 향한 도전을 이어가고 있다.

크리에이터 사회로 전환하는 과정에서 우리 사회 구성원 모두는 창작자의 가치를 인정하고, 그들이 자유롭게 창작 활동을 영위할 수 있도록 뒷받침해야 한다. 법과 제도의 정비, 사회적 인식의 변화, 그리고 창작자들의 자각과 연대가 필요하다.

서태지에서 민희진으로 이어지는 아티스트들의 도전은 우리 사회가 창작자 중심으로 나아가기 위해 무엇이 필요한지를 끊임없이 환기시킨다. 때로는 생경하게 느껴질 수 있는 그들의 행보는 사실 우리 모두를 위한 밑거름이 될 것이다.

다양한 창작자들이 자신의 가치를 인정받으며 꿈을 펼칠 수 있는 세상, 그것이 크리에이터 사회가 지향하는 미래의 모습이다. 우리 각자가 일상의 자리에서 그 변화에 동참할 때, 진정한 의미의 크리에이터 사회로의 전환이 가능해질 것이다.

크리에이터 시대의
기업 전략

대기업들이 MZ세대 직원들의 잦은 이직과 부업으로 골머리를 앓고 있다. 언론에서는 그 원인으로 MZ세대의 개인주의 문화와 경제적 불안감을 지목한다. 하지만 더 근본적인 이유는 MZ세대에게 크리에이터라는 매력적인 대안이 생겼기 때문이다. 크리에이터는 자신이 좋아하는 콘텐츠를 만들고, 독립적으로 일하며, 때로는 대기업 직원 못지않은 수입을 올린다. 자유로운 라이프스타일까지 누릴 수 있으니 청년들에게 매력적인 직업으로 각광받는 것은 당연하다.

실제로 2024년 4월 신한은행의 〈보통사람 금융생활 보고서〉에 따르면, 경제 활동자의 16.9%가 본업 외 부업을 병행하는 'N잡러'인 것으로 나타났다. 크리에이터로 활동하는 비율이 가장 높은 것은 30대로 30대 N잡러 중 크리에이터/블로거의 비율은 28.4%에 달했다. 크리에이터에 대한 선호는 Z세대에서 더욱 두드러진다. 초등학생이 선호하는 직업 상위권에 유튜버가 꾸준히 이름을 올리고 있어, 앞으로도 크리에이터의 인기는 계속될 것으로 보인다.

크리에이터의 영역은 이제 온라인을 넘어 오프라인 도시로까지 확장되고 있다. 웰니스·아웃도어·양조 테마의 공간 및 복합문화공간을 기획하고 운영하는 창조적 사업가들이 등장했다. 온·오프라인을 넘나들며 도시와 공간을 창조적으로 설계하는 크리에이터들의 활동 영역은 더욱 넓어질 전망이다.

이런 크리에이터 열풍은 직장 내에서도 감지된다. MZ세대 직장인들은 유연근무제, 재택근무 확대, 휴가지에서 일할 수 있는 워케이션, 부업 허용 등을 요구한다. 정해진 시간에 출퇴근하며 상사의 지시를 받아 정형화된 업무를 수행하기보다, 자율성과 창의성을 발휘할 수 있는 근무 환경을 갈망한다. 지속적으로 확장되는 크리에이터 경제는 현대 비즈니스 환경에서 필수적인 고려 사항으로 자리 잡았다.

불확실성의 시대에 생존하는 법

기업들이 마주한 상황을 한마디로 표현하면 '불확실성'이다. 모든 기업이 아직은 크리에이터 문화를 어느 정도 수준에서 수용할지 고민하고 있다고 보는 것이 맞다. 인플루언서와 협업하고, 사내 인플루언서를 지원하며, 다양한 직업을 병행할 수 있게 하는 등 기업들은 이 변화하는 환경에 적응하기 위해 다양한 전략을 채택하고 있다. 일부 기업은 직원들의 인플루언서 활동이나 부업에 개방적이라고 하지만, 실제로는 평가와 관리 중심의 기업 문화가 지배적이어서 크리에이터 문화를 수용하기 어렵다.

그럼에도 기업의 직원 역량 개발 정책은 시대의 변화에 맞춰 꾸준히 진화해왔다. 과거에는 훈련을 통해 기본 역량을 제공하는 데 초점을 맞췄지만, 현재는 자기계발 지원을 통해 직원 스스로 학습하고 성장하는 능력을 키우는 데 중점을 두고 있다. 앞으로 기업은 직원의 퍼스널 브랜드를 구축하고 크리에이터 활동을 지원함으로써 직원 개개인이 자신의 잠재력을 최대한 발휘해 기업의 성장에 기여할 수 있도록 돕는 방향으로 정책을 확대할 것이다.

현실과 이상 사이에 적절한 타협점을 찾는다면, MZ세대 CEO 김가현이 《MZ를 경영하다》에서 언급한 바와 같이 크리에이터 문화를 직원에 대한 자기계발 지원과 연계해 "조직과의 싱크를 맞추며 개인의 성장을 지원하는" HR(인적 자원) 시스템을 운영하는 것일 것이다. 기업은 크리에이터로서 일하고 생활하고자 하는 구성원의 욕구를 만족시키는 방법을 모색함과 동시에 크리에이터 경제가 주는 기회를 적극 활용해야 한다.

HR만이 크리에이터 문화의 영향을 받는 것은 아니다. 크리에이터 문화가 주거 환경, 사무실, 기업 전략에 미치는 영향도 증가하고 있다. 주거 형태의 변화를 살펴보자. 정부나 기업 모두 크리에이터 라이프스타일을 추구하는 1인 가구의 증가에 대해 1인 가구 주택의 공급을 늘리는 것으로 대응한다. 그러나 직장이나 상업 지구와 가까운 주택을 선호하는 1인 가구가 도시 외곽의 신도시에 들어선 주택에 만족할지는 불투명하다. 크리에이터 라이프스타일이 대표하는 유연성, 독립성, 이동성을 만족시키는 회사 인근 공유 주택의 보급이 보다 효과적인 대안일 수 있다.

사무 공간의 재구성은 기업에게 한층 더 시급한 문제다. 코로나19

팬데믹으로 재택근무와 워케이션이 생활화되면서, 본사 사무실의 고정된 자리에서 상시 근무하는 문화가 무너졌다. 기업은 직원들이 거주지에 사무실을 꾸릴 수 있도록 지원하고 주거지 인근의 공유 사무실 이용을 장려함으로써 노마드 라이프스타일을 지원하는 추세다. 사무실 내부 구조도 바뀌고 있다. 상시 근무자가 줄어듦에 따라 많은 기업이 고정된 자리를 제거하고 공유 공간을 넓히는 유동적인 사무실 디자인을 도입하고 있다.

크리에이터 경제의 플랫폼도 기업 전략에 영향을 미친다. 크리에이터가 온라인·오프라인·도시 플랫폼을 전략적으로 활용하는 것처럼 기업도 이 3대 축을 전략적으로 활용할 필요가 있다. 3대 축의 각 영역에 독립적인 플랫폼을 구축하고 이를 통합하는 것이다. 이는 기업이 크리에이터 경제 내에서 자신의 위치를 확고히 하고, 다양한 채널을 통해 소비자와의 접점을 확대하려는 시도로 볼 수 있다.

인력 관리, 집과 사무실의 재구성, 3대 축 플랫폼 진출이 크리에이터 경제의 확산에 따른 대응으로 충분할지는 아직 불확실하다. 크리에이터 경제의 본질은 개인의 창의성과 독립성에 있으며, 이는 전통적인 기업 구조와는 근본적으로 다른 방향을 가리킨다.

기업이 진정으로 크리에이터 경제의 확장에 대응하려면, 모든 직원을 크리에이터로 인식하고 지원하는 문화를 내재화해야 한다. 고정된 업무를 지속적으로 수행하는 인력을 모집하는 전통에서 벗어나, 크리에이터 중심으로 조직과 업무 방식을 바꿔야 한다는 얘기다.

직원을 브랜드로 만들기

모든 사람이 크리에이터를 희망하는 것은 아니다. 그래도 기업은 크리에이터를 수용할 수 있는 조직 문화를 채택해야 한다. 본질적인 차원에서는 크리에이터와 일반 직원의 욕구가 크게 다르지 않기 때문이다. MZ세대는 직장을 단순히 돈을 버는 곳이 아니라, '개인적인 성장'과 만족을 추구하는 곳으로 인식한다. 개인적인 성장이란 무엇일까? 단순히 회사에서 일을 잘하는 사람이 된다는 의미일까? 그것만이 전부는 아닐 것이다.

진정한 의미의 성장은 퍼스널 브랜드를 구축함으로써 달성할 수 있다. 즉, 회사가 개인을 단지 회사 내부에서만이 아니라 시장에서도 인정받을 수 있는 브랜드로 만들어주어야 한다는 것이다. 이는 크리에이터와 일반 직원 모두가 원하는 것이다. 크리에이터는 자신만의 콘텐츠를 통해 개인 브랜드를 구축하고자 하며, 일반 직원 역시 자신이 전문성과 가치를 인정받는 브랜드로서 성장하기를 원한다. 따라서 기업은 모든 직원이 퍼스널 브랜드를 구축할 수 있도록 지원해야 한다.

그렇다면 회사는 직원을 진정한 의미의 브랜드로 만들기 위해 어떠한 노력을 해야 하는가? 많은 한국 대기업이 사내 피트니스 센터, 업무 혹은 재충전을 위한 해변 호텔과 같은 다양한 복지 혜택을 통해 '워라블work-life blending' 직장 문화를 선도하고 있다고 한다. 이러한 접근은 직원들의 복지를 강화하고 만족도를 높이는 데 분명히 긍정적인 영향을 미친다. 하지만, 이것만으로는 직원들이 자신의 퍼스널 브랜드를 구축하고 진정한 의미의 성장을 이루기에 부족하다.

넷플릭스는 직원을 브랜드로 만들어주는 대표적인 기업으로 꼽힌다. 넷플릭스의 공동 창립자이자 CEO인 리드 헤이스팅스는 회사를 프로 스포츠 구단과 같이 경영한다고 선언했다. 각 분야에서 최고의 인재를 모으고, 그들이 잠재력을 최대한 발휘할 수 있는 환경을 조성하는 데 중점을 둔다는 것이다. 넷플릭스에서는 직원들이 자신의 업무에 대한 책임감을 가지고 독립적으로 행동할 수 있도록 격려하며, 이를 통해 각 직원은 자신의 퍼스널 브랜드를 구축하고 시장에서 인정받을 수 있는 기회를 얻는다.

리드 헤이스팅스와 에린 마이어가 공동 저술한《규칙 없음》을 통해 넷플릭스의 전략을 깊이 이해할 수 있다.《규칙 없음》은 자유와 책임, 창의성을 강조하는 넷플릭스의 기업 문화와, 이를 통해 직원들이 어떻게 자신의 역량을 최대한 발휘하는지를 상세히 설명한다. 넷플릭스의 문화는 직원들이 스스로를 마치 팀의 주요 선수처럼 여기게 하며, 자신의 역할을 통해 회사의 성공에 기여할 수 있도록 동기를 부여한다. 결과적으로, 넷플릭스 직원들은 개인의 성공이 곧 회사의 성공으로 이어진다는 것을 명확히 인식하며, 이는 그들이 자신의 퍼스널 브랜드를 강화하고 전문 분야에서 리더로 자리매김하는 데 중요한 역할을 한다.

넷플릭스의 사례는 한국 기업들에게 직원 브랜드화를 위한 방향성을 제시한다. 한국 기업들이 직원의 퍼스널 브랜드 구축을 지원하기 위해서는 넷플릭스와 같이 자율성과 책임감을 강조하는 기업 문화를 조성해야 한다. 이와 더불어, 〈포브스〉와 〈하버드비즈니스리뷰〉 등에서 제시한 퍼스널 브랜딩 전략을 참고해 보다 체계적인 직원 브랜드화 방안을 모색할 필요가 있다.

진정한 개인 브랜드의 구축은 직원 개개인이 자신만의 독특한 가치를 창출하고, 이를 시장에서 인정받을 수 있도록 지원하는 것에서 시작된다. 이를 위해서 한국 기업은 다음과 같은 전략을 고려해야 한다.

> **개인의 목적과 사명을 정의하도록 지원** 직원들이 자신의 장기적인 비전과 사명을 정의할 수 있도록 돕는다. 이는 직원이 자신만의 가치가 무엇인지 명확히 하고, 이를 바탕으로 퍼스널 브랜드를 구축하는 데 필수적이다.
>
> **전문성 및 리더십 개발 프로그램 제공** 직원들이 자신의 전문 영역에서 권위자가 될 수 있도록 해당 분야의 전문성과 리더십 개발에 초점을 맞춘 교육과 멘토링 프로그램을 제공한다.
>
> **대외적인 노출 기회 제공** 직원들이 자신의 전문 지식과 인사이트를 공유할 수 있는 기회를 제공함으로써, 외부에서도 그들의 전문성과 브랜드 가치를 인정받을 수 있도록 한다. 콘퍼런스 발표, 전문가 칼럼 기고, 워크숍 주최 등을 고려할 수 있다.
>
> **개인적 업적의 대외 홍보를 지원** 직원들의 성과와 업적을 회사의 공식 채널을 통해 적극적으로 홍보함으로써, 그들의 개인 브랜드 가치를 시장에 알릴 수 있도록 지원해야 한다.

한국 기업이 위와 같은 전략을 통해 크리에이터와 일반 직원 모두가 각자의 퍼스널 브랜드를 시장에서 인정받을 수 있도록 지원한다면, 직원 개개인이 회사 내에서 만족하고 성장할 뿐 아니라 시장 전반에서 인정받는 전문가로 거듭날 수 있는 토대가 마련될 것이다. 이러한 접근은 직원들의 진정한 의미에서의 성장을 촉진하는 동시에, 기업의 브랜드 가치가 시장에서 긍정적으로 인식되도록 만드는 길이 될 것이다. 궁극적으로 기업과 직원이 함께 성장하는 선순환 구조가 만들어진다.

크리에이터 플랫폼으로 진화하라

직원을 브랜드로 만드는 것 외에 기업은 어떤 전략을 취해야 할까? 한마디로 요약하면 '크리에이터 플랫폼'이 되는 것이다. 사업 부서를 크리에이터 위주로 구성하고, 이들이 단기 프로젝트를 위해 모여 함께 작업을 수행하게 한 후 프로젝트가 완료되면 팀을 해체하는 방식이다. 이 방식은 개인의 창의적 기여를 촉진하고, 각 개인이 유연하고 개방적으로 다양한 프로젝트에서 협업하며 새로운 가치를 창출하게 한다.

크리에이터 문화를 조직에 수용한 대표적 기업으로는 마이크로소프트와 오토매틱Automattic을 들 수 있다. 마이크로소프트 CEO 사티아 나델라는 성장 마인드셋growth mindset 프로그램을 통해 지속적인 학습, 혁신 그리고 개인의 성장을 중시하는 조직 문화를 구축하고 있다. 성장 마인드셋 프로그램은 직원들이 기존의 경계를 넘어 자유롭게 아이디어를 제시하고 실현할 수 있는 기회를 제공함으로써, 개인의 창의성과 리더십이 자연스럽게 발휘되는 토대를 마련한다.

대표적인 성장 마인드셋 프로그램이 직원 해커톤hackathon이다. 해커톤은 직원들에게 일상 업무에서 벗어나 여러 학문 간 협력과 아이디어를 옹호하는 리더십 기술을 개발하는 기회를 제공한다. 어떤 직원이 사업 또는 사회적 가치가 있는 아이디어(해킹)를 제시하면, 같은 관심사를 가진 다른 직원들이 그 팀에 합류해 비즈니스 계획을 구체화하고, 시제품을 만들고, 회사에 공식적으로 제안한다. 우승 팀은 프로젝트를 실현하는 데 필요한 자금을 지원받는다.

직원을 크리에이터로 대우하는 것을 넘어 기업 자체를 크리에이터 조직, 즉 크리에이터 플랫폼 모델로 경영하는 기업도 등장하기 시작했다. 코로나19 팬데믹이 시작되기 전부터 원격근무를 전폭적으로 도입한 오토매틱이다. 개인 블로그 서비스인 텀블러와 워드프레스를 운영하는 이 회사는 전통적인 사무실 환경 대신 원격근무를 전면에 내세움으로써 직원들이 전 세계 어디에서나 유연하게 일할 수 있도록 한다. 직원이 자신의 창의적 공간에서 일할 수 있도록 함으로써 크리에이터 문화를 극대화하는 데 초점을 맞추는 것이다.

오토매틱은 분산된 직원들이 효과적으로 협업할 수 있도록 그랜드 미트업grand meetup 행사를 연례적으로 개최한다. 전 세계에서 온 직원들이 서로 얼굴을 맞대고 교류함으로써, 개인은 물론 조직 전체의 결속력이 강화된다. 새로운 직원이 동료들과 직접 만나 네트워크를 형성하고, 이를 통해 조직의 크리에이터 문화를 더욱 깊게 이해하고 수용할 기회를 제공하는 것이다.

이러한 방식으로 오토매틱은 크리에이터 중심의 운영 모델을 실천하며, 직원들이 어디에 있든 자신의 창의적 잠재력을 최대한 발휘할 수 있도록 돕는다. 단순한 기술 기업을 넘어, 지속적 혁신과 개인의 성장을 중시하는 조직 문화를 구축하고 있는 것이다.

장기적으로 볼 때, 크리에이터 플랫폼 모델은 기업이 끊임없이 변화하는 시장 환경에 더욱 효과적으로 대응하게끔 해줄 것이다. 아울러 직원은 크리에이터로서 자신의 창의성을 발휘해 기업의 성장과 혁신에 직접적으로 기여함으로써 기업이 지속 가능한 경쟁력을 갖추는 데 큰 역할을 할 것이다.

그러나 이러한 변화를 실현하기 위해서는 기업 문화의 근본적 전환뿐만 아니라 리더십, 직원 관리 방법 그리고 성과 평가 기준의 재정립이 필요하다. 결국, 크리에이터 경제의 무한 확장에 대응하기 위한 진정한 해결책은 기업이 내부적으로 혁신을 추구하고, 모든 구성원이 창의적 기여를 하는 환경을 조성하는 데 달려 있다.

창조적 사무실
만들기

◐

    크리에이터 경제의 관점에서 모든 공간은 창조성을 위한 것이다. 도시 설계자는 집, 사무실, 상가, 도시 등 모든 영역에서 구성원의 창조성을 극대화하는 공간을 디자인해야 한다. 인간이 인위적으로 개입하지 않은 자연 공간도 창조성을 기준으로 그 필요성을 확인할 수 있다. 일정 시간 주기적으로 자연과 더불어 생활하는 것이 크리에이터의 창조성을 제고하는 일이기 때문이다.

    이때 문제가 되는 공간이 사무실이다. 수익 극대화를 목적으로 하는 기업에서 구성원의 창의성이 얼마나 우선할까? 아무리 창의성을 중시하는 기업이라도 창의성이 효율성과 충돌한다면 후자를 선택할 것 같다.

    실제 작업 공간(사무실, 공장, 복지 시설 등 기업이 직원을 위해 만든 공간을 총칭한다)의 역사는 창의적 공간에 대한 기업의 의지를 의심하게 한다. 산업사회에서부터 하이테크 정보사회에 이르기까지 기업이 구축한 작업 공간은 창조 인재가 선호하는 공간이라고 보기 어렵다. 한마디로, 창조 인재가 좋아하고 머물고 싶은 공간이 아닌 것이다.

한편으로는 당연한 결과다. 어떻게 고용인이 고용주가 만든 공간을 좋아할 수 있겠는가? 특히 평가와 관리를 강조하는 산업사회 고용주가 만든 공간에는 불가피하게 통제 요소가 내재해 있다.

노동자가 기존의 작업 공간을 기피하는 또 다른 이유는 일에 대한 노동자의 태도가 부정적이기 때문이다. 일을 사랑하기를 원하는 고용주의 바람과 달리 많은 산업사회 노동자가 일보다는 여가에서 만족과 행복을 찾는다. 고용주가 아무리 노동자를 배려해 좋은 공간을 만들어도 고용인에게는 그저 일을 해야 하는 곳일 뿐이다. 하지만 일을 하고 싶어 하는 노동자도 있기 때문에 일에 대한 부담감만으로 회사 공간에 대한 기피를 설명하기는 어렵다.

이유가 무엇이든 어차피 일을 해야 한다면 노동자 입장에서 더 좋은 공간일수록 성과를 낼 때 유리하다. 자율적 환경을 중시하는 크리에이터는 본능적으로 창조성을 자극하는 공간을 선호한다.

기업들은 어떤 공간을 만드는가?

산업혁명이 시작될 때부터 기업은 공간을 통해 노동자의 생산성을 극대화하려고 노력했다. 공간 디자인은 단순히 공장과 유동 라인assembly line의 설계 문제가 아니었다. 19세기부터 많은 대기업이 생산, 복지, 주거를 통합한 새로운 기업 도시를 건설했다.

19세기 말 노동자가 최소한의 삶의 질을 향유할 수 있는 환경을 건설하는 것은 자본주의의 생존을 위해서 불가피했다. 영국 시인 윌리

━━ 산업혁명 시기 공장에서 21세기 미국 아마존의 '아마존 스피어'까지, 시대에 따라 노동 환경은 많은 변화를 겪었다.

엄 블레이크가 '악마의 맷돌Satanic Mill'이라고 불렀던 산업혁명 시기의 공장으로는 사회주의혁명을 막기 어려웠다. "(사회주의) 혁명이냐, (아파트) 건축이냐?" 20세기 초 도시 건축의 거장 르코르뷔지에가 자본주의 사회에 요구한 선택이었다. 열악한 환경에서 신음하는 노동자를 위한 아파트 도시를 건설해야 자본주의를 구할 수 있다는 것이 그의 신념이었다.

한국의 대기업도 포항, 울산, 거제, 평택 등에 많은 산업 도시를 건설했고, 그중 일부는 다른 나라에 모범이 될 수 있는 수준의 생활 환경과 복지 시설을 갖추었다. 그러나 이들 기업의 본사는 물론이고 산업 도시를 창의성을 유발하는 공간으로 인식하는 사람은 많지 않다.

창조 경제 대기업은 다를까? 적어도 표면적으로는 일반 대기업과 달리 공간의 창의성을 강조한다. 건축가 천의영은 《그리드를 파괴하라》에서 애플의 스페이스십spaceship(애플 파크), 페이스북(현 메타)의 뻥 뚫린 사무실, 구글의 투명 돔, 아마존의 정글 룸 등 세계적 기업의 새로운 사무 공간이 기존 그리드 구조의 공간을 파괴해 혁신을 유도하기 위한 시도의 결과물이라고 설명한다.

교육 전문가 이언 매킨토시는 혁신이 가능한 공간 유형을 개인이 조용하게 업무를 보는 사적 공간, 소규모 팀들이 협력하는 집단 공간, 영상이나 작품 등의 결과물을 공유하는 전시 공간, 아이디어를 직접 실험하는 수행 공간, 다양한 사람이 함께 사용하는 공공재 차원의 참여 공간, 정보를 얻고 교환하는 데이터 공간, 주변 환경과 활동을 지켜볼 수 있는 관찰 공간 등 7가지로 분류하고 이런 다양한 공간의 융합을 강조한다.

공간 융합, 특히 일과 여가의 통합은 창조 경제 기업이 우선적으로 추진하는 과제다. 그들은 전 세계 곳곳에서 전통적인 시장을 해체해 그동안의 형식을 무너뜨렸고 전대미문의 공간 실험을 통해 새로운 일터를 만들어내고 있다. 그들에게 일터는 놀이터이기도 하고 새로운 것을 만들어내는 창조 공간이기도 하다.

'일하면서 즐기자work and play'는 세계 최대 인터넷 기업 구글의 철학을 대표하는 구호다. 구글은 여유롭고 재미있게 일할 수 있는 환경이 혁신과 창조를 촉진한다는 생각으로 업무 공간에 카페, 커피 바, 피트니스 센터, 테라스 휴식 공간 등을 마련한 것으로 유명하다. 국내에서도 구글의 이러한 업무 공간 디자인이 유행처럼 확산하고 있다. '저녁이 있는 삶'을 지향하는 사람들은 여가와 여유를 즐기길 권장하는 구글 문화에 열광한다.

하지만 곰곰이 생각해보면 '일하면서 즐기자'와 '저녁이 있는 삶'은 조금 다른 맥락의 이야기다. 예컨대 '일하면서 즐기자'는 여가 시간을 늘리자는 의미라기보다 일하는 데서 즐거움을 찾자는 주장에 가깝다.

구글이 건설한 신사옥에는 호텔까지 있다고 한다. 밤새워 일하는 직원을 위한 숙박 시설이냐는 기자의 질문에 구글 관계자는 외부 파트너를 위한 공간이라고 답했지만, 주변에 호텔이 많은데 굳이 사내에 호텔까지 필요한지 의문스럽다. 오히려 '일하면서 즐기자'라는 철학을 밤까지 연장하려는 의도로 보인다.

물론 구글 같은 창조 기업이 일을 통한 창조성 생산을 주장하는 것은 당연하다. 창조는 절대적으로 많은 시간을 요구하는 행동이기 때문이다. 창의적 아이디어는 오랜 몰입, 사색, 고민, 교류와 대화, 현장 경험을 거쳐야만 얻을 수 있는 결과물이므로 일과 놀이를 동일시하지 않고서는 확보하기 힘들다. 경영사상가 말콤 글래드웰이 한 분야의 전문가가 되려면 최소 1만 시간을 투자해야 한다고 주장한 것은 창조 인재에도 그대로 적용된다.

창조 인재에게 재미와 놀이는 결국 일의 일부다. 생각이 막힐 때 물리적 환경을 바꾸거나 다른 시각을 가진 사람과 협업하며 새롭게 접근하는 '차원 이동'은 많은 전문가가 일의 능률을 높이기 위한 방법으로 권고하는 방법이다. 창조 기업에서 놀이 공간은 차원을 이동하는 수단 중 하나다.

창조적인 노동자에게 단순노동에서 벗어날 수 있는 경제적·시간적 여유가 필요하다는 생각은 사실 어제오늘의 이야기가 아니다. 2,500년 전 그리스 도시의 시민은 생계를 위해 노동을 하지 않아도 되는 자산가였다. 조선의 선비도 가정 살림을 돌보기는 했지만 생계를 위해 육체 활동을 하는 계급은 아니었다. 동서양을 막론하고 옛사람들은 육체적 노동에서 자유로운 사람만이 사회적으로 중요한 이슈를 논의하고 결정하는 능력이 있다고 여겼다.

그렇다면 과연 구글이 대기업의 오랜 숙제였던, 직원이 선호하는 창조 공간 설계 문제를 해결한 것일까? 사옥에 자유롭고 독립적인 공간을 제공하면 창조 인재가 창의성을 마음껏 발휘할까?

멋진 사무실이 창의성을 불러일으킬까?

구글이 구축한 창조 공간은 코로나19의 장벽을 넘지 못했다. 세계적 대기업의 창조 인재들이 팬데믹을 겪으며 회사 공간 자체에 대한 거부감을 나타내기 시작했기 때문이다. 팬데믹은 창조 공간에 대한 기존의 공식을 무너뜨렸다.

세계적 대기업들은 팬데믹에 대응하기 위해 대규모 원격근무 프로그램을 실행하며 도심 사무 공간을 비웠다. 회사 사무실을 떠난 직원들은 집이나 카페, 회사가 마련한 거점 공간에서 근무했다. 원격근무 실행 2년 후, 대기업들은 재택근무에 익숙해진 직원들의 사무실 복귀 거부로 새로운 공간 기준을 마련해야 하는 상황에 직면했다.

미국 기업들은 팬데믹 이후 3가지 주요 근무 형태를 채택하고 있다. 첫째, 풀타임 사무실 근무자full-time office worker는 전통적인 방식으로 회사의 실제 사무실에서 근무한다. 둘째, 하이브리드 근무자hybrid worker는 주 중 일부 시간은 사무실에서, 나머지 시간은 원격으로 일한다. 이 방식은 유연성이 높아 직원들 사이에서 인기가 높다. 셋째, 원격근무자remote worker는 주로 자택이나 다른 장소에서 원격으로 업무를 수행한다.

캘리포니아에 본사를 둔 현대캐피탈아메리카는 2023년 8월 기준으로 풀타임 사무실·하이브리드·원격 근무자가 각각 전체 직원의 3분의 1씩을 차지한다고 보고했다. 이 회사의 인사 담당자에 따르면 미국 서부가 동부보다 원격근무자의 비율이 높다고 한다. 한편, 미국 전체 노동자의 20%가 하이브리드 근무자나 원격근무자로 분류되며,

대학 졸업자 중에서는 44%가 유연근무 방식을 선호한다는 것이 미국 정부 자료를 통해 밝혀졌다. 교육 수준이 높을수록 유연한 근무를 더 선호하는 경향이 있다는 것을 보여주는 자료다.

현재 상황에서 재택근무와 사무실 근무 중 어느 쪽이 더 생산적일까? 어떤 결과가 나오든 아마 재택근무가 보편화되는 경향을 바꾸기는 어려울 것이다. 재택근무는 이미 하나의 문화이자 권리로 자리 잡았다. 창의 인재를 붙들어야 하는 기업은 이 새로운 환경에 적응할 수밖에 없다. 그러나 재택근무나 하이브리드 근무를 허용하는 것으로 기업의 고민이 끝나는 것은 아니다. 업무 공간이 본사 사무실, 거점 사무실, 재택 사무실(홈 오피스)로 분산됨에 따라 선택된 장소에 맞는 작업 환경을 디자인해야 한다.

기업들은 새로운 사무실 환경에 대응하기 위해 클라우드 기반 협업 도구, AI, 가상현실 같은 기술 솔루션을 활용해 재택근무자의 작업 조건을 개선하려 노력하고 있다. 이러한 기술은 팀원들 간의 원활한 소통과 협력을 가능하게 하며, 원격근무지에서도 생산성과 창의성을 유지할 수 있도록 지원한다. 하지만 기술 솔루션만으로는 충분하지 않다. 물리적 작업 공간을 디자인할 때도 동일한 수준의 혁신적 접근이 필요하다. 이는 재택근무와 하이브리드 근무 모델의 성공을 위한 필수 요소로, 업무 환경의 효율성과 직원의 복지를 모두 고려해야 한다.

새로운 공간 기준을 찾는 대기업은 라이프스타일의 변화에 유의해야 한다. 재택근무나 하이브리드 근무를 선택한 직원은 디지털 노마드에 해당하는데, 이들이 원하는 거주 공간과 작업 환경이 사무 공간 디자인에서 중요한 요소가 되고 있다. 그러므로 기업은 디지털 노마드 직원을 위한 가이드라인을 설정하고 지원을 모색해야 하며, 이들을 위한 공공 공간도 고민해야 한다. 예컨대 비정기적으로 본사를 방문하는 직원을 위한 공간, 그리고 각 거점 사무실은 본사와 다르게 설계되어야 한다.

디지털 노마드 경제의 사무 공간 디자인은 새로운 과제이며, 아직 세계적으로 기준 삼을 만한 사례는 없다. 그러나 본사 사무실, 거점 사무실, 재택 사무실로 나뉘는 분산 구조를 피할 수 없다는 사실은 분명하다. 기업은 통합 구조를 포기하고, 분산 구조가 창출하는 창조성 효과를 극대화하는 방법을 찾아야 한다. 진정으로 창의적인 공간을 원하는 기업이 성공하는 시대가 온 것이다.

크리에이터 플랫폼으로
전환하기

크리에이터 경제가 현재와 같은 속도로 확산하면, 공간과 HR 영역에서 크리에이터 문화를 수용하고 3대 축을 활용하는 비즈니스 전략만으로는 새로운 경제를 선도하기 어려울 것이다. 궁극적으로 기업 자체가 크리에이터 플랫폼 모델로 전환하는 것이 대안이다.

크리에이터 플랫폼 모델은 현대 비즈니스 환경, 특히 크리에이터 경제의 확장과 변화에 대응하기 위한 혁신적 접근법이다. 기업이 개별 프로젝트 중심으로 조직되며, 다양한 배경과 전문성을 가진 크리에이터가 임시로 팀을 형성해 특정 목표를 달성하는 구조다. 크리에이터 플랫폼은 위계질서 없는 홀라크라시holacracy 조직 모델과 유사하다. 조직을 작은 자율적 팀으로 나누고 역할 기반으로 운영하는 것이다. 크리에이터 플랫폼 모델의 강점은 기업에 유연성을 제공하고, 창의적 아이디어와 솔루션을 촉진한다는 것이다.

이 모델은 크리에이터가 자신의 일정을 자유롭게 관리하고 원격으로 유연하게 일할 수 있게 한다. 또한, 어떤 프로젝트에 참여할지 선택할 수 있는 독립성도 보장한다. 디지털 플랫폼과 커뮤니케이션 도구의 활용으로 크리에이터들은 전 세계 어디에 있더라도 함께 작업할 수 있으며, 이는 프로젝트 관리와 소통, 결과물 공유에 필수적이다. 프로젝트의 성공은 전통적인 시간이나 출석 기준 대신 성과와 기여도를 중심으로 평가된다.

크리에이터 플랫폼 모델은 혁신을 불러일으킨다. 다양한 배경을 가진 크리에이터가 모여 독특한 아이디어를 내놓을 수 있다. 필요에 따라 특정 기술이나 지식을 가진 사람을 팀에 합류시킬 수 있어 인력 구성의 유연성이 보장된다. 프로젝트별로 인력을 조정함으로써 불필요한 고정 비용을 줄일 수 있고, 이는 빠르게 변화하는 시장 환경에 신속하게 대응하는 데 큰 도움이 된다.

크리에이터 플랫폼 모델의 대표적 사례로는 자포스의 홀라크라시 경영 혁신 실험을 들 수 있다. 자포스는 홀라크라시를 통해 자율성과 유연성을 강조하는 조직 문화를 만들고자 했고, 이후 마켓플레이스 시스템으로 전환해 프로젝트 단위의 독립채산제self-supporting accounting system를 운영했다. 비록 자포스의 직원들이 완전한 의미의 독립 크리에이터는 아니었지만, 자포스의 실험은 전통적 기업이 크리에이터 플랫폼으로 진화하는 과정에 대한 중요한 시사점을 제공한다. 완벽한 전환이 아니더라도 단계적으로 자율성과 유연성을 높이는 방식을 통해 조직의 혁신 역량을 제고할 수 있음을 보여주었기 때문이다.

크리에이터 플랫폼의 운영 방식

크리에이터 플랫폼 모델을 성공적으로 도입하기 위해서는 개방적이고 유연한 조직 문화, 프로젝트와 팀을 효과적으로 관리할 수 있는 새로운 리더십 기법, 원활한 커뮤니케이션과 협업을 위한 기술적 인프라가 필요하다.

특히 크리에이터 플랫폼 모델에서 콘텐츠 제작은 매우 중요한 요소이다. 콘텐츠 제작시 회사와 크리에이터 직원 간의 협의가 이뤄지지만, 궁극적으로는 회사가 콘텐츠의 방향성과 내용을 결정하는 것이 일반적이다. 콘텐츠와 회사의 브랜드 이미지, 가치, 목표 등의 일관성을 유지하기 위함이다.

회사는 크리에이터 직원들에게 콘텐츠 제작에 필요한 자원 등을 지원하고, 콘텐츠의 질과 영향력을 관리·감독한다. 크리에이터 직원은 회사의 방향성과 가이드라인을 따르되, 자신의 전문성과 창의성을 발휘해 콘텐츠를 기획하고 제작한다.

효과적인 콘텐츠 제작을 위해서는 회사와 크리에이터 직원 간의 소통과 협력이 필수적이다. 양측은 공동의 목표를 향해 협력하는 한편, 크리에이터 직원의 자율성과 창의성이 최대한 보장될 수 있는 의사결정 구조와 거버넌스 체계를 마련해야 한다.

프로젝트 기반 크리에이터 플랫폼 모델은 창의성과 유연성을 필요로 하는 작업에 적합하다. 그러나 모든 직무가 이러한 형태로 운영될수 있는 것은 아니다. 기업의 일상적인 운영과 유지보수 작업을 담당하는 인력은 프로젝트 기반 모델에 적합하지 않다. 예를 들어, IT 시스템 관리, 시설 관리, 고객 서비스 및 지원과 같은 직무를 수행하는 직원은 조직의 안정성과 효율성을 보장하기 위해 일정한 주의와 노력을 기울여야 한다. 이러한 직무는 예측 가능한 근무 시간과 지속적인 책임감을 요구한다.

특정 전문 지식이나 기술이 필요한 직무를 수행하는 직원도 프로젝트 기반 모델보다는 전통적인 노동 구조에 더 적합할 수 있다. 예를 들어, 법률 자문, 회계, 그리고 일부 고급 기술 직무는 깊이 있는 전문 지식과 경험이 필요하며, 이러한 역할의 인력은 조직 내에서 안정적인 위치를 차지하는 것이 일반적이다.

마지막으로, 고위 관리직이나 핵심 전략을 담당하는 인력은 기업의 장기적인 방향성과 목표를 설정하고, 조직의 전반적인 성공을 위해 지속적으로 노력해야 한다. 이러한 역할은 기업의 핵심 가치와 비전에 깊이 연결되어 있으며, 단기 프로젝트의 성격을 띤 작업보다는 장기적인 관점의 안정적인 관리 작업을 수행한다.

풀타임과 파트타임 인력 동시에 활용하기

하이브리드 인력 모델은 풀타임 직원과 프로젝트 기반 크리에이터를 포함한 다양한 고용 형태의 인력을 동시에 활용하는 방식이다. 이 모델은 기업의 전략적 목표 달성을 위해 필요한 핵심 역량을 내부적으로 유지하면서도, 특정 프로젝트나 단기 목표를 위한 외부 전문가의 창의성과 전문성을 효율적으로 통합한다. 조직의 유연성과 창의성을 극대화하면서도 핵심 업무의 안정성과 지속 가능성을 보장하는 것을 목표로 한다.

하이브리드 인력 모델은 다양한 산업에서 점점 더 많이 채택되고 있으며, 특히 기술과 소프트웨어 산업, 크리에이티브와 디자인 산업, 금융 서비스와 컨설팅 산업 등 변화와 혁신이 빠르게 일어나는 분야에서 두드러지게 활용된다. 이러한 산업에서 기업들은 하이브리드 인력 모델을 통해 유연성과 혁신을 추구함으로써 복잡하고 빠르게 변화하는 현대 비즈니스 환경에서 경쟁우위를 확보하고 있다. 이 모델은 조직이 필요한 시점에 정확한 스킬셋을 가진 인력을 확보할 수 있도록 해주며, 동시에 핵심 역량을 내부에서 지속적으로 발전시키는 데 도움을 준다.

하이브리드 모델에서의 연결

하이브리드 인력 모델을 채택한 기업은 실질적으로 플랫폼 기업의 기능을 수행한다. 이들 기업은 다양한 인력 자원을 연결하고 조정하며 최적화하는 중심 역할을 한다. 플랫폼 비즈니스 모델은 가치를 창출하고 교환하는 데 있어 다양한 이해관계자 간의 상호작용을 용이하게 하는 구조다. 이러한 관점에서, 하이브리드 인력 모델을 운영하는 기업은 내부적으로도 외부적으로도 플랫폼 기업의 역할을 수행한다고 할 수 있으며, 이로써 혁신과 가치 창출의 새로운 방식을 모색하고 있다.

기업 내부적으로, 하이브리드 인력 모델을 채택한 기업은 인력 플랫폼으로 기능한다. 이들 기업은 풀타임 직원과 프로젝트 기반 크리에이터가 유연하게 상호작용하게 하면서 프로젝트의 요구에 맞게 팀 구성을 실시간으로 조정할 수 있다. 전통적인 인력 관리 방식을 넘어서, 다양한 스킬과 전문 지식을 필요에 따라 동원하고 조합하는 플랫폼의 역동성을 내부 조직 구조에 적용한 것이다.

외부적으로, 이러한 기업은 프리랜서, 독립 계약자, 그리고 기타 외부 크리에이터와의 네트워크를 통해 업계 전반에 걸친 혁신을 촉진하는 플랫폼 역할을 한다. 이들은 프로젝트의 특정 요구사항을 충족시키기 위해 외부 전문가를 적극적으로 활용함으로써 전문 지식과 창의성의 교류를 촉진한다. 이 과정에서 기업은 더 넓은 크리에이터 및 전문가 커뮤니티와 연결되며, 이러한 외부 자원을 조직의 내부 목표와 프로젝트에 통합해 가치를 창출한다.

하이브리드 인력 모델을 적용하는 기업은 다양한 인력 자원의 조합과 통합을 통해 전통적인 기업 구조에서는 불가능했던 혁신을 실현하고 가치를 창출한다. 빠르게 변화하는 시장 요구와 기술에 유연하게 대응할 수 있으며, 다양한 이해관계자의 기여를 최적화해 새로운 비즈니스 기회를 탐색할 수 있다.

더불어 이런 기업은 단순히 고용주와 근로자를 연결하는 것을 넘어서 다양한 크리에이터와 전문가가 상호작용하고 협력하는 플랫폼의 역할을 수행한다. 이러한 접근 방식은 기업 안팎으로 혁신과 가치 창출을 촉진하며, 기업이 경쟁력을 유지하고 성장할 수 있는 지속 가능한 방법을 제공한다.

기존 인력 모델을 유지하면서 기업 내 학습과 교육 분야에 크리에이터 플랫폼 모델을 제한적으로 도입할 수도 있다. 직무 교육 전문가 크리스 개보릿은 크리에이터 플랫폼이 직원들 간의 지식 공유와 협업을 활성화함으로써 조직의 학습 역량을 높일 수 있다고 주장한다.

직원들의 성공적인 업무 수행을 위해서는 공식적인 교육macro-learning과 함께 현장에서의 실천적 학습micro-learning이 필수적인데, 크리에이터 플랫폼 학습 모델은 이러한 실천적 학습을 촉진하는 데 특히 효과적이다. 직원들이 숏폼 동영상 등을 통해 자신의 지식과 노하우를 쉽게 공유할 수 있기 때문이다. 이렇게 축적된 콘텐츠는 다른 직원들의 적시 학습을 가능하게 한다. 개보릿은 크리에이터 플랫폼이 기업 내 학습과 혁신에 기여할 수 있는 방법을 제시한다.

크리에이터 플랫폼, 오래된 미래

최근 크리에이터 플랫폼이 새로운 비즈니스 모델로 각광받고 있지만, 이 모델은 사실 오래전부터 전문직 법인과 문화예술 기획사에서 활용되어왔다.

변호사, 회계사, 의사와 같은 전문직 종사자들은 개인 사무실을 운영하거나 법인을 설립해 활동한다. 이는 개인의 전문성을 기반으로 서비스를 제공하는 플랫폼 모델과 동일하다. 법인은 개인에게 업무 공간, 인프라, 행정 지원 등을 제공하고, 개인은 고객 확보, 수익 창출, 브랜드 구축 등을 책임진다.

문화예술 기획사는 가수, 배우, 작가 등 창작자들의 재능을 발굴하고 육성해 대중에게 선보이는 역할을 한다. 이 역시 크리에이터 플랫폼 모델의 대표적인 예다. 기획사는 창작자에게 교육, 홍보, 마케팅, 사업 지원 등을 제공하고, 창작자는 콘텐츠 제작, 공연, 출판 등을 통해 수익을 창출한다.

인터넷 등 기술의 발전은 크리에이터 플랫폼 모델의 진화를 가속했다. 온라인 플랫폼의 등장으로 개인은 쉽게 콘텐츠를 제작하고 공유할 수 있게 됐고, 크리에이터 경제가 성장하면서 개인의 창작 활동을 위한 다양한 기회가 생겨났다.

1980년대 앨빈 토플러는《제3의 물결》에서 정보 기술의 발달이 기업의 조직 구조에 가져올 변화를 예견했다. 그는 중앙집권적이고 위계적인 조직은 사라지고 개인의 창의성과 자율성이 발휘되는 탈중앙화된 네트워크 조직이 확산될 것으로 내다봤다. 토플러가 제시한 '전자 공간electronic cottage' 개념은 정보 기술을 활용해 시공간의 제약을 뛰어넘어 자유롭게 협업하는 오늘날 크리에이터 플랫폼의 모습을 선구적으로 예견한 것이다. 그의 저서에 등장하는 '탈대량화demassification'와 '탈중앙화decentralization'의 개념은 독립적 개인들의 전문성이 수평적으로 연결되는 크리에이터 경제의 특징과도 일맥상통한다.

크리에이터 플랫폼 모델은 과거부터 존재했던 구조이며, 기술과 시장 변화에 따라 진화해왔다. 앞으로도 이 모델은 더욱 다양한 분야에서 활용될 것으로 예상된다. 특히, 창의성과 유연성, 협업이 핵심 경쟁력인 기업에 가장 적합하다고 할 수 있다. 콘텐츠 산업의 기업, 기술

스타트업, 프로젝트 기반 전문 서비스 기업, 교육 및 인재 육성 기업 등이 대표적이다. 이들 기업에서는 다양한 배경의 전문가들이 협업하며 문제를 해결하는 것이 중요하기에 크리에이터 플랫폼의 운영 원리가 효과적으로 작용할 수 있다.

그 외에도 이미 플랫폼 비즈니스를 운영 중인 기업이라면 크리에이터 플랫폼으로의 진화를 모색해볼 수 있다. 유연성, 창의성, 협업의 가치를 중시하는 조직이라면 크리에이터 플랫폼을 통해 새로운 혁신의 기회를 발견할 수 있을 것이다.

크리에이터 플랫폼은 기업이 전통적인 구조를 넘어 확장되는 크리에이터 경제에 대응할 수 있는 혁신적인 방식이다. 다양한 배경의 크리에이터들이 임시 팀을 형성해 협업하는 구조를 통해 창의성과 혁신이 촉진된다. 하이브리드 인력 모델을 적용하고 플랫폼 기업의 역할을 수행하면서 기업은 더욱 유연하고 창의적인 방식으로 시장 변화에 대응할 수 있다.

3대 축 플랫폼
활성화하기

새롭게 부상하는 3대 축 경제의 중심에는 플랫폼 기업이 있다. 이 장에서는 기존 플랫폼 기업이 어떻게 온라인·오프라인·도시 플랫폼으로 이루어진 3대 축 플랫폼을 활용하는지 설명해보려 한다. 직접적으로 3대 축이라는 말을 사용하지는 않지만, 온라인과 오프라인에서 활동하는 다수의 플랫폼 기업이 이미 3대 축 구조의 플랫폼을 운영한다.

도시 플랫폼은 온라인이나 오프라인 플랫폼과 비교해 상대적으로 새로운 개념이다. 도시 플랫폼 전략은 기업이 자기 사업장뿐만 아니라 사업장이 위치한 상권과 지역을 고객 및 협력 업체와의 커뮤니티 구축을 위한 플랫폼으로 활용하는 것이다. 플랫폼 기업의 모든 도시 단위 사업은 도시 플랫폼을 강화하는 사업으로 해석할 수 있다. 지역 단위로 사업자와 사업자, 소비자와 사업자, 소비자와 소비자를 연결하는 하이퍼로컬 서비스가 대표적인 도시 플랫폼 전략이다.

온라인과 오프라인의 경계가 희미해지는 지금의 환경에서 기업과 개인은 이 둘을 통합하는 비즈니스 모델을 개발하고 역량을 강화해야 한다. 효율적 통합은 개인의 노력만으로는 부족하다. 사회 전체의 이익을 반영하고 지원할 수 있는 기관이 나서야 한다. 이때 플랫폼의 역할을 주목해야 한다. 온라인과 오프라인 통합이 불가피하다면 적극적으로 실현 가능한 통합 모델을 찾는 것이 플랫폼 기업의 적절한 대응이다.

플랫폼 기업의 가장 큰 과제는 경영 환경의 어려움, 예를 들어 플랫폼 규제 강화, 플랫폼 간 경쟁 격화, 배송 비용 증가 등을 극복하는 데 있으며, 이는 단순히 온라인 시장을 확장하는 것으로 해결할 수 있는 문제가 아니다. 온라인을 넘어 온라인, 오프라인, 도시를 통합하는 플랫폼을 구축해 악화된 경영 환경을 정면 돌파해야 한다.

플랫폼 기업 관점에서 보면, 3대 축 전략은 3대 축 플랫폼을 새롭게 구축하는 것보다는 이미 운영하고 있는 3개의 플랫폼을 더 명확하게 구분하면서 이를 통합하는 작업을 의미한다. 3대 축 플랫폼 활성화는 수요 조사부터 옴니채널 모델 도입, 플랫폼 통합 그리고 도시 비전 제시까지 순차적으로 진행할 수 있다.

1단계: 3대 플랫폼 수요 조사

플랫폼 기업은 가장 먼저 온라인·오프라인·어번 크리에이터, 특히 플랫폼 경제에 새로 진입하는 디지털 노마드, 프리랜서, 부업 크리에이터를 대상으로 3대 플랫폼에 대한 니즈를 조사하고 플랫폼 보완 사업을 진행해야 한다. 특히, 오프라인과 도시 플랫폼은 새로운 개념이기 때문에 크리에이터 당사자도 자신의 수요를 이해하지 못할 수 있다는 점에 유의한다. 예컨대 디지털 노마드를 크리에이터 경제에 안

착시키려면, 그들을 대상으로 작업과 커뮤니티 공간 외에 어떤 상권과 도시 인프라가 필요한지, 온·오프라인 크리에이터 등 다른 유형의 크리에이터와 어떤 상호작용을 기대하는지 조사해야 한다.

2단계: 온라인-오프라인 통합

최근의 플랫폼 비즈니스 환경에서는 온라인과 오프라인 영역이 점차 융합되고 있다. 커머스 플랫폼이 온라인에서 주문하고 당일 매장에서 픽업하는 서비스를 제공하듯이, 플랫폼 기업은 이 둘을 통합해 크리에이터와 소비자 모두에게 더 나은 경험을 제공할 수 있다.

3단계: 3대 축 통합

네이버, 무신사, 배달의민족, 애플, 어반플레이 등 다음 장에서 소개하는 플랫폼 기업은 각각 하이퍼로컬 서비스, 도시 브랜딩, 배달 서비스, 디자인, 동네 OS 등 다양한 방식으로 3대 축의 통합성과 유기성을 극대화한다. 어떤 통합 기술을 선택할지는 플랫폼 기업의 비즈니스 모델과 핵심 역량에 달렸다. 통합 메커니즘을 지속 가능하게 만들려면, 이미 형성된 비즈니스 모델과 핵심 역량을 활용하는 것이 효과적이다.

4단계: 도시 비전 제시

플랫폼 기업은 통합 트렌드에 단순히 적응하기보다 적극적으로 통합 모델을 찾아 실현해야 한다. 앞으로 플랫폼은 포화 상태로 성장한 온라인 시장이 아닌 온라인, 오프라인, 도시를 통합하는 플랫폼 구축을 통해 악화된 경영 환경을 극복해야 한다. 야심 찬 플랫폼 기업이라면 온라인과 오프라인 크리에이터 및 사업자를 효과적으로 지원하고, 이들이 모여 상호작용하는 도시 모델과 자신의 플랫폼을 통합하는 비전을 추구해야 한다. 플랫폼 경제의 미래는 기존 디지털 플랫폼에서 온라인, 오프라인, 도시를 통합하는 플랫폼으로 진화할 수 있는지에 달렸다.

3대 축 크리에이터 타운을 위한 정책 방향의 전환

국내외 사례에 따르면, 3대 축 경제는 대도시보다는 소규모 도시 혹은 도시 내 소지역 생활권에서 더 효과적으로 작동하는 것으로 보인다. 소지역 생활권의 3대 축 경제를 활성화하려면 도시 전체의 온라인·오프라인·도시 플랫폼으로는 충분하지 않을 수 있다. 크리에이터와 콘텐츠를 특정 소지역에 집중시켜, 이 지역이 지속적으로 콘텐츠를 생성하는 활발한 클러스터, 즉 '크리에이터 타운'으로 발전하도록 지원해야 한다.

소지역 생활권이 크리에이터 타운으로 성장하는 과정에서 해당 소지역의 플랫폼이 중요한 역할을 한다. 사업 단위를 소지역 생활권 단위로 좁히는 하이퍼로컬 서비스, 소지역 생활권에 창업자를 공급하는 로컬 메이커 스페이스, 소지역 생활권의 어메니티를 집적하는 '15분 도시' 같은 도시 재구성 사업이 그것이다. 대도시를 다수의 크리에이터 타운으로 재구성하려면 도시 전체의 3대 축 인프라와 더불어 소지역 생활권의 3대 축 인프라를 지원해야 한다.

3대 축 경제 구조가 발전하려면 정부의 역할도 중요하다. 정부는 창조적이고 지속 가능한 도시 환경을 구축해 크리에이터가 성장할 수 있는 기반을 마련해야 한다. 이를 위해서는 상권 관리, 보행 환경 개선, 문화 시설 확보 등의 조치가 필요하다. 현재 미래 세대가 원하는 도시는 디지털 노마드 도시에 가깝다. 특정 장소에 국한되지 않고 이용할 수 있는 주택과 사무실을 제공하는 동시에 머무는 기간에는 머물고 싶게 만드는 어메니티를 제공하는 도시다.

정부는 다양한 유형의 크리에이터와 관련 산업 분야의 인재 양성을 적극 지원할 수 있다. 크리에이터 교육과 양성은 모든 사람이 크리에이터가 될 수 있는 세상을 준비하는 데 필수적이다. 이를 위한 교육

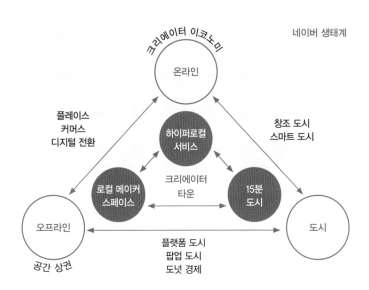

3대 축 경제 개념도

및 훈련 프로그램 개발은 크리에이터 경제의 지속 가능한 성장을 위한 핵심 요소다.

한국은 상대적으로 발달한 온라인·오프라인·도시 인프라를 바탕으로 새로운 통합 크리에이터 플랫폼을 구축할 잠재력을 지니고 있으며, 이를 통해 전 세계 차원에서 새로운 기준을 제시할 수 있을 것으로 보인다. 한국이 전통적인 경제 모델을 넘어 창의적 활동과 경제적 기회를 포괄하는 3대 축 경제 모델로 현대적 비전을 제공하며 문화 선진국의 새로운 지평을 열기 바란다.

기업은
어떻게
혁신하는가?

네이버, 하이퍼로컬
서비스로 동네를 잇다

◐

온라인과 오프라인의 경계가 점점 희미해지는 상황이 플랫폼 비즈니스 환경에도 반영되고 있다. 온라인 사업자는 배송, 물류, 제품 전시, 고객 경험 개선 등을 위해 오프라인 시설과 공간에 크게 의존한다. 전통적인 오프라인 사업자도 온라인 마케팅, 전자 상거래, 고객 관리를 위해 온라인 채널을 적극 활용하고 있다. 이러한 변화는 온라인과 오프라인, 그리고 도시 공간을 아우르는 옴니채널 비즈니스 모델의 필요성을 증대시킨다.

플랫폼 기업은 이에 어떻게 대응해야 할까? 온라인과 오프라인 통합이 궁극적으로 불가피하다면, 트렌드를 따라가는 데 급급하기보다는 적절한 모델을 찾아 실현하는 것이 적절한 대응이다. 앞서 언급했지만 플랫폼 기업에게 있어 가장 큰 보상은 온라인 시장의 확장에 있지 않다. 규제 강화, 플랫폼 간 경쟁 격화, 배송 비용 증가로 경영 환경이 어려워질 뿐이다. 가장 큰 보상은 온라인을 넘어 온라인, 오프라인, 도시를 통합하는 플랫폼의 구축을 통해 이러한 어려움을 극복하는 데서 얻을 수 있다.

야심 찬 플랫폼 기업이라면 온·오프라인 크리에이터와 사업자를 효과적으로 지원하고, 이들이 모여 상호작용하는 도시 모델과 기업의 플랫폼을 통합하는 비전을 추구해야 한다. 일부 하이테크 기업이 사막에 모빌리티와 디지털 기술을 적용한 새로운 도시를 건설하려 하고 있지만, 인류의 미래에 더 중요한 것은 기존 도시에서 온라인, 오프라인, 도시를 통합하는 플랫폼을 구현하는 일이다.

온라인과 오프라인 간에는 상당한 시너지 효과가 있다. 이 시너지는 고객 경험 개선과 비즈니스의 범위 및 효율성 증가에 기여한다. 소비자가 온라인에서 제품을 검색하고 오프라인 매장에서 구매하는 것은 이러한 통합적 접근의 일례다. 아울러 도시 공간의 역할도 점차 중요해지고 있다. 도시 공간은 크리에이터와 소상공인에게 네트워킹, 협업, 고객과의 직접적 상호작용 기회를 제공하며, 이는 디지털 시대에도 중요한 비즈니스 요소다.

네이버의 온라인과 오프라인 통합

한국 플랫폼 기업 중 온라인과 오프라인의 경계를 넘나드는 통합 모델을 선도할 수 있는 위치에 있는 기업이 네이버다. 네이버는 이미 검색 엔진, 위치 기반 서비스, 콘텐츠 플랫폼, 전자 상거래, 소셜 미디어 등 다양한 서비스를 통해 온라인과 오프라인 양쪽에서 활발히 활동하고 있다.

네이버의 주요 온라인 플랫폼은 콘텐츠 크리에이터를 위한 플랫폼이다. 〈네이버 디지털 생태계 리포트 2023〉에 따르면, 전 세계적으로 1,041만 명 이상의 크리에이터가 웹툰, 웹소설, 제페토, 블로그, 엑스퍼트, 인플루언서, 프리미엄 콘텐츠 등 네이버의 다양한 플랫폼에서 활동 중인 것으로 추정된다. 커머스 또한 네이버의 중요한 온라인 플랫폼이다. 네이버를 통해 온라인 쇼핑몰을 운영하는 사업자 수는 약 57만 명에 달한다.

오프라인 플랫폼은 주로 스마트플레이스를 중심으로 운영되며, 여기서 오프라인 사업자는 매장 정보를 제공하고 예약을 관리할 수 있다. 2023년 기준 약 235만 명의 오프라인 사업자가 스마트플레이스에 등록했다. 네이버는 소상공인의 디지털 전환을 적극 지원하고 있으며, 프로젝트 꽃을 통해 기술, 디자인, 콘텐츠 솔루션을 제공해 소상공인의 브랜드화와 디지털 상업화를 돕고 있다.

네이버의 하이퍼로컬 서비스는 온라인과 오프라인을 직접 연결하는 플랫폼 역할을 한다. 코로나19 팬데믹과 MZ세대의 부상 같은 사회적·문화적 변화로 동네 커뮤니티가 삶의 핵심 공간으로 떠오르고 있다. 동네 중심의 라이프스타일이 전 세계적 추세가 되면서, 다수의 플랫폼 기업이 동네 경제와 소비자를 연결하는 하이퍼로컬 비즈니스에 주목하고 있다.

네이버는 스마트플레이스를 통해 사용자가 식당, 미용실 등 오프라인 가게 정보를 쉽게 검색하고, 소상공인이 직접 업체 정보를 관리할 수 있게 하며, 지도 기반 AI 서비스인 스마트어라운드를 통해 사용자 위치에 따라 맛집, 카페, 쇼핑 점포를 추천한다. 또한 네이버 카페를 통해 동네 사람들과 정보를 공유하고 중고 거래를 지원함으로써 온라

— 하이퍼로컬 비즈니스는 팬데믹 기간 특히 큰 폭으로 성
장했다. 영국의 올리오는 남은 식료품을 나눔하기 위해
생겨났다. 미국의 넥스트도어는 한때 유니콘 기업으로
평가받기도 했다.

인과 오프라인을 통합하는 하이퍼로컬 서비스를 제공한다.

이러한 네이버의 전략은 다른 플랫폼과 대비된다. 예를 들어, 알리바바의 뉴 리테일New Retail은 기술과 데이터를 활용해 리테일 경험을 근본적으로 변화시키려는 시도다. 알리바바는 AI, 빅데이터, 클라우드 컴퓨팅을 결합해 소비자 경험을 개선하고, 효율적인 물류 및 공급망 관리를 실현하고자 한다. 허마셴성盒馬鮮生 같은 식료품 매장은 이러한 접근의 전형적인 예로, 고객은 매장에서 직접 쇼핑하거나 앱을 통해 주문한 물품을 집으로 배송받을 수 있다.

반면, 네이버는 온라인 플랫폼과 오프라인 비즈니스 간 상호작용을 강화하는 데 중점을 두고 있다. 커뮤니티와 소셜 미디어 기능을 활용해 유기적 상호작용을 촉진하는 것이다. 스마트플레이스 같은 서비스를 통해 오프라인 사업자는 자신의 매장 정보를 디지털 플랫폼에 등록하고 관리할 수 있으며, 소비자는 온라인 검색을 통해 오프라인 매장을 찾고 실제로 방문해 상호작용할 수 있다. 네이버 카페와 블로그는 이러한 전략의 핵심으로, 사용자들이 경험과 정보를 공유하고 매장과의 연결을 강화하는 역할을 한다.

알리바바 같은 플랫폼이 기술과 데이터를 중심으로 디테일 경험을 혁신하는 데 집중한다면, 네이버는 사용자 참여와 커뮤니티를 구축하고 기존 오프라인 사업자가 온라인 플랫폼을 통해 자신의 비즈니스를 확장하고 개선하는 데 우선순위를 둔다. 2가지 모델 모두 온라인과 오프라인의 경계를 허무는 혁신적 전략을 구사하지만, 접근 방식과 기술적 강조점에서는 뚜렷한 차이를 보인다. 이러한 차이는 각 기업의 문화와 시장 환경, 그리고 전략적 목표를 반영한 결과다.

하이퍼로컬 서비스를 통한 통합 플랫폼

하이퍼로컬 서비스의 확장을 위해서는 먼저, 로컬 브랜드 중심으로 오프라인 생태계를 지원해야 한다. 이는 로컬 브랜드와 일반 소상공인 브랜드의 구분을 명확히 하고, 각각에 적합한 지원 방식을 개발하는 것을 포함한다. 지속 가능한 오프라인 로컬 브랜드는 차별화된 로컬 콘텐츠로 전국적 명성을 얻는 반면, 일반 소상공인 브랜드는 마케팅을 통한 경쟁력 강화에 집중한다. 오프라인 생태계의 지속 가능성을 위해서는 지역에 뿌리를 두고 지역 커뮤니티와 밀접한 관계를 가진 로컬 브랜드를 중심으로 생태계를 구축해야 한다.

지역 상생을 촉진하는 하이퍼로컬 서비스의 정체성을 확립하는 것도 중요한 과제다. 플랫폼 규제가 강화되는 현 상황에서 네이버는 단순히 AI 등 기술을 활용해 유통 채널과 서비스를 공급하고 개선하기보다 지역공동체의 발전을 도모하는 동네 생활 포털 기업으로서의 정체성을 강조할 필요가 있다. 단순한 연결·주문·배달 서비스를 제공하는 전국 단위의 소상공인 플랫폼과도 차별화해야 한다. 하이퍼로컬 서비스는 온라인 커머스 채널로서 기능할 뿐 아니라 지역 기반의 콘텐츠와 서비스를 제공해야 한다.

지원의 단위 또한 중요한 요소다. 한국에서는 읍면동 단위에서 로컬 브랜드와 콘텐츠를 발굴하고 지원하는 것이 중요하다. 네이버가 현재 제공하는 하이퍼로컬 비즈니스는 주로 기존 로컬 브랜드의 콘텐츠를 수집하고 연결하는 방식으로 운영된다. 오프라인 브랜드 생태계를 조성하기 위해 하이퍼로컬 서비스를 더 적극적으로 활용하게 하려면, 현재 네이버 카페 '이웃 서비스' 같은 읍면동 단위 서비스를 비즈니스 전반에 확대하고, 읍면동 단위의 로컬 브랜드를 발굴하는 동시에 해당 상권의 브랜드화를 지원해야 한다.

마지막으로, 정부 정책이 로컬 브랜드 중심으로 전환될 경우, 네이버와 같은 기업이 로컬 브랜드 창업·훈련 인력의 육성에 참여할 수 있다. 예컨대 전문대학과 직업학교의 로컬 크리에이터 전공 학과 동아리 활동을 지원함으로써 인력 양성에 기여하는 것이다.

로컬 크리에이터 교육의 확산에서 중요한 것은 교육 과정의 개발이다. 현재 특강 및 브레인스토밍 중심인 로컬 크리에이터 교육을 학문적 방법론, 사례 연구, 실습 위주로 전환해야 한다. 네이버 스퀘어에서 온라인과 오프라인 교육 과정을 개발하고 시험한 뒤, 이를 전국의 교육 기관과 창업 지원 기관에 보급하는 것도 좋은 대안이다.

하이퍼로컬 서비스는 네이버가 제공하는 새로운 차원의 플랫폼으로, 작은 단위의 생활권 주민에게 맞춤형 서비스를 제공한다. 동시에 도시와 공간 구조에 대한 심도 있는 고민이 시작되는 중요한 출발점이기도 하다. 이러한 서비스를 통해 네이버는 자신의 기술과 비즈니스 모델을 적용해 도시와 공간 모델에 혁신을 일으킬 기회를 얻을 수 있다. 하이퍼로컬 서비스의 궁극적 목표는 도시와 공간 모델을 통해 온라인과 오프라인을 통합하는 것에 있으며, 이는 온라인·오프라인·도시 플랫폼의 통합에 중요한 전환점이 될 수 있다.

네이버와 같은 플랫폼은 단순히 온라인과 오프라인의 경계를 허무는 것을 넘어 도시 생활의 질을 높이고 지역 커뮤니티와의 연결을 강화하는 데에도 중요한 역할을 한다. 이러한 접근 방식을 취하며 네이버는 현대 도시의 복잡한 도전 과제에 대응하고, 지역사회와의 긴밀한 상호작용을 통해 새로운 형태의 도시 경험을 만들어낼 수 있다. 네이버가 하이퍼로컬 서비스 혁신을 통해 온라인, 오프라인, 도시 통합의 미래를 선도하길 바란다.

무신사, 성수동 문화를
브랜드에 담다

무신사는 2012년 설립된 한국의 온라인 패션 플랫폼으로, 젊은 세대를 주 타깃으로 빠르게 성장했다. 무신사의 성공 요인은 다양한 브랜드, 그리고 트렌드에 민감한 제품 구성이다. 소비자에게 편리한 쇼핑 경험을 제공하는 사용자 친화적 플랫폼과 강력한 온라인 마케팅 전략 또한 큰 역할을 했다.

2022년 무신사는 오프라인 매장을 확장하고 서울의 문화적 중심지인 성수동으로 본사를 이전했다. 성수동 이전은 무신사가 단순한 온라인 플랫폼을 넘어 다양한 문화적 활동과 창조적 공간으로 확장하려는 전략의 일환으로 볼 수 있다. 현재 무신사는 온라인·오프라인·도시 플랫폼의 3대 축 통합 전략으로 경쟁사와 차별화된 콘텐츠 포트폴리오를 구축하고 있다.

무신사의 토대가 된 온라인 플랫폼

무신사는 국내 1위의 온라인 패션 플랫폼이다. 온라인 플랫폼 전략은 무신사가 3조 원 넘는 기업 가치를 달성하는 데 결정적 역할을 했다. 온라인 플랫폼 면에서 무신사의 성공 요인은 버티컬 플랫폼 전략, 그리고 커뮤니티와 콘텐츠의 결합으로 정리할 수 있다.

무신사는 온라인에서 스트리트웨어, 디자이너 브랜드, 캐주얼웨어 등 특정 카테고리에 관심이 있는 고객층에 초점을 맞춘 버티컬 플랫폼 전략을 채택했다. 이는 패션을 소비하는 채널이 온라인으로 집중되는 시대적 흐름에 부합하며, MZ세대의 다양한 개성과 세분화된 트렌드에 잘 맞춰져 있다.

무신사는 또한 제품 판매에만 집중하지 않고 커뮤니티와 콘텐츠를 결합한 플랫폼을 운영한다. 플랫폼 이용자는 스트릿 스냅 같은 서비스를 통해 스트리트 패션 스타일과 트렌드에 대한 영감을 얻고, 이를 바탕으로 구매 결정을 내릴 수 있다. 이러한 전략은 소비자들이 무신사를 단순히 쇼핑하는 장소가 아닌 패션 정보를 얻고, 스타일링 아이디어를 공유하는 커뮤니티 공간으로 인식하게 만들었다.

현재 무신사의 온라인 플랫폼 전략은 다양한 브랜드와 제품에 쉽게 접근할 수 있는 환경을 제공하는 데 초점을 맞추고 있다. 이를 위해 무신사는 사용자 경험을 최적화하는 앱 개발에 주력한다(무신사는 2024년 6월 PC용 웹사이트를 모바일 웹 버전으로 개편했다). 또한 소셜 미디어 마케팅과 온라인 캠페인을 통해 고객과 지속적으로 소통하고 있다. 이런 노력의 결과 2023년에 전년 대비 약 40% 증가한 9,931억 원의 매출을 달성했다.

확장하는 오프라인 플랫폼

무신사는 오프라인 매장 확장에도 주력한다. 온라인만의 한계를 넘어서기 위해 서울의 성수동, 한남동, 홍대 등 젊은 층이 밀집한 지역을 중심으로 오프라인 매장을 개장했다. 무신사의 매장은 브랜드의 실제 체험을 제공하며, 고객과 무신사 간의 직접적 소통을 강화한다. 이를 통해 브랜드 인지도를 높이고, 다양한 고객층에게 접근하고 있다.

2022년 1년 동안 무신사는 4개의 전문 스토어를 개장했다. 아울러 성수동과 한남동을 중심으로 오프라인 공간을 확대하고 있다. 여기에는 무신사 테라스, 무신사 스튜디오와 더불어 자회사 29CM의 이구성수, 이구갤러리 등이 포함된다. 이러한 공간은 입점 브랜드가 리오프닝(활동 재개)에 맞춰 다양한 오프라인 마케팅 활동을 할 수 있도록 지원하는 역할을 한다.

무신사 스탠다드도 무신사의 오프라인 전략에서 중요한 역할을 한다. 무신사 스탠다드는 무신사의 자체 브랜드로, 고품질의 기본 아이템을 합리적 가격에 제공하는 것으로 알려져 있다. 무신사는 2024년까지 해당 매장을 30개로 늘릴 계획이다.

무신사의 오프라인 확장에 대해 몇몇 시장 전문가들은 속도 조절의 필요성을 지적한다. 오프라인 진출은 온라인 시장의 치열한 경쟁을 완화하고 고객층을 다변화하는 전략이지만, 기업공개를 앞둔 무신사에게는 외형적 성장만큼이나 수익성 개선도 중요하다는 것이다.

오프라인 진출 전략의 배경 중 하나는 중국 온라인 쇼핑몰의 한국 시장 진입을 들 수 있다. 중국의 저가 상품 직구가 가능해지면서 이미 포화된 한국 시장에서 전통적 저가 전략으로는 매출과 수익성을 높이기 어려워진 것이다. 그러면서 'K문화'의 중요성이 커졌다. 문화를 활용해 새로운 콘텐츠와 경험을 개발하려면, 다른 나라에서 찾을 수 있는 국제적 문화예술 콘텐츠로는 부족하다. 한국에만 존재하는 오프라인 공간과 도시에서 답을 찾아야만 한다.

'성수동 브랜드'를 내세운 도시 플랫폼

본사의 성수동 이전은 무신사 도시 플랫폼 전략의 핵심이다. 성수동은 창조적인 도시 문화가 팽배하고 과거와 현재가 공존하는 지역으로, 독창적인 패션 문화가 형성되고 있다. 무신사는 이러한 특색을 살려 새로운 패션 문화를 창조하고자 한다.

무신사는 성수동 플랫폼 전략을 성수동에 집중된 시설로 설명한다. 이러한 시설은 지역사회와의 협력 및 브랜드 정체성 강화에 중점을 두고 있다. 성수동 내에서의 활동은 무신사가 패션과 문화의 선도 기업으로 자리매김하는 데 도움을 줄 것이다.

무신사의 새로운 본사인 무신사 캠퍼스 N1은 지하철 2호선 성수역에서 도보로 약 6분 거리에 위치하며 집중, 소통, 휴식 모드를 유연하게 전환할 수 있는 공간으로 구성되어 있다. 업무 공간은 건물의 3층부터 10층까지이며, 2층에는 회의실과 라운지가 있다. 1층에는 아즈니섬ASNISUM이라는 카페가 눈에 띈다. 아즈니섬은 무신사의 영문 철자를 거꾸로 읽은 것인데, 무신사가 선보일 새로운 가상 세계를 상징한다. 무신사는 아즈니섬 카페를 통해 성수동의 로컬 브랜드, 이를테면 서울앵무새, 오버도즈도넛앤커피, 프라이데이베이커리 등과의 협업을 계획하고 있다.

무신사는 성수동에서 무신사 캠퍼스 N1뿐만 아니라 무신사 스튜디오 성수, 무신사 테라스 성수 등 여러 시설을 운영하고 있다. 또 자회

━━ 무신사 스탠다드 성수점과 이구성수. 성수동의 핫 플레
이스로서 사랑받고 있다. (이미지 출처: 무신사 뉴스룸)

사 SLDT가 운영하는 한정판 마켓 솔드아웃 쇼룸, 무신사 트레이딩이 최근 개장한 셀렉트 숍 엠프티도 성수역 인근에 위치해 있다.

오프라인 전략과 도시 전략의 차이

오프라인 전략과 도시 전략을 구분하는 것은 무신사 같은 기업의 비즈니스 전략을 이해하는 데 도움이 된다. 각각의 전략은 다른 목표와 접근 방식을 가지고 있으며, 이를 구분함으로써 무신사의 전체적인 전략을 더욱 명확하게 파악할 수 있다.

오프라인 전략은 실제 매장에서 소비자와 직접적으로 상호작용하

무신사의 3대 축 플랫폼

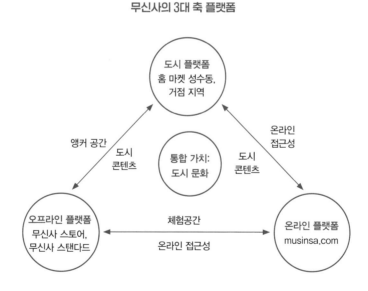

는 방식을 포함한다. 오프라인 매장은 브랜드를 실제로 체험할 수 있게 하고, 고객과 브랜드가 더 긴밀하게 소통하도록 하는 역할을 한다. 이런 전략은 브랜드 인지도를 높이고, 소비자의 구매 결정을 돕는다.

도시 전략은 특정 지역에 집중해 그 지역의 문화적·사회적 특성을 활용하는 것을 말한다. 무신사의 경우, 성수동 이전 같은 도시 전략은 지역의 특색을 살려 새로운 패션 문화를 창조하고자 하는 노력이다. 이는 단순히 제품을 판매하는 것을 넘어 해당 지역 커뮤니티와의 협력 및 상생, 브랜드 정체성 강화에 중점을 두고 있다.

콘텐츠, 커뮤니티, 상징성 등 지역 자원을 활용하는 것만이 도시 플랫폼 구축의 목적은 아니다. 홈 마켓과 거점 지역은 테스트 마켓, 공급망과 팬덤 네트워크, 구성원 직주락 환경 등 기업 내부 역량 강화에도 중요하다. 도시 전략 대상은 단일 지역에 한정하지 않는 것이 좋다. 무신사가 서울에서 선택한 주요 거점은 홍대, 한남동, 성수동이며, 이들 지역은 공통적으로 청년 문화의 중심지다. 이들 지역을 통합하면서도 각각의 개성을 살리는 정교한 도시 플랫폼 설계가 필요하다.

오프라인과 도시 전략은 서로 보완적이며, 함께 활용할 때 비즈니스 모델과 브랜드 전략을 강화할 수 있다. 오프라인 전략은 브랜드가 소비자와 직접 만나는 접점을 제공하고, 도시 전략은 브랜드가 특정 지역의 문화와 연결되어 더 큰 의미와 가치를 창출하도록 돕는다.

지역보다 '지역 문화'에 집중하라

무신사는 성수동의 문화적 특성을 활용해 온라인·오프라인·도시 플랫폼을 통합하는 전략을 채택했다고 해석할 수 있다. 성수동 브랜딩은 무신사 브랜드의 독창성을 강조하며, 이를 통해 고객 경험을 풍부하게 하고 브랜드 충성도를 높인다. 무신사의 성수동 기반 전략은 특히 문화적 가치 창출과 지역 커뮤니티와의 연계에 중점을 두고 있다. 앞으로 무신사는 온라인과 타 지역 오프라인 매장에서도 '성수동 마케팅'을 진행할 가능성이 높다.

지역적 특성을 브랜드 전략에 통합한 또 다른 사례로 이니스프리를 꼽을 수 있다. 제주의 자연을 제품 개발과 마케팅에 반영한 이니스프리는 자연주의 이미지를 강화하며 브랜드 가치를 높였다. 무신사도 이 사례를 참고해 지역적 특성을 활용해 브랜드 가치를 강화할 수 있다. 물론 이니스프리가 제주를 떠나 가상의 섬으로 간 것처럼 도시 마케팅의 변수와 그에 따른 위험도 감안해야 한다.

무신사는 지속 가능한 방법으로 온라인·오프라인·도시 플랫폼 간의 통합 전략을 추진해야 한다. 예를 들어 성수동이 아닌 성수동 '문화'를 개념화, 가치화하는 것이다. 특정 지역을 언급하는 것보다 그 지역이 대표하는 가치와 이미지를 활용하는 전략이다. 공간 통합, 공간 확장 등의 이유로 본사를 다른 곳으로 이전하더라도 성수동 매장을 통해 성수동 문화는 유지할 수 있기 때문이다.

3대 축 통합 관점에서 무신사의 성수동 브랜딩은 기업의 중요한 전환점이다. 무신사는 성수동 브랜딩을 통해 브랜드의 독창성과 경쟁력을 강화해왔다. 이런 도시 브랜딩의 성공은 진정성에 달려 있다. 무신사가 성수동에 집적하는 매장과 시설을 볼 때, 성수동에 대한 무신사의 의지는 의심할 여지가 없다. 다음 단계는 무신사와 성수동 문화의 동기화다. 성수동 커뮤니티와의 협력과 상생을 지속적으로 추진해 성수동 문화를 무신사 문화의 '코어'로 만들어야 한다.

배달의민족, 배달 앱에서 통합 플랫폼으로 발전하다

2010년 설립된 배달의민족(배민)은 대한민국 1등 배달 앱을 필두로 음식 배달을 넘어 다양한 커머스 영역으로 사업을 확장했다. 배민전국별미, 배민스토어, 배민B마트, 그리고 B2B 쇼핑몰인 배민상회를 통해 2023년 기준 연매출 3조 4,155억 원을 달성하는 등 배달 플랫폼으로서의 입지를 공고히 했다.

2019년 말 약 13만 6,000여 곳이던 배민 입점 식당 수는 2023년 말에는 약 32만 곳으로 급증했다. 지역 소상공인의 배민 의존도가 늘어나면서 지방정부는 배민과의 협력을 통한 지원 사업을 다양하게 확대하고 있다. 배민의 대표적 대외 협력 사업으로는 풍수해보험 가입비지원, 동행 축제, 밀키트 컨설팅, 소상공인 대출 지원 등이 있다.

배민은 현재 지역 경제 활성화와 소상공인의 지속 가능한 성장을 위해 새로운 지역 기반 소상공인 생태계 지원 방안을 모색 중이다. 배민의 전략은 온라인과 오프라인 플랫폼이 통합되고 더 나아가 도시 플랫폼을 중심으로 온라인과 오프라인 시장이 재구성되는 3대 축 도시의 부상을 반영해야 한다. 다른 플랫폼 기업보다 오프라인 요소가 중요한 배민은 3대 축 도시의 건설을 이끌 유리한 위치에 있다.

배민이 3대 축 플랫폼을 활용하는 방법

배민은 배달 서비스를 통해 지역 소상공인과 해당 지역의 소비자를 연결하는 플랫폼으로, 지역사회의 자원과 네트워크를 활용하는 도시 플랫폼 기반의 비즈니스 모델을 채택하고 있다.

또한 온라인 플랫폼을 운영하면서 소비자가 온라인에서 주문한 상품을 회원사에서 픽업해 배달하는 서비스를 제공한다. 온라인 플랫폼이 주문, 배달, 결제로 이어지는 상거래에만 사용되는 것은 아니다. 소비자에게 정보를 제공할 때도 사용된다. 비즈니스 성격상 상품의 정확한 정보를 제공해야 하는데, 이를 위해 배민은 주로 회원사가 운영하는 가게 정보 페이지를 활용한다.

배민의 오프라인 플랫폼은 배달 네트워크, 공급망, 풀필먼트 센터fulfillment center, 배민상회 등으로 구성되어 있다. 상거래와 정보 공유는 온라인에서 이루어지지만, 실제 배달, 유통, 공급은 오프라인 플랫폼에 의존한다.

배달 서비스 플랫폼은 구조적으로 지역 단위로 운영되기 때문에 배민 플랫폼은 실질적으로 3대 축 플랫폼 기능을 한다고 말할 수 있다. 배민의 3대 축 통합 모델을 간단히 정리하면 '배달 서비스를 통한 3대 축 통합'이다. 따라서 배민의 과제는 3대 축 구축이 아니라, 기존의 3대 축 구조를 확장하고 강화하는 데 있다.

3대 축은 어떻게 확장되는가?

배민은 온라인, 오프라인, 도시라는 3대 축 서비스를 통합적으로 활용하는 능력을 소상공인에게 제공함으로써 지역 경제와 배민의 지역 플랫폼 역할을 강화할 수 있다. 지속 가능한 생태계를 구축하기 위해서는 지방정부와 협력해 소지역 생활권 기반의 로컬 콘텐츠 타운을 형성할 수 있다.

로컬 메이커 스페이스 중심의 오프라인 플랫폼

오프라인 플랫폼 분야에서 배민은 이미 교육과 지원 사업을 통해 소상공인이 현대적인 디자인 능력 및 제품 개발 능력을 강화하도록 돕고 있다. 해당 사업을 정부의 로컬 콘텐츠 타운 조성 사업과 연계한다면, 시범 지역 또는 거점 지역에서 로컬 메이커 스페이스를 운영해 배민의 오프라인 플랫폼을 강화할 수 있을 것이다.

로컬 메이커 스페이스는 생활권 유휴 공간에 만든 거점 시설로, 생활권 내 소상공인에게 판로와 편의 공간(스마트 금융 공간, 헬스케어 라운지)을 제공하는 것은 물론 교육과 훈련, 상품 개발, 디자인과 건축, 커뮤니티, 배달(픽업센터, BSS), 디지털 전환과 콘텐츠 제작 등 다양한 서비스를 제공할 수 있다. 이를 위해 네이버가 운영하는 소상공인 디지털 전환 지원 센터, 네이버 스퀘어를 모델로 삼을 수 있다.

로컬 메이커 스페이스의 핵심 기능은 기존 소상공인과 예비 창업자를 위한 디자인·건축·상품 개발 공간을 운영하는 것이다. 특히 식당 회원사를 주축으로 하는 배민의 경우 공유 주방 형태의 메이커 스페

— 배민은 상생을 내건 다양한 사업을 진행한다.
  (이미지 출처: 배달의민족)

이스 운영도 자연스럽다. 이러한 지역 특화 메이커 스페이스는 소상공인에게 필수적인 오프라인 경쟁력을 강화할 수 있는 디자인·건축·수작업 기술과 콘텐츠를 제공함으로써 그들의 경쟁력을 키우는 데 기여한다. 아울러 이 메이커 스페이스를 풀필먼트 센터, 배민상회 등 배민의 다른 오프라인 시설과 연계해 운영하면 소상공인에게 추가적인 가치를 제공할 수 있다.

하이퍼로컬 서비스를 제공하는 온라인 플랫폼

배민은 배민배달, 배민스토어, 배민포장주문 등 다양한 배달 서비스를 지원하기 위해 지역 업체들의 정보를 제공한다(로컬 비즈니스 리스팅 서비스). 이 서비스를 바탕으로 배민은 배달 서비스를 넘어 지역 커뮤니티를 연결하는 하이퍼로컬 서비스로 서비스 범위를 확장하고 있다.

배민우리동네 앱 페이지는 이러한 전략의 대표적 사례. 주민이 주변 가게의 상품과 서비스 정보를 쉽게 얻을 수 있도록 하며, 음식점뿐만 아니라 다양한 분야의 자영업 점주에게 가게 홍보와 새로운 고객 유치 기회를 제공한다. 배민이 하이퍼로컬 서비스 플랫폼으로 성장하려면, 배민우리동네 페이지를 운영할 때 당근마켓같이 지역 커뮤니티의 상호작용과 활성화에 더 중점을 두어야 한다.

하이퍼로컬 서비스 전략은 단순한 배달 서비스 제공 업체에서 벗어나 지역 경제와 커뮤니티에 더 깊이 통합되고자 하는 배민의 방향성을 보여준다. 로컬 비즈니스 리스팅 서비스가 기본적인 정보 제공에 중점을 두는 반면, 하이퍼로컬 서비스는 지역 커뮤니티 구성원 간의 상호작용과 연결을 강화하는 데 집중한다.

하이퍼로컬 서비스 활성화를 위해 배민은 온라인 교육 프로그램 역시 지역 중심으로 전환해야 한다. 현재는 유튜브 '장사의 신' 유형의 경영 기술을 교육하고 있는데, 앞으로는 공간, 디자인, DIY, 로컬 콘텐츠 개발, 상권 기획 등 지역사회 경쟁력과 연결망을 강화시키는 쪽으로 교육 분야를 확장할 필요가 있다. 예를 들어, 로컬 콘텐츠 개발을 교육할 때 쇠락한 가게를 로컬 푸드 식당으로 변모시켰던 넷플릭스의 〈위기의 레스토랑〉 시리즈를 참고할 수 있다.

로컬 브랜딩이 관건인 도시 플랫폼

도시 플랫폼을 강화하기 위해서는 건축 환경, 직주락 환경, 문화 시설, 지역사회 연계망 등 로컬 콘텐츠 타운이 활성화하는 데 중요한 도시 어메니티를 공급해야 한다. 소지역 생활권에 직주락 콘텐츠를 제공해 작은 도시를 형성하고 주민과 소비자가 오래 머물 수 있는, 머물고 싶은 동네로 만들어야 한다.

도시 플랫폼 인프라 관리는 주로 정부의 사업 영역에 속하지만, 이 인프라를 효과적으로 활용하는 것은 개인과 플랫폼 기업의 역할이다. 요컨대 소상공인과 플랫폼 기업이 도시, 즉 소지역 생활권을 정체성, 브랜딩, 테스트 마켓, 팬덤, 공급망, 체험과 여행 등의 지역 자원을 개발하는 플랫폼으로 활용해야 한다.

도시 플랫폼 활용 능력은 달리 표현하면 로컬 브랜딩 기술이다. 로컬 콘셉트를 설정해 적합한 대표 상품과 서비스를 개발하고, 건축과 디자인을 통해 공간과 상권 환경을 개선하며, 지역의 숨겨진 로컬 콘텐츠와 브랜드를 개발하고 지원하는 능력을 의미한다.

지역 커뮤니티는 각각의 3대 축 경쟁력을 강화함과 동시에, 이들을 통합하는 혁신적 방식을 모색해야 한다. 소지역 생활권은 상대적으로 작은 지역이기 때문에 통합 로컬 브랜딩으로 3대 축 플랫폼을 연결하고 통합할 수 있다. 지역 생활권이 대표하는 가치와 문화를 브랜딩하고 온라인·오프라인·도시 플랫폼을 이에 맞게 디자인 및 마케팅하면 3대 축 통합의 시너지를 극대화할 수 있을 것이다.

앞서 설명한 3대 축 확장 계획을 통해 배민은 지역 경제를 활성화하고, 소상공인의 비즈니스 성장을 지원하는 동시에 자신의 사업 모델을 더욱 다각화하고 강화할 수 있다. 지역의 소상공인도 강화된 3대 축 플랫폼을 통해 자신의 3대 축 기술을 향상시킬 수 있을 것이다.

가장 큰 혜택은 지역에 돌아갈 것이다. 배달 서비스 기반 3대 축 생태계는 전통 시장과 지역 상인의 디지털 전환을 지원하고, 지역의 3대 축 도시(로컬 콘텐츠 타운) 전환을 촉진하며, 지역의 브랜드 가치를 높이는 크리에이터 시대에 걸맞은 지역 발전 모델로 자리 잡을 것으로 기대된다.

애플, 명확한 디자인 철학으로
혁신을 일으키다

◐

3대 축 기업은 현대 경제의 새로운 지평을 열며 디지털과 물리적 세계를 아우르는 광범위한 능력을 발휘하는 기업을 의미한다. 이들 기업은 온라인·오프라인·도시 플랫폼이라는 3가지 핵심 영역에서 혁신을 주도함으로써 새로운 가치를 창출하고 3대 축 경제를 이끌어간다.

이러한 혁신의 정점에 애플이 있다. 애플은 단순한 기술 기업이 아니다. 각각의 플랫폼에서 독창적이고 파괴적인 혁신을 이루어내며, 이를 통합하는 방식으로 전례 없는 성공을 거두었다. 애플은 이러한 전략으로 시장을 선도하는 것은 물론 현대사회가 기술과 상호작용하는 방식 자체를 재정의하고 있다. 여기서는 광범위한 능력을 갖춘 애플이 3대 축 경제를 실제로 어떻게 작동시키고 있는지 살펴보기로 하자.

플랫폼을 혁신하는 애플

온라인 플랫폼에서 애플이 주도한 대표적 혁신은 앱스토어, 사용자 경험, 온라인 미디어 스토어를 들 수 있다. 2008년 출시된 앱스토어는 모바일 앱의 유통 방식을 혁신적으로 변화시켰다. 개발자에게는 새로운 시장을 열어주었고, 사용자에게는 다양한 앱에 대한 손쉬운 접근성을 부여했다. 앱스토어의 성공은 모바일 기술과 디지털 경제에 중대한 영향을 미쳤다.

이와 더불어 애플은 사용자 경험 향상에도 크게 기여했다. 특히 iOS의 사용자 인터페이스 디자인은 단순하고 직관적이며, 사용자와 기기 간 상호작용 방식에 새로운 변화를 가져왔다. iOS 7의 디자인 전환은 사용자 경험에 대한 애플의 혁신적 접근을 대표한다.

아이튠즈 같은 온라인 미디어 스토어는 디지털 미디어 콘텐츠 유통 방식을 혁명적으로 바꾸었다. 아이튠즈를 통해 애플은 음악, 영화, TV 프로그램을 디지털 형식으로 판매하는 경로를 개척했고, 이는 디지털 미디어 산업 전체에 지대한 영향을 미쳤다.

오프라인 플랫폼에서는 애플 스토어가 애플의 혁신 능력을 상징한다. 2001년에 처음 문을 연 애플 스토어는 단순한 제품 판매 공간을 넘어 애플 브랜드 체험의 중심지로 자리 잡았다. 애플 스토어의 현대적 디자인과 개방적 상호작용이 애플의 브랜드 전략을 강화하는 데 중요한 역할을 했다.

도시 플랫폼 혁신의 시그니처는 쿠퍼티노 지역에 위치한 애플의 새로운 본사 애플 파크다. 애플 파크는 협업과 창의성을 촉진하는 공간으로 설계됐다. 애플 파크는 실내와 실외의 연속성, 자연광 활용, 개방된 작업 공간을 통해 직원들에게 자유롭고 창의적인 작업 환경을 제공한다.

— 애플 파크는 우주선을 닮아 '스페이스십'이라는 별명을
얻었다.

애플 파크는 쿠퍼티노 지역사회와의 연결을 강화한다는 점에서 중요하다. 애플은 건물이 주변 환경에 미치는 영향을 고려해 나무 보존과 추가 식재에 중점을 뒀다. 애플 파크는 쿠퍼티노의 랜드마크로서 도시의 프로필과 브랜드에 크게 기여했다. 우주선 형태의 건물은 쿠퍼티노를 기술혁신과 현대건축의 중심지로 만들었다.

온라인과 오프라인을 통합한 아이클라우드와 애플페이

애플은 플랫폼 각각의 혁신뿐만 아니라 2개 이상 플랫폼의 동시 혁신도 선도했다. 온라인과 오프라인 플랫폼을 연결한 아이클라우드 서비스가 대표적인 예다.

아이클라우드는 사용자가 애플 기기에서 생성한 콘텐츠를 자동으로 동기화하고 저장하는 클라우드 기반 서비스다. 이 서비스는 온라인의 데이터 저장과 접근성을 강화하면서 오프라인 기기의 사용자 경험을 향상시켰다. 사용자는 여러 기기에서 동일한 정보에 접근할 수 있으며, 이는 애플의 '연결된 생태계' 전략의 중요한 부분으로 자리잡았다. 아이클라우드는 애플 기기들을 원활하게 연결함으로써 온라인과 오프라인 경험을 통합하는 데 중요한 역할을 했다.

애플페이 서비스도 온라인과 오프라인 플랫폼 연결을 강화하는 예다. 애플페이는 모바일 지불 시스템으로, 사용자가 오프라인 매장에서 아이폰이나 애플워치를 사용해 간편하게 결제할 수 있게 해준다. 온라인 결제 기술을 오프라인 매장에서의 구매 경험에 적용해 두 플랫폼 간 경계를 허문 것이다. 애플페이는 물리적 지갑의 필요성을 줄이고, 더욱 편리하고 빠른 결제 방식을 제공함으로써 소비자 경험을 혁신적으로 개선했다.

실리콘밸리 지역과의 상호작용

도시 플랫폼을 활용하고 혁신하는 애플의 능력은 실리콘밸리와의 상호작용에서 가장 직접적으로 드러난다. 실리콘밸리는 애플의 성장에 지대한 역할을 했으며, 애플 역시 실리콘밸리의 발전에 크게 기여했다. 실리콘밸리는 기술혁신, 창의적 사고 그리고 역동적인 비즈니스 환경으로 잘 알려져 있으며, 애플의 초기 성장과 제품 개발에 큰 도움이 됐다. 특히, 벤처 캐피털은 애플이 초기 단계에서 자금과 자원을 확보하는 데 결정적 역할을 했다. 벤처 캐피털의 지원을 받아 애플은 혁신적인 제품을 시장에 선보일 수 있었고, 이는 애플의 성장뿐만 아니라 실리콘밸리 전체의 기술 발전에도 영향을 미쳤다.

실리콘밸리는 혁신적인 아이디어, 기술 그리고 비즈니스 모델을 제공할 수 있는 환경을 갖추었다. 애플은 이러한 환경을 최대한 활용해 자사의 제품과 서비스를 개발하고, 시장 적응력을 강화했다. 반대로 애플의 성공은 실리콘밸리의 다른 기업들에 영감을 주었고, 혁신적 기술 개발을 장려하는 환경을 조성하는 데 기여했다. 애플과 실리콘밸리의 이러한 상호작용은 기술혁신의 사이클을 만들어내며 양쪽 모두에게 지속적인 성장과 발전의 기회를 제공했다.

3대 축 통합을 위한 '타운 스퀘어' 전략

3대 축 통합 혁신은 온·오프라인 플랫폼을 활용한 지역 커뮤니티 활동으로 시작할 수 있다. 애플은 '타운 스퀘어(마을 광장)' 개념을 도입해 애플 스토어를 단순한 제품 판매 장소를 넘어 커뮤니티의 중심지로 전환하는 전략을 추진한다. 애플 스토어를 지역사회의 만남의 장소로 만들고, 다양한 교육 프로그램, 워크숍, 이벤트를 개최해 지역 주민과의 연결을 강화하려는 노력의 일환으로 볼 수 있다. 타운 스퀘어는 고객들이 서로 만나고, 배우며, 창의성을 발휘하는 공간으로 기획됐다.

이 개념의 핵심은 '투데이 앳 애플Today at Apple' 프로그램으로, 애플 제품 사용법, 사진 촬영, 음악 제작, 프로그래밍 등 다양한 주제에 대한 교육 세션과 워크숍이 진행된다. 애플은 이 프로그램을 통해 고객에게 단순한 쇼핑 경험을 넘어선 문화적·교육적 체험을 제공한다는 목표를 갖고 있다.

타운 스퀘어 개념은 전 세계 주요 도시의 몇몇 대형 애플 스토어에 도입됐으며, 각 스토어의 위치와 디자인, 지역 특성에 맞춰 다양한 방식으로 구현되고 있다. 이러한 사례는 혁신적인 디자인과 기술 외에도 지역 커뮤니티와의 교류를 중시하는 애플의 전략을 잘 보여준다.

애플의 기반이 된 스티브 잡스의 디자인 철학

애플 3대 축 기술의 가장 강력한 무기는 디자인이다. 애플만큼 디자인으로 자신의 정체성과 브랜드를 강렬하게 표현하는 기업을 찾기는 어렵다. 애플의 디자인은 단순히 제품의 외관에 국한되지 않는다. 사용자 경험, 제품의 기능성 그리고 주변 환경과의 상호작용에 이르기까지 광범위하게 디자인의 대상이 된다.

애플은 디자인을 할 때 단순히 제품의 '모습'만 고려하지 않고, 제품 사용의 맥락과 사용 환경, 그리고 사용자와의 상호작용까지 고려한 종합적인 방식으로 접근했다. 이러한 접근은 애플이 온라인, 오프라인 그리고 도시 플랫폼을 혁신하는 데 핵심 역할을 했으며, 기업 창조성의 원천으로 작용했다.

설립자 스티브 잡스도 디자인에 대한 많은 통찰을 남겼다. 그는 1983년 애스펀 콘퍼런스Aspen Conference에서 디자인의 중요성과 사용자 인터페이스의 직관성을 강조했다. 사용자가 이미 경험한 물리적 세계와 유사한 디자인을 통해 새로운 기술을 쉽게 습득할 수 있어야 하며, 디자인과 기술은 제품의 성공에 핵심 역할을 한다고 봤다. 또한 디자인이 사용자의 상호작용 방식을 결정하고 제품의 성능에 영향을 미친다고 믿었다.

잡스의 통찰은 사무실 디자인에도 적용됐다. 그는 사용자에게 필요한 기능과 목적을 명확하게 제공하는 사용자 친화적 디자인을 도입했다. 스티브 잡스의 초기 디자인 철학은 이처럼 사용자 경험, 기술, 디자인, 사용자의 상호작용, 즉각적이고 명확한 효과를 강조했다.

애플의 성장과 함께 잡스의 디자인 철학은 단순함, 디테일, 기술과 미학의 융합을 강조하는 방향으로 진화했다. 제품 디자인의 단순함과 아름다움을 강조하는 그의 디자인 철학은 여전히 디자인의 세계에 영향을 미치고 있다. 잡스는 자신에게 영감을 준 디자인 전통으로 간소함, 단순함, 집중력을 중시하는 선불교와 간결함과 우아함을 강조하는 바우하우스를 언급했다. 그가 어떤 영향을 받았는지 알면 잡스의 디자인 원칙을 다양한 관점에서 탐구하며 그의 디자인 철학을 이해할 수 있다.

애플 3대 축 기술은 이러한 디자인 철학에 깊이 뿌리를 두고 있으며, 이를 기반으로 애플은 제품·서비스·환경 디자인에 혁신적인 아이디어를 적용하고 있다. 애플의 디자인은 디자인과 주변 환경의 상호작용이 현대 기술과 디자인의 교차점에서 어떻게 영감을 제공하고 혁신을 가능하게 하는지를 보여주는 중요한 사례다. 애플은 이 디자인 혁신을 원동력 삼아 다양한 플랫폼에서 혁신을 이루어내고 3대 축 기술의 선도 기업으로 남아 있다.

어반플레이,
도시에도 운영 체제가 필요하다

크리에이터 경제가 부상하면서 크리에이터 타운을 전문적으로 구축하고 운영하는 기업들이 등장하고 있다. 그중에서도 어반플레이는 로컬스티치와 RTBP Return To BUSAN Port와 더불어 국내에서 크리에이터 타운 개발을 시작한 선두 기업으로 주목할 만하다. 어반플레이는 크리에이터들의 독특한 요구를 반영한 근무 및 주거 공간, 협업 기회, 지역사회와의 연계를 제공함으로써 크리에이터 친화적 도시 환경을 조성하고 있다.

어반플레이는 동시대 라이프스타일 공간 콘텐츠를 중심으로 투자, 기획, 운영을 아우르는 도시 콘텐츠 매니지먼트 플랫폼을 지향하는 회사다. 2013년 창업해 11년째 연희동과 연남동을 기반으로 도시 플랫폼 사업을 펼치고 있으며, 5년 전부터는 수원, 광주, 제주 등에서도 지역 커뮤니티 프로젝트를 활발하게 진행 중이다.

어번 크리에이터 분야에서 선도적 역할을 하는 어반플레이는 창업 초기부터 "도시에도 운영 체제가 필요하다"는 슬로건을 강조해왔다. 다른 회사와 달리 도시 플랫폼을 중심으로 오프라인, 온라인 플랫폼 서비스를 연계해나가고 있다.

도시 플랫폼의 중심에는 창조 커뮤니티가 있어야 한다. 이 커뮤니티에서 활동하는 크리에이터가 콘텐츠를 창작하고, 그 콘텐츠가 라이프스타일과 결합해 경제적 가치가 창출된다. 크리에이터 콘텐츠(소프트웨어)가 지역의 건축 자원(하드웨어)과 만나 새로운 공간을 만들며, 이러한 콘텐츠가 밀집되면 새로운 골목 경험, 도시 경험이 가능해진다.

창조적 문화를 생산하는 선순환 체계를 구축한 도시는 건강한 방식으로 지속적인 성장을 도모할 수 있다. 이미 오랜 세월 기능해온 도시는 지역의 유무형 자원을 콘텐츠 기반으로 새롭게 정의하고 개발하는 플랫폼으로의 전환이 필요하고, 새롭게 구축되는 도시는 계획 단계부터 크리에이터 콘텐츠 중심의 마스터플랜이 필요하다.

어반플레이는 도시 콘텐츠 개발의 핵심으로 크리에이터 협업을 전면에 내세우며, 오프라인 콘텐츠 생산에 필수적인 인적 자원을 육성하고, 지역민과 외부 방문객 간 유대를 강화하는 전략을 추진한다. 공공 기관, 학계, 기업 같은 다양한 분야와 긴밀한 네트워크도 구축하고 있다. 이후의 전략적 목표는 지식재산권 관리다. 크리에이터를 발굴하고 육성해 콘텐츠의 지식재산권을 확보하고, 다양한 라이프스타일 분야의 크리에이터와 협력해 지역의 자원을 새롭게 콘텐츠화하는 방안을 추진하고 있다.

연희동과 연남동의 도시 플랫폼

어반플레이의 도시 플랫폼은 본사가 위치한 연희동과 연남동 중심으로 형성된다. 홍주석 대표는 이 2개 지역에서 "창작자의 다양한 콘텐츠가 살아 숨 쉬는, 문화적 다양성을 갖춘 도시"를 실현하고자 한다. 이를 위해 콘텐츠 생산자와 경험자가 손쉽게 만나 소통할 수 있는 플랫폼을 조성해 공간, 콘텐츠, 온라인이 선순환하는 시스템을 구축했다.

어반플레이는 연희동과 연남동을 중심으로 다양한 크리에이터가 동네에서 경제적 활동을 할 수 있는 도시 플랫폼 서비스 바운드를 제공하고 있다. 현재 파크먼트 연희, 연남장, 웰컴센터 연희, 뉴스뮤지엄 등 11개 공간을 운영하고 있으며, '연희, 걷다'라는 지역 축제를 2015년부터 매년 개최하고, 로컬 잡지 〈아는동네〉 시리즈를 출판하는 등 지역 아카이브 사업도 꾸준히 진행하고 있다.

연간 1,000여 팀의 크리에이터가 지역 프로젝트를 통해 어반플레이와 비즈니스 활동을 이어가고 있다. 최근 어반플레이는 온라인 로컬 멤버십 서비스 바운더리를 통해 온라인을 통해서도 비즈니스 확장을 시도했다.

연희, 걷다는 어반플레이의 가장 대표적인 프로젝트로, 연희동만의 매력을 보여주는 민간 중심 지역 마케팅이다. 2015년 지역 공예 작가들과 소박하게 시작한 이 프로젝트는 이제 연 1회 60여 명의 지역민, 상인, 문화예술가가 함께 만들어가는 행사로 자리 잡았다. 국내외 다양한 크리에이터를 초대해 연희동만의 매력을 다양한 시선으로 재해석하기도 한다.

파크먼트 연희는 지역 내 노후 단독주택 4채를 연결해 구성한 복합 문화 공원이다. 기존 집의 정원을 개방해 콘텐츠로 활용 가능한 소공원을 만든 것이다. 파크먼트 연희에는 기획형 팝업 스토어와 전시장,

리빙 브랜드 쇼룸, F&B 브랜드 매장 등이 모여 있으며 주기적으로 가드닝 프로그램, 플리마켓, 커뮤니티 프로그램을 진행해 연희동만의 로컬 라이프스타일을 지속적으로 보여준다. 지역 상권 크리에이터와 외부 소비자의 자유로운 커뮤니티를 형성하고 콘텐츠 교류와 협업 등 다양한 서비스도 제공한다.

연남장은 지역의 극장을 재해석해 만든 공간이다. '로컬 크리에이터 라운지'를 표방하며 공연, 강연, 파티, 플리마켓, 전시, 팝업 스토어, 뮤지컬 등 다양한 문화 이벤트가 펼쳐진다. 크리에이터를 위한 코워킹 공간도 있다. 6년 전 처음 문을 열 당시만 해도 핫 플레이스 느낌이 강했으나 이제는 그 시간들을 넘어 연희동과 연남동에서 없어서는 안 될 문화 커뮤니티 공간으로 자리 잡았다.

웰컴센터 연회는 컨시어지 서비스를 통해 동네 상권에 관심 있는 창작자, 소상공인, 소비자가 자연스럽게 네트워크를 형성해 콘텐츠를 만들고 소비할 수 있는 커뮤니티 공간을 지향한다. 지역 상권에 대한 정보 교류, 다양한 공간을 매개로 한 지자체와 소상공인의 협업, 커뮤니티 프로그램, 동네 인사이트 투어, 교육 등이 주된 서비스다.

이 외에도 어반플레이가 운영하는 오프라인 프로그램에는 동네 메이커 스페이스 연희회관, 프라이빗 스튜디오 바운드 하우스, 인사이트 크리에이터를 위한 공간 기록상점 등이 있다. 어반플레이의 도시 플랫폼 서비스는 연희동과 연남동에서의 6년에 걸친 경험을 바탕으로 수원 행궁동, 광주 등지로 확장해나가고 있다.

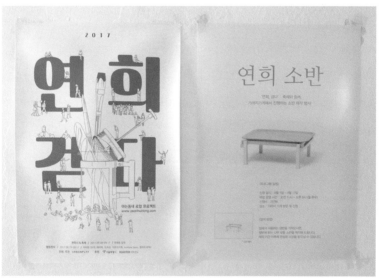

— 어반플레이는 다양한 방식으로 연희동을 소개한다.

복합문화공간 중심의 오프라인 플랫폼

어반플레이의 오프라인 플랫폼은 연희동과 연남동을 비롯한 거점 지역에서 운영하는 공간이다. 모든 공간을 관통하는 콘셉트는 '크리에이터 콘텐츠 기반의 복합문화공간'이다.

어반플레이는 이 콘셉트를 다양한 브랜드로 구현해 전국적으로 운영해나가고 있다. 현재 연희동과 광주 아시아문화전당에서 운영 중인 파크먼트는 2025년 경기도권 추가 개장을 필두로 3년 이내에 전국적으로 약 10곳의 지점을 개장할 예정이다. 컨템퍼러리 라이프스타일 뮤지엄을 표방하고 있는 뉴스뮤지엄 역시 을지로를 시작으로 연남동, 연희동, 수원행궁, 광주 등 5개 공간을 운영하고 있으며, 장차 다양한 지역으로 영역을 넓힐 계획을 갖고 있다. 또한 어반플레이는 fyi, 스테이블성수, 캐비넷클럽 라운지 등의 브랜드를 바탕으로 전국 각지에서 오프라인 크리에이터와 스몰 브랜드의 콘텐츠를 투자, 제작, 유통해 나가고 있다.

어반플레이만의 오프라인 플랫폼 비즈니스에서 가장 중요한 부분은 크리에이터를 발굴하고 육성해 콘텐츠의 지식재산권을 확보하는 데 있다. 잡지 시리즈 〈아는 동네〉와 〈로피스〉, 창업 네트워킹 행사 로컬게더링을 비롯한 다양한 프로젝트를 통해 크리에이터와의 접점을 넓혀나가고, 로컬 파이오니어 스쿨 같은 교육 프로그램을 통해 크리에이터를 육성한다. 이렇게 확보한 콘텐츠 풀을 토대로 새로운 복합문화공간을 지속적으로 기획 및 운영할 계획이다.

멤버십 중심의 온라인 플랫폼

어반플레이는 오프라인에서 주로 비즈니스를 운영하는 기업이지만 창업 초기부터 오프라인 공간과 온라인 플랫폼을 유기적으로 활용해 도시 플랫폼을 성장시키기 위해 다양한 기술적 시도를 해오고 있다.

최근 들어 가장 주력하는 바운더리 멤버십 서비스는 어반플레이 공간과 파트너 공간에서 생성된 동네 기반 콘텐츠를 앱에 소개해 온·오프라인에서 쉽게 구매, 공유, 적립할 수 있는 상품이다. 이는 동네만의 문화와 콘텐츠를 확산하고 해당 지역에 관심 있는 소비자와 지속적으로 소통하는 역할을 한다.

2023년 연희, 걷다에서 바운더리를 통해 연희동과 연남동 50여 곳의 쿠폰을 사용할 수 있는 연연패스를 출시하기도 했으며, 올해는 성수, 이태원, 서촌 등 서울 대표 골목 상권뿐 아니라 제주, 강릉 같은 지역 콘텐츠가 풍부한 다른 도시에서도 온라인 기반 동네 패스를 선보일 예정이다.

어반플레이는 바운더리 외에도 IT 기술의 융·복합을 통해 '도시 소프트웨어 디벨로퍼'로서 다채로운 콘텐츠를 공급하고, 지역 개발 및 운영 모델을 혁신할 수 있는 서비스를 준비하고 있다. 또한 3만 개 이상의 라이프스타일 분야 크리에이터와 스몰 브랜드 데이터베이스를 바탕으로 오프라인 콘텐츠를 생산할 수 있는 인적 자원을 육성하고, 지역민과 외부 방문객 사이의 유대를 형성하고 있다. 아울러 공공 기관, 학계, 기업 등과 긴밀한 네트워크망을 갖춤으로써 다양한 분야의 크리에이터들과 협업해 지역의 유무형 자원을 새롭게 콘텐츠화한다.

이처럼 유기적인 콘텐츠 순환을 통해 도시의 지속적이고 건강한 성장을 도모하는 전략은 도시 플랫폼을 기반으로 3대 축을 활용한 대표적인 사례라고 볼 수 있다.

상호보완하는 어반플레이의 플랫폼

도시 플랫폼, 오프라인 플랫폼, 온라인 플랫폼이라는 3대 축을 통해 플랫폼 간 시너지를 극대화하는 전략을 효과적으로 실행하고 있는 어반플레이의 통합적 접근 방식은 각각의 플랫폼이 서로를 보완하고 강화하는 방식으로 구성되어 있다.

도시 플랫폼과 오프라인 플랫폼의 상호작용

어반플레이는 연희동, 연남동 등 특정 지역에 집중해 복합문화공간을 조성하고, 이를 통해 크리에이터가 창작 활동을 할 수 있는 기반을 마련한다. 오프라인 공간은 도시 플랫폼의 핵심 구성 요소로서 지역 커뮤니티와의 연결 고리 역할을 한다.

도시 내에서 어반플레이가 운영하는 오프라인 공간은 지역을 문화적·경제적으로 활성화시키며, 도시의 브랜딩과 이미지를 강화하는 데 기여한다. 이 과정에서 생성된 다양한 문화 콘텐츠와 이벤트는 도시의 매력을 강화하고, 방문객과 지역민의 참여를 유도한다.

오프라인 플랫폼과 온라인 플랫폼의 연결

한편 어반플레이는 오프라인에서 생성된 콘텐츠와 경험을 온라인 플랫폼을 통해 더 많은 대중과 공유한다. 아울러 오프라인 공간의 이벤트나 프로그램을 온라인 커뮤니티와 소셜 미디어를 통해 홍보함으로써 다시금 오프라인 참여를 촉진하는 선순환 구조를 만들어낸다.

온라인 플랫폼은 도시 공간에서의 실제 경험을 디지털 콘텐츠로 전환해 지역 및 크리에이터의 이야기를 널리 알리는 역할을 한다. 이 과정에서 어반플레이는 다양한 온라인 서비스와 앱을 개발 및 운영해 오프라인 경험을 온라인으로 확장하고, 온라인 커뮤니티가 물리적 공간에서 참여하도록 유도한다.

도시 운영 체제를 통한 3대 축 통합

어반플레이는 도시 운영 체제 개념을 바탕으로 온라인, 오프라인, 도시의 3대 축을 통합한다. 도시 운영 체제는 이 3대 축을 통합하는 수단이자 3대 축을 통합함으로써 실현하려는 목표다. 어반플레이는 도시 콘텐츠의 창조와 공유를 중심 삼아 3대 축의 일관성을 유지한다. 도시 공간을 재해석하고, 해당 공간에서 창출되는 다양한 문화 콘텐츠를 기반으로 도시의 새로운 가치를 창조하고 공유하는 데 집중한다.

어반플레이의 3대 축 중심 크리에이터 타운 조성 사업은 새로운 도시 개발과 운영 방식을 제시한다. 단순히 물리적인 공간을 제공하는 것을 넘어, 크리에이터들의 지속 가능한 성장과 자립을 돕는 생태계를 만드는 것에 초점을 맞추는 것이다. 어반플레이의 크리에이터 타운은 입주자들이 상호 교류와 협력을 통해 시너지 효과를 창출하고, 지역 경제와 문화 발전에도 기여하는 선순환 구조를 지향한다.

어반플레이와 같은 크리에이터 타운 구축 기업들의 혁신적 시도는 크리에이터 중심의 새로운 도시 패러다임을 제시하며, 도시와 경제, 문화의 변화를 선도하고 있다. 크리에이터 타운은 단순한 유행이 아닌, 도시의 지속 가능한 발전을 위한 필수 모델로 자리 잡을 것이다.

3

크리에이터가 이끄는
도시와 로컬의 진화

6

도시는
무엇으로
진화하는가?

크리에이터 중심
창조 도시의 등장

한국의 도시 개발 논의를 보면 정책이 존재하는지 의문스럽다. 신도시, 스마트 도시, 재개발, 재생 논의를 거쳐 1기 신도시 재정비 계획까지 왔지만, 이것들은 모두 도시의 외형을 어떻게 만들 것인가에 관한 논의이다. 어떤 내용의 도시를 만들고자 하는지에 대한 질문에는 아무도 답하지 않고 있다. 한국이 부동산 개발 중심의 도시 정책에 집중하는 동안, 선진국들은 새로운 도시 모델을 지속적으로 발전시켜왔다.

1980년대부터 주력 산업이 제조업과 서비스 산업에서 첨단 산업, 문화 산업, 지식 산업으로 전환하기 시작하면서, 선진국들은 새로운 '창조 도시' 모델을 모색하기 시작했다.

창조 도시는 현대 도시 문화를 설명할 때 자주 쓰이는 용어다. 가치적으로는 창의성, 문화, 기술, 혁신을, 산업적으로는 문화 산업과 창조 산업을 지역 발전의 주요 요소로 간주하는 지역을 창조 도시라고 부른다. 창조 도시는 대규모 사회간접자본 프로젝트나 산업 유치에 초점을 맞추기보다 기업, 시민사회, 개인의 창조력을 촉진해 도시문제를 해결하고 새로운 산업이 요구하는 인재와 어메니티를 제공한다.

1990년 초에 창조 도시 이론은 창조 산업의 유치와 집적에 집중했다. 창조 도시를 문화 산업의 클러스터로 본 것이다. 2000년대 이후에는 인재를 강조하는 창조계급 중심의 창조 도시, 산업보다는 도시 브랜딩과 문화 기획을 통한 창조적 분위기milieu를 중시하는 창조 도시 모델이 부상했다.

문화 산업 기반 도시를 제1의 창조 도시, 창조계급 기반 도시를 제2의 창조 도시, 문화 기획 주도 도시를 제3의 창조 도시로 분류할 수 있다. 하지만 2000년대에 들어서면서 플랫폼 경제가 온라인과 오프라인으로 확장되며 새로운 유형의 창조 도시가 등장했다. 이 도시들은 온라인 플랫폼과 물리적 공간, 상권, 도시 등 오프라인 플랫폼을 융합한 상업 콘텐츠로 거리와 동네의 모습을 변화시킨다. 스톡홀름의 쇠데르말름, 도쿄의 시모키타자와, 뉴욕의 브루클린 같은 상업 지역이 바로 창조성 풍부한 크리에이터를 중심으로 한 '제4의 창조 도시'다.

한국 역시 창조 도시가 점차 중요한 현안으로 부상하고 있다. 이 문제는 특히 도시의 어메니티 부분에서 두드러진다. 한국의 도시 개발자들은 주택과 교통 인프라에 투자하면서도, 그러한 접근성만으로는 MZ세대를 유인하지 못한다는 사실을 깨닫고 있다.

창조 인재에게 중요한 것은 라이프스타일, 문화 시설, 친환경 요소, 창의적 리테일, 건축 환경 등 다양한 도시 어메니티다. 현재 이러한 어메니티를 제공하는 곳은 홍대, 성수동 등 소수에 불과하다.

한국의 지역 위기도 어메니티 부족에서 원인을 찾아야 한다. 창조 인재가 선호하는 어메니티는 대부분 수도권에 몰려 있다. 따라서 대기업이라도 필요한 인재를 채용하려면 사업장을 수도권에 배치할 수밖에 없다. 과거와 다르게 이제는 일자리가 아닌 장소 자체가 인재를 끌어들인다.

수도권 내에서도 어메니티의 불균형은 심각한 문제다. 정부가 대중교통망에 투자해 신도시의 접근성을 높이더라도, 어메니티가 부족한 지역은 인구를 지속적으로 유치하거나 독자적으로 성장하기 어렵다.

정부는 지역 도시와 수도권 신도시를 매력적인 어메니티를 제공하는 제4의 창조 도시로 전환하는 데 주력해야 한다. 이를 위한 핵심 정책 도구는 문화 지구 조성이다. 크리에이터, 문화 시설, 건축 환경과 상권을 활용해 크리에이터가 활동할 수 있는 시장과 환경을 조성하는 것을 도시 정책의 목표로 두어야 한다.

제4의 창조 도시가 제공하는 기회를 최대한 활용하려면 예술인과 문화 시설 지원을 넘어 도시 정책, 소상공인 정책, 상권 정책에까지 문화 정책을 적용해야 한다. 문화 지구 조성과 같은 정책 지원은 변화를 가속하며, 이를 통해 한국은 지역적 특성을 강조하는 지속 가능한 창조 도시로 성장할 수 있다.

기존 창조 도시 이론의 한계

창조 도시라는 용어가 자주 쓰이고는 있지만, 스톡홀름의 쇠데르말름과 같은 곳을 창조 도시로 표현하는 것이 적절한지 의문이다. 쇠데르말름이 창조 도시가 강조하는 요소를 갖고는 있지만, 창조 도시는 상업적 크리에이터가 만드는 도시의 독특한 매력을 표현하기에는 적절하지 않은 단어다.

그 이유는 창조 도시 이론 때문이다. 창조 도시 개념 자체는 크리에이터를 충분히 수용할 수 있지만, 창조 도시 이론은 그만큼 포용적이지 못하다.

서구에서 창조 도시 이론은 미국 도시학자 리처드 플로리다와 영국 문화기획자 찰스 랜드리를 2개 축으로 발전해왔다. 이 2명의 학자의 이론적 '무대'에 소상공인 크리에이터가 출현하기는 하지만, 주연과는 거리가 멀다. 플로리다와 랜드리가 강조하는 도시 창의성의 주체는 각각 창조계급과 공공 기관이다.

플로리다의 창조 도시 이론

플로리다의 주장은 단순하다. 창조계급이 창조 도시를 만든다는 것이다. 그에게 창조계급은 고학력 전문직이다. 그가 최고 수준의 창조계급으로 분류한 '순수 창조의 핵'의 구성을 보자. 컴퓨터와 STEM(과학, 기술, 공학, 수학) 분야 직업, 건축과 엔지니어링 직업, 생명과학·물리학·사회과학 직업, 교육·훈련과 도서관 관련 직업, 예술·디자인·예능·스포츠·미디어 관련 직업이다. 경영, 비즈니스와 금융, 법률, 의료와 엔지니어링, 고가 유통 등 서비스 분야는 두 번째 계급인 '창조적 전문가'로 분류한다.

외식업, 리테일, 문화 등 쇠데르말름의 공간을 운영하는 창업자들은 플로리다의 창조계급에 속하지 않는다. 그곳의 종업원들은 다른 서비스나 노동자와 마찬가지로 창조성 기준에서 하위에 속하는 노동자와 서비스 계급으로 분류된다.

플로리다의 창조 도시가 쇠데르말름 같은 지역을 설명하는 이론으로 '오해'받는 이유는 그가 창조계급을 유치하기 위해서는 그들이 선호하는 도시 어메니티, 즉 상업 인프라가 중요하다고 강조했기 때문이다. 정작 그런 어메니티를 생산하는 리테일 분야 소상공인은 창조계급으로 분류되지 않고 연구 대상에도 포함되지 않는데 말이다.

플로리다가 창조 도시의 3대 조건으로 소수자에 대한 개방성을 강조한 것도 플로리다 창조 도시의 이중성을 보여준다. 많은 소수자가 창조계급으로 활동하고 창조 활동을 소비한다는 가설 외에 플로리다는 소수자의 구체적 창조 활동에 대해서는 별다른 논의를 하지 않는다. 따라서 소수자가 소상공인과 마찬가지로 창조계급을 지원하는 계급에 지나지 않는다는 비판을 받을 수 있다.

랜드리의 창조 도시 이론

랜드리는 특정 계급이 아닌 도시 전체의 창조성, 즉 예술가, 크리에이터, 문화 기획자의 구체적 창조 활동과 그들의 주무대인 건축과 거리의 중요성을 강조한다는 점에서 플로리다와 차별화된다.

플로리다도 거리 단위에서 형성되는 창조 커뮤니티와 이를 주도하는 활동가를 언급하지만, 이들 활동가 역시 그가 창조 도시의 주체 세력으로 주목한 창조계급에 속하지는 않는다. 플로리다의 도시가 창조계급을 수용하는 '박스'와 같다면, 랜드리의 도시는 그 박스 안에서 만들어지는 '문화'와 같다.

랜드리는 이 문화를 시민, 예술가, 정부 관리가 합심해서 만드는, 보이지 않지만 도시 문화 전체에서 느낄 수 있는 창조적 분위기로 표현한다.

구체적 대안으로 들어가면, 랜드리가 강조하는 창조 도시의 주체는 정부다. 창조계급을 유치하면 도시 창조성은 자연스럽게 조성된다는 플로리다와 달리, 랜드리는 정부가 직접 창조 도시 환경을 만드는 문화와 도시 사업을 선호한다.

랜드리가 단순히 미술관과 박물관 건설 사업만을 강조하는 것은 아니다. 문화 시설, 축제, 도시 마케팅 등 전통적 문화 기획 사업뿐만 아니라 거리 문화를 활성화하는 도시재생, 도시계획, 상권 사업도 지지한다. 거리를 도시 생활의 중심지로 보기 때문이다.

전통적 창조 도시와 쇠데르말름은 창조의 주체와 지리적 범위에서 차이가 있다. 쇠데르말름 문화의 주체는 창조계급이나 공공 기관이 아니다. 전 세계의 다른 창조 지역과 마찬가지로, 쇠데르말름 역시 정부에 의해 기획된 도시가 아니다. 학자들이 주로 문화 산업과 창조 산업을 강조하는 창조 도시와 달리, 쇠데르말름은 오프라인 크리에이터들이 리테일과 콘텐츠 중심으로 활동하는 도시다.

도시의 범위도 다르다. 창조 도시 문헌은 전통적으로 창조 도시를 대도시 또는 중소 도시 단위로 분석하지만, 현대 도시의 창조 지역은 도시 안의 소지역 생활권 중심으로 형성되어 있다. 소지역 생활권의 커뮤니티 요소도 중요하다. 쇠데르말름의 창의성은 지역 커뮤니티와의 긴밀한 연결을 통해 형성되며, 이는 커뮤니티 지향적 창조 방식을 반영한다.

이러한 분석을 통해, 플로리다와 랜드리의 창조 도시 이론이 쇠데르말름 같은 지역의 독특한 창조적 특성을 완전히 설명하기에는 한계가 있음을 알 수 있다. 쇠데르말름에 필요한 도시 개념은 창조계급, 창조 산업을 넘어 소상공인과 크리에이터가 중심이 되는 새로운 창조 도시, 즉 '크리에이터 타운'이다.

크리에이터 타운이란
무엇인가?

감각적인 오프라인 크리에이터들이 만드는 쇠데르말름의 문화를 어떻게 표현해야 할까? 쇠데르말름의 창조성을 구축하는 사람들은 쇠데르말름이라는 특정 장소에 끌려 모인, 한국에서는 로컬 크리에이터로 불리는 창의적 소상공인이다. 앞서 〈뉴욕타임스〉가 소개한 쇠데르말름의 창의적 공간은 모두 예술가 성향의 소상공인이 운영하는 식당, 편집숍, 바, 커피 전문점이다. 전통적인 문화예술 공간인 사진 박물관에서 강조된 인물도 유명 셰프다.

헤노크 펜티에의 선택은 쇠데르말름에 대한 흥미로운 관점을 제시한다. 갤러리나 극장 같은 전통적인 문화 기관 대신 리테일과 미식 체험을 강조한 것이 처음에는 의외로 보일 수 있지만, 이는 쇠데르말름의 성격과 그 진화에 대한 새로운 생각을 반영한다. 요컨대 펜티에는 혁신적인 미식 경험, 패션, 독특한 영화관과 바를 강조함으로써 쇠데르말름에서 창의성이 발현되는 다양한 방식을 지적한 셈이다. 도시 공간의 창의성은 고정된 것이 아니라 혁신적인 리테일 및 다이닝 경험 등 다양한 형태로 진화하고 나타난다.

이제 쇠데르말름의 창조성을 실현하는 사람들에게 적절한 이름을 부여해야 한다. 창조계급이나 문화 기획자가 아닌 다른 이름 말이다. 그들에게 적합한 용어로 나는 '크리에이터'를 제안한다. 그들은 창의적 요리, 감각적 패션 아이템, 장인정신이 담긴 커피, 지역과 자연에 충실한 요리, 예술작품 같은 칵테일 등 다양한 상업적 콘텐츠를 제작하는 오프라인 크리에이터다.

쇠데르말름은 전통적인 문화예술보다는 크리에이티브 리테일과 커머스가 더 활발하다는 특징을 가지고 있다. 이와 유사한 양상을 보이는 다른 지역으로는 도쿄의 시모키타자와, 서울의 홍대를 꼽을 수 있다. 반면 런던의 쇼디치, 뉴욕의 윌리엄스버그, 베를린의 크로이츠베르크 등은 리테일 활동이 전통적인 문화예술 활동과 공존하고 있다. 소매 산업과 다른 형태의 창의성 간 균형은 각 지역의 특성, 역사, 도시 역학에 따라 다양하게 나타난다.

다양하고 현대적인 특성을 고려할 때, 쇠데르말름은 '크리에이터 타운'이라는 용어가 적합한 곳이다. 전통적인 문화예술이나 창조산업 활동을 강조하는 창조 도시 또는 창조 지구 개념보다 포괄적인 용어다. 보헤미안이나 힙스터 같은 문화 지구와 관련된 용어는 특정한 라이프스타일이나 하위문화를 강조하기 때문에 쇠데르말름의 다양성을 정확하게 표현하지 못한다. 크리에이터 타운은 전통 문화예술 활동뿐만 아니라 창의적인 리테일, 온라인 커머스, 디지털 창업, 온라인 콘텐츠 창작, 디지털 노마드 같은 크리에이터 리테일 비즈니스를 도시 문화와 산업의 중심축으로 강조한다.

크리에이터 타운의 현재와 미래

크리에이터 타운은 크리에이터 경제를 견인하는 3대 축 경제의 연장이다. 디지털·오프라인·도시 플랫폼의 3가지 축을 중심으로 다양한 유형의 온라인·오프라인·어번 크리에이터가 활동하는 도시다. 쇠데르말름, 홍대와 성수동, 포틀랜드, 브루클린, 시모키타자와 등 3대축 플랫폼을 활용하는 크리에이터들이 활동하는 도시가 그 전형이다. 요컨대 온라인 플랫폼, 공간과 거리를 기반으로 한 오프라인 플랫폼, 그리고 도시 어메니티를 중심으로 한 도시 플랫폼이 주도하는 현대도시를 3대 축 도시로 이해할 수 있다.

정부가 크리에이터 타운을 조성하려면 크리에이터와 이들이 활동하는 플랫폼 중심의 새로운 전략을 모색해야 한다. 장기적 관점에서 창조계급을 유치하고 도시계획과 문화 기획 사업을 진행하는 것도 중요하지만, 더 근본적인 성공 요인은 크리에이터의 공급에 있다. 그러기 위해서는 현재 크리에이터 타운으로 자리 잡고 있는 국내외 도시의 경험을 면밀히 분석해 교훈을 얻어야 한다.

크리에이터 타운이 동네 중심으로 형성되고 있지만, 그 구체적인 모습은 서울 서교동, 부산 영도, 충남 공주 그리고 전남 목포의 공간기획 사업에서 더 뚜렷하게 보인다. 로컬스티치는 서교동에 296실 규모의 크리에이터 타운 서교를 운영하며 공유 주거 공간과 함께 공유 사무실, 회의실, 휴게 공간 등을 제공해 크리에이터들의 업무와 네트워킹을 지원하고 있다.

RTBP는 영도에서 끄티 봉래라는 복합문화공간을 운영 중이다. 이

━━ 로컬스티치 크리에이터 타운 서교점의 다양한 공간.
　　(이미지 출처: 로컬스티치 홈페이지)

곳은 편집 숍, 라이프스타일 숍, 워케이션 센터, 양조장, 파인다이닝 레스토랑, 갤러리 등 다양한 시설을 갖추고 있어 크리에이터들에게 영감과 휴식을 제공한다.

퍼즐랩은 공주시 원도심에서 한옥 숙박시설 봉황재를 중심으로 독특한 크리에이터 타운 모델을 구축했다. 숙박객들의 다양한 니즈를 주변 상권과 연계해 충족시키는 방식을 채택해 지역 전체가 하나의 큰 호텔처럼 기능하도록 만들었다.

목포의 괜찮아마을 프로젝트는 청년들의 '제2의 고향'이 되는 것을 목표로, 독특한 체류형 여행 경험을 제공한다. 원도심의 다양한 시설을 활용하고 지역 소상공인과 협력해 다양한 로컬 콘텐츠를 개발하며 단기 및 장기 여행 프로그램을 운영한다. 목포 원도심은 괜찮아마을을 통해 여행 크리에이터 커뮤니티로 전환되고 있다. 충주의 관아골은 지역 내의 크리에이터 기업을 브랜드로 만들고, 이를 통해 동네 전체를 브랜드로 구축하는 크리에이터 커뮤니티 사업을 추진하고 있다.

이러한 사례들은 각 지역의 특색을 살리면서 크리에이터들의 다양한 니즈를 충족시키는 새로운 형태의 크리에이터 타운 모델을 보여준다.

디지털 플랫폼 위에서
작동하는 도시

크리에이터 타운의 매력은 크리에이터가 만든 콘텐츠에 있다. 논리적으로 보면 크리에이터 타운의 비밀은 그 이상도 그 이하도 아니다. 그러나 크리에이터 콘텐츠는 진공 상태에서 생성되지 않는다. 크리에이터 타운이 효과적으로 기능하려면 운영 체제를 갖춰야 한다. 크리에이터 타운의 운영 체제는 바로 크리에이터가 활동하는 온라인·오프라인·도시 플랫폼이다.

크리에이터 타운은 단순히 크리에이터가 모여 있는 곳이 아니라 플랫폼과 지역이 결합해 형성된 새로운 경제 생태계다. 도시학 관련 문헌에서는 '플랫폼 도시'를 구성원이 참여하고 상호작용할 수 있는 다양한 공간과 서비스를 제공하는 도시로 이해하는 경향이 있다. 일부에서는 이 개념을 스마트 도시 운영 체계에 적용하는 것을 넘어 플랫폼 도시주의로 확장하고 있다. 플랫폼을 통해 수집한 데이터를 기반으로 주거, 일, 놀이, 문화 등 도시 생활 전반을 지원하고 통합하는 것이다.

크리에이터에게 플랫폼 도시는 크리에이터를 지원하는 플랫폼 경제를 의미한다. 플랫폼 도시에서 플랫폼은 하나로 정의되지 않는다. 다양한 온라인(디지털)·오프라인·도시 플랫폼이 상호작용을 통해 크리에이터를 위한 커뮤니티를 형성하고 기회를 창출한다.

오프라인 크리에이터에게 가시적으로 중요한 플랫폼은 오프라인과 도시(동네) 플랫폼이다. 그러나 외부에서는 명확하게 보이지 않는 디지털 플랫폼도 오프라인 및 도시 플랫폼과 마찬가지로 오프라인 기업의 경영 환경에 결정적 영향을 미친다. 오프라인 활동이 활발한 크리에이터 타운에서도 디지털 플랫폼이 도시 운영 체제로 작동한다.

크리에이터 타운은 디지털 플랫폼을 중심으로 새로운 크리에이터 생태계를 구축한 디지털 플랫폼 도시다.

크리에이터와 연결된 플랫폼 도시는 기본 플랫폼 도시 모델과 달리 다양한 유형의 크리에이터가 도시에서 활동하고 성장할 수 있는 환경을 만드는 데 초점을 맞춘다. 개인과 소규모 기업의 활동을 지원하고, 온라인과 오프라인을 크리에이터 중심으로 통합하며, 지역사회와 공동체를 활성화하는 크리에이터 타운은 전체 시스템의 효율성을 강조하고 소상공인의 역할을 제한하는 기존 플랫폼 도시 모델보다 포용적이고 분권적이다.

디지털 플랫폼이 연결하는 도시

디지털 플랫폼 도시는 먼 미래의 일이 아니다. 홍대, 이태원, 성수동 등 서울을 대표하는 크리에이터 타운은 이미 디지털 플랫폼 도시다.

이곳에서 활동하는 오프라인 크리에이터가 대기업과 동등하게 경쟁할 수 있는 이유는 디지털 플랫폼이 소상공인을 위해 제공하는 다양한 소지역 생활 서비스 덕분이다.

디지털 플랫폼 서비스 덕분에 오프라인 크리에이터는 임대료, 광고, 온라인 쇼핑몰 운영비를 절감할 수 있다. 고객이 위치 기반 서비스와 하이퍼로컬 서비스를 활용해 매장을 쉽게 찾기 때문에 전통적인 기준의 '좋은' 위치는 더 이상 중요한 성공 요인이 아니다. 상권 브랜드는 여전히 유효하지만, 그 상권의 어디에 위치해 있는지는 과거만큼 중요하지 않다. 일부 크리에이터는 이런 이유로 의도적으로 외진 곳에서 둥지를 튼다.

별도의 광고 없이도 충분한 홍보 효과를 얻는다는 점 역시 큰 혜택이다. 디지털 광고 콘텐츠를 손수 제작해 소셜 미디어에 유통하면 충분한 광고 효과를 낼 수 있다. 물론 소셜 미디어 마케팅이 쉬운 일은 아니지만, 가게 주인이 진정성을 갖고 운영하면 SNS로 고객 커뮤니티를 구축하고 유지할 수 있다. 디지털 플랫폼을 이용하면 디지털 전환 비용도 거의 들지 않는다. 네이버 스마트스토어에 입점하면 별도의 자사 몰을 운영하지 않아도 된다.

크리에이터 타운의 로컬 브랜드가 위치와 유동 인구를 강조하는 전통적 상권 논리에 포획됐다면 자신의 비즈니스와 상권을 현재 수준으로 확장시킬 수 없었을 것이다. 디지털 플랫폼 기술의 진보로 인해 위치와 유동 인구는 과거보다 덜 중요해졌다. 상권 중심부에서 '밀려난' 크리에이터가 외진 지역에 자리를 잡고 비즈니스를 지속할 수 있는 이유는 플랫폼 기술의 발달로 그런 곳에서도 콘텐츠를 제작하고 판매할 수 있기 때문이다.

　디지털 플랫폼의 소상공인과 동네 생활 지원으로 지역 소상공인은 경제적 혜택을 얻을 수 있다. 많은 연구에서, 디지털 플랫폼과 연결된 소상공인이 그렇지 않은 소상공인보다 높은 경제적 성과를 보이는 것으로 나타났다. 네이버의 연구 결과에 따르면, 라이브 커머스를 활용한 스토어는 그렇지 않은 스토어보다 판매량과 판매액이 각각 평균 49%, 48% 증가했다.

　네이버와 연세대학교 연구진이 공동 발간한 《로컬 브랜드 리뷰 2022》를 보면 디지털 플랫폼과 로컬의 연관성을 쉽게 발견할 수 있다. 리뷰에 등재된 112개 로컬 브랜드 중 89개가 국내 플랫폼 기업의 온라인 서비스를 활용하는 것으로 나타났다. 상당수 로컬 브랜드가 플랫폼을 통해 전국 시장에 진출한 것이다. 부산의 한 커피 기업이 단일 매장을 운영하면서도 커피 전문가들이 가장 높게 평가하는 브랜드로 성장한 것도 플랫폼의 힘이 없으면 불가능했을 일이다.

　지역사회 관점에서 중요한 효과는 지역 경제 활성화다. 《로컬 브랜드 리뷰 2023》에 따르면 로컬이 강한 지역과 동네에서는 소상공인의 스마트스토어 운영도 활발하다. 한편 〈중앙일보〉 조사에 따르면, 디지털 전환이 창업을 원하는 지역 청년에게 새로운 기회를 제공하고 있다. 연령별 네이버 스마트스토어 신규 판매자 중 20대의 비수도권 거주자 비율이 가장 높다. 이들은 음식, 패션, 잡화 등 다양한 분야에서 IT 플랫폼을 활용해 빠르게 성장하며, 플랫폼의 장점을 활용해 전국구 브랜드로 자리 잡고 있다. 특히 패션 아이템 브랜드 창업을 선호하고, IT 솔루션을 적극 이용하는 경향이 있다.

디지털 플랫폼이 육성하는 도시?

디지털 플랫폼이 새로운 크리에이터 타운을 만들 수 있을까? 디지털 플랫폼이 홍대, 성수동, 연희동과 같이 오프라인과 도시 플랫폼이 이미 형성되어 있는 지역에서 활동하는 소상공인과 크리에이터에게 도움을 주는 것은 확실하나, 디지털 플랫폼 진입과 크리에이터 타운 형성의 인과관계를 명확하게 보여주는 사례는 찾기 어렵다.

디지털 플랫폼의 자원과 영향력을 고려할 때, 디지털 플랫폼이 일정 조건을 만족하는 지역을 크리에이터 타운으로 전환시킬 능력이 있다고 보는 게 맞다. 플랫폼 기업과 비교할 수 없을 만큼의 '빈약한' 자본으로 지역의 상권을 핫 플레이스로 기획하는 기업이 있는 것을 보면 기업에 의한 상권 활성화가 불가능한 것은 아니다. 중심지 문화, 청년 인구, 역사적 건축물, 로컬 크리에이터 인적 자원 등이 크리에이터 타운 조성에 유리한 조건이다.

정부도 여기에 일조할 수 있다. 크리에이터 타운으로 유망한 지역에 건축물, 거리, 거점 공간, 문화 시설 등 크리에이터 타운의 물리적 조건과 더불어 가장 중요한 자원인 크리에이터를 공급하는 것이다. 물리적·인적 조건을 만족하는 지역은 디지털 플랫폼 중심으로 크리에이터 콘텐츠를 생산 및 유통하는 크리에이터 타운으로 진화할 수 있을 것이다.

디지털 플랫폼 기업이 크리에이터 타운 조성에 직접 참여하지 않더라도, 지역의 문화와 자원을 활용해 콘텐츠를 발굴하고 육성하며 네이버 스퀘어 같은 크리에이터 커뮤니티와 공간을 지원함으로써 지역이 크리에이터 타운으로 성장하는 데 기여할 수 있다.

흩어지고 연결되는
노마드 시티

현대 도시 문화는 크리에이터의 비중이 증가하고 노마드 라이프스타일이 확산되면서 지속적으로 변화하고 있다. 크리에이터 라이프스타일이 일하는 방식과 사회적 관계 형성 방식을 재정의한다면, 노마드 라이프스타일은 공간, 콘텐츠, 커뮤니티, 도시를 활용하고 소비하는 방식을 새롭게 규정한다. 라이프스타일의 변화는 도시 구조와 운영에 영향을 미치며, 도시의 변화는 유연성의 증가, 창조성의 증가, 개인화, 압축화, 네트워크화 등 5가지 주요 흐름으로 요약할 수 있다.

이러한 도시 변화를 함축적으로 표현하는 모델은 '노마드 시티'로, 도시 주민의 노마드와 크리에이터 욕구를 적극적으로 수용하는 도시다. 여기서는 라이프스타일과 도시 구조의 변화로 형성되는 노마드 시티 모델을 분석하고, 이 도시의 미래를 전망해보려 한다.

노마드 라이프스타일이 만드는 도시

노마드 시티를 견인하는 노마드 라이프스타일의 본질은 유연성과 이동성이다. 원조 격인 디지털 노마드가 독립성을 강조한다면 N잡러, 프리랜서, 크리에이터 등 최근 부상하는 노마드 라이프스타일 향유자들은 유연성을 중시한다. 그러나 이들은 공통적으로 고정적인 일과 장소를 탈피해 다양한 경험이 가능한 작업 환경을 선호하고 이를 선택할 수 있는 물리적 이동성을 확보하고자 한다.

노마드 라이프스타일은 디지털 노마드에서 시작해 그 범위가 확장됐다. 최근 관심을 받는 노마드 직군으로는 온라인과 오프라인에서 활동하는 크리에이터, 프리랜서 그리고 긱 워커가 있다. 또한 전통적인 직장 환경에서 벗어나 유연한 근무 조건을 선호하는 유연근무자, 재택근무자, 다양한 직업을 병행하는 N잡러, 부업을 하는 크리에이터 등도 노마드 라이프스타일을 추구하는 현대적 노마드로 볼 수 있다. 이들은 전통적 근무 환경의 제약을 넘어서는, 자유롭고 유동적인 작업 방식을 추구한다.

한 달 살기와 워케이션 같은 노마드 라이프스타일이 정규직 직장인들 사이에서도 중요한 삶의 방식으로 부상하고 있다. 이러한 추세는 공유 자동차, 공유 숙박, 공유 사무실, 공유 주거 같은 공유 경제 모델에 적극적으로 참여하는 소비자의 증가로도 나타난다. 이들도 전통적인 생활 패턴과 고정된 위치에 얽매이지 않는 유연한 생활 방식을 추구한다는 점에서 노마드 라이프스타일의 확장된 범주에 속한다고 볼 수 있다.

앞서 말했듯 노마드와 크리에이터 라이프스타일의 확산은 도시에 유연성의 증가, 창조성의 증가, 개인화, 압축화, 네트워크화라는 5가지 주요 변화를 가져온다.

유연성이 증가한다면 도시 주민이 아무런 구속 없이 생활 방식이나 근무 장소를 자유롭게 선택할 수 있다. 이는 도시의 공간적 다양성을 촉진하며, 개인의 라이프스타일에 맞춰 도시가 조정되는 추세를 반영한다.

창조성 증가를 위해서는 개인의 능력이 최대한 발휘되는 도시 환경을 설계하는 것이 중요하다. 특히 지역 고유의 자원과 문화를 활용해 창조적 활동을 장려하며, 도시의 문화적 다양성과 경제적 활력을 증진해야 한다.

개인화는 개인의 선호와 욕구가 도시계획과 생활 구조에 중요한 영향을 미치는 경향이다. 이는 다양한 라이프스타일과 문화적 취향을 수용하는 맞춤형 도시 공간의 개발로 이어지며, 도시 거주민 각자의 독특한 요구를 반영한 도시 구조가 구현된다.

압축화는 필요한 모든 서비스와 활동이 가까운 거리에 위치하도록 도시 구조를 재편하는 것이다. 도시 공간의 최적화와 효율적인 생활의 질 향상이 목표다.

네트워크화는 정보와 자원의 공유를 통해 도시 간, 커뮤니티 간에 강력한 네트워크를 구축하는 것이다. 이는 도시 생활의 질을 높이고, 보다 연결된 사회적·경제적 환경을 조성하려는 노력으로 나타난다.

노마드 라이프스타일의 수용은 공간 디자인에 새로운 문제를 제기한다. 그 결과 집과 사무실의 경계는 흐려지고 도시 구조 자체가 변화

━━ 각국은 디지털 노마드를 유치하기 위해 노력한다. 우리 정부도 K팝 관광객 등을 대상으로 '디지털 노마드(워케 이션) 비자'를 시범 운영하고 있다.

한다. 노마드들이 선호하는 도시 모델에는 어떤 특징이 있을까? 노마드 시티에서도 크리에이터 타운이 기본 모델이 될 것이다. 절대 다수의 노마드가 크리에이터적 일과 삶을 추구하는 만큼 이들에게 활동 무대를 제공하는 크리에이터 타운은 노마드 시티의 필수 조건이다.

크리에이터 타운에 노마드 라이프스타일이 추가될 때 어떤 도시가 생겨날까? 이에 대한 답은 가장 발전된 형태의 노마드, 즉 디지털 노마드의 문화에서 찾을 수 있다. 디지털 노마드들이 선호하고 집결하는 도시, 다시 말해 '디지털 노마드 시티'가 미래 노마드 시티의 모델이 될 가능성이 크다.

크리에이터가 사랑하는 디지털 노마드 시티

디지털 노마드에게 가장 좋은 도시에 대한 이야기가 언론에 자주 등장한다. 초기의 디지털 노마드 시티로는 저렴한 물가와 좋은 날씨를 자랑하는 치앙마이, 발리, 조호르바루 같은 동남아시아 휴양지가 각광을 받았다. 이후 유럽과 북미의 작은 도시들도 디지털 노마드를 적극 유치하기 시작했다. 에스토니아의 탈린, 폴란드의 크라쿠프, 헝가리의 프라하 등이 디지털 노마드의 성지로 여겨지는 동유럽의 소도시들이다.

2세대 디지털 노마드 시티는 1세대와 달리 인터넷 인프라와 디지털 비즈니스 환경에 적극적으로 투자해 경쟁력을 강화한다. 노마드 시티의 조건이 삶의 질과 인터넷 속도뿐 아니라 디지털 노마드의 창업을 촉진할 수 있는 환경을 조성하는 것까지 확대되는 것이다. 블록체인 산업 유치에 적극적인 스위스의 추크가 좋은 사례다. 추크는 금융·유통 등의 규제를 대폭 완화해 핀테크, 블록체인, 가상화폐 비즈니스의 중심지가 되기 위해 노력하고 있다. 이제는 홍콩, 밴쿠버, 샌프란시스코 등의 하이테크 대도시도 블록체인, 가상화폐 등 새로운 디지털 산업을 적극 유치하기 시작했다.

디지털 노마드 시티는 일반적으로 생활 환경이 좋고 주거 비용이 낮다. 아울러 디지털 비즈니스를 촉진하기 위해 규제를 완화하고 인프라 구축에 중점을 둔다. 앞으로 도시 어메니티 조성, 노마드 맞춤형 주거와 작업 공간, 디지털 비즈니스 환경 개선을 통해 디지털 노마드와 원격 근무자를 유치하는 도시가 더 늘어날 것으로 예상된다. 디지털 노마드를 지향하는 일반 노동자도 늘어나고 있지만, 디지털 노마드 인구 자체의 성장세도 심상치 않다. 한 연구 기관에 따르면 2035년까지 디지털 노마드가 10억 명에 이를 것으로 추정된다.

노마드 시티의 개념이 디지털 노마드에서 프리랜서, 플랫폼 노동자로 확대됨에 따라 이들이 선호하는 도시 형태가 새로운 노마드 시티의 모델이 될 수도 있다. 한 연구는 2030년까지 미국 노동자의 절반 이상이 실질적인 프리랜서로 활동할 것으로 예상했다.

앞으로는 도시 경쟁력이 기업 투자 유치 능력이 아닌 프리랜서 유치 능력에 의해 결정될 것이다. 일부 도시는 이미 프리랜서의 실적과 능력을 중요한 평가 기준으로 삼고 있다. 프리랜서와 플랫폼 노동자 중심의 도시가 바람직한지에 대해서는 아직 논란이 많다. 많은 사람이 여전히 안정적인 고용과 복지를 제공하는 대기업 정규직을 선호하며, 언론도 프리랜서와 플랫폼 노동자에 대해 부정적인 보도를 많이 하기 때문이다.

그러나 프리랜서와 플랫폼 노동자가 지속적으로 증가함에 따라, 도시와 플랫폼 기업은 그들의 노동 환경을 개선하고 공유 경제 인프라와 커뮤니티에 대한 투자를 늘릴 수밖에 없어졌다. 프리랜서의 기본 인프라를 확충하는 노력이 성과를 내기 시작하면, 노마드 시티는 사람들이 살고 싶어 하는 도시가 될 것이다.

노마드 시티는 노마드 경제의 특성에 따라 다양한 형태로 발전할 수 있다. 노마드와 프리랜서가 크리에이터로 진화해 크리에이터 경제를 확장한다면, 노마드 시티는 크리에이터 타운 중심으로 변화할 것이다. 위에서 언급한 디지털 노마드 시티도 이미 크리에이터 타운으로 전환하고 있다고 볼 수 있다. 노마드 시티의 도시 단위는 크리에이터 문화를 수용하고 지원하는 크리에이터 타운이 될 가능성이 높다.

하지만 노마드 라이프스타일이 확산되면 도시가 유동화, 분산화, 네트워크화되어 크리에이터 타운의 구조가 변화한다. 크리에이터 타운이 유동화되면 도시의 공간, 상권, 콘텐츠가 더욱 유동적으로 변한다. 아울러 분산화가 진행됨에 따라 도시의 중심부와 교외 구조가 해체되고 다수의 크리에이터 타운이 형성된다. 노마드 시티는 이렇게 분화한 크리에이터 타운들을 연결하는 네트워킹의 도전에 직면할 것이다. 결국 노마드 시티는 크리에이터 타운의 유동화, 분산화, 연결화를 통해 '크리에이터 타운 네트워크'로 진화할 것이다.

크리에이터 경제의 다양성을 고려할 때, 미래에는 도시 내에 다수의 크리에이터 타운이 형성되고 공존할 것이다. 크리에이터와 노마드에게 필요한 도시 인프라와 어메니티를 공급하는 것이 크리에이터 타운의 역할인 만큼 도시 전체가 크리에이터 타운 네트워크로 연결될 것이다.

크리에이터 타운 네트워크는 특정 지역에 국한되지 않는 포괄적 도시 인프라와 어메니티의 연계망을 의미한다. 독립적인 크리에이터 타운으로 기능하는 중심가(다운타운)를 중심으로 다수의 크리에이터 타운이 연결된 도시 구조다. 이 네트워크는 도시 전체에 걸쳐 다양한 위치에서 창의적 작업을 수행하는 개인과 집단에 필수적인 자원을 제공한다. 여기에는 공유 작업 공간, 협업을 위한 커뮤니티 센터, 예술과 기술을 지원하는 단체, 그리고 일상생활을 위한 편의시설 등이 포함될 수 있다. 크리에이터 타운 네트워크로 도시의 여러 부분이 연결되어 유기적으로 서로를 지원하는 생태계를 형성하면 크리에이터들이 어느 위치에서든 최적의 조건에서 창의적 활동을 할 수 있다.

노마드 시티 모델 : 크리에이터 타운 네트워크

라이프스타일의 변화				
크리에이터		노마드		

도시 구조의 변화				
유동성 증가	창조성 증가	개인화	압축화	네트워크화

도시 모델의 변화		
크리에이터 타운의 유동화	크리에이터 타운의 분산화	크리에이터 타운의 네트워크화

크리에이터 타운 네트워크로 진화하는 대표적인 도시가 뉴욕이다. 뉴욕은 코로나19 사태로 원격근무가 증가함에 따라 크리에이터 타운 네트워크를 구축하고 있다. 중심가에서 일하던 노동자는 주택 가격이 저렴하고 육아 환경이 우수한 교외 지역으로 이주했다. 교외 도시는 이들 재택근무자를 위해 중심가 수준의 어메니티를 제공하기 시작했다. 이로 인해 과거에는 주택과 쇼핑몰만 있던 뉴욕의 교외 도시가 작은 크리에이터 타운으로 변모하고 있다.

크리에이터 타운 네트워크의 발전은 주거, 교통 그리고 사람들의 사회적 상호작용에 영향을 미친다. 주거 면에서, 크리에이터 타운 네트워크는 다양한 라이프스타일을 수용할 수 있는 유연한 주거 공간을 필요로 한다. 크리에이터와 프리랜서는 작업과 생활 공간을 통합하는 경향이 있어, 이들의 필요를 충족하기 위한 새로운 형태의 주거 단지가 등장할 수 있다.

교통 면에서, 크리에이터 타운 네트워크는 분산된 작업 공간에 쉽게 접근할 수 있는 효율적인 시스템을 필요로 한다. 이는 지속 가능한 대중교통 및 도시 교통으로의 혁신을 추동할 것이다.

사회적 상호작용 측면에서, 크리에이터 타운 네트워크는 다양한 배경과 전문성을 가진 사람들이 모이는 공간을 제공함으로써 창의적인 협업과 네트워킹을 촉진할 것이다. 이러한 환경은 사회적 유대와 혁신적 아이디어의 교류를 강화하며, 다양한 문화적·창의적 활동을 장려한다.

미래 도시 설계가 크리에이터 타운 네트워크 중심으로 진행될 것이라는 신호는 여러 지표에서 감지할 수 있다. 첫째, 급변하는 기술 환경과 디지털화가 전통적인 직장 환경의 한계를 넘어서는 근무 방식을 가능하게 만들었다. 크리에이터가 아닌 일반 노동자들도 개인의 창의력과 유연성을 중시하는 크리에이터의 근무 환경을 원한다.

둘째, 사회적 상호작용과 커뮤니티 중심의 라이프스타일이 도시 설계에서 공동체와 협업을 강조하는 새로운 패러다임을 만들어내고 있다. 이것이 도시 공간을 단순한 거주지에서 네트워킹, 협업, 창의적 활동이 일어나는 복합 공간으로 변모시킨다.

셋째, 지속 가능성에 대한 관심이 친환경적인 도시 설계 방식을 요구한다. 이는 미래 도시가 단순히 인프라와 건물의 집합이 아니라 창의성, 협업, 지속 가능성을 중심으로 한 커뮤니티 생태계로 발전해야한다는 것을 시사한다. 크리에이터 타운 네트워크는 이러한 요구 사항을 반영하는 도시 설계의 핵심 요소가 될 것으로 예상된다.

노마드 시티는 현대 도시의 변화를 적극적으로 수용하며, 크리에이터 타운 네트워크를 통해 이를 실현한다. 노마드 시티 모델은 도시 구조와 운영에 대한 새로운 시각을 제공하고, 도시 주민들이 자유롭고 창조적으로 삶을 영위할 수 있는 환경을 조성하기 위한 방향성을 제시한다. 노마드 시티는 미래 도시계획과 정책 개발에 있어 혁신적이고 지속 가능한 해결책을 모색하는 데 중요한 기여를 할 것으로 기대된다.

크리에이터 타운의
미래

크리에이터 타운의 미래는 크리에이터 경제의 미래와 연결되어 있다. 기술혁신과 개인 창의성의 결합이 크리에이터 경제 모델을 자유롭고 독립적인 업무와 생활의 플랫폼으로 발전시킨다면, 크리에이터 타운은 이러한 플랫폼을 기반으로 안정적 성장을 할 수 있을 것이다.

희망적인 미래가 저절로 보장되는 것은 아니다. 크리에이터 경제는 부적절하게 관리되면 인간을 기계와 시스템에 종속된 노동으로 이끌며 극단적인 소외 상황으로 몰아갈 위험이 있다. 크리에이터 경제의 미래는 근본적으로 온라인·오프라인·도시 환경을 아우르는 크리에이터 경제의 3가지 주요 축을 어떻게 관리하고 혁신할지에 따라 달라진다. 기술 발전이 이 3가지 축을 크리에이터의 필요와 이익에 맞춰 재구성하는 데 성공한다면, 크리에이터 경제 시스템은 개인의 창의성과 자유를 촉진하는 강력한 플랫폼으로 자리매김할 수 있다.

탈중앙화 네트워크가 미래다

온라인·오프라인·도시 플랫폼 개혁 중 개념적으로나마 방향성이 명확한 분야는 온라인 플랫폼이다. 리 진은 협동조합과 블록체인 플랫폼이 크리에이터 경제의 미래가 될 것이라고 단언한다. 크리에이터가 활동하는 플랫폼이 현재의 독과점·수직 구조에서 경쟁·수평 구조로 전환한다는 것이다. 리 진은 이러한 전환을 주도할 기업으로 협동조합 플랫폼, 비영리 플랫폼, 블록체인 플랫폼 등 탈중앙화 네트워크를 주목한다.

현재의 독과점 플랫폼 경제에서는 권한이 플랫폼 기업에 집중되어 있다. 플랫폼 기업이 크리에이터에게 많은 기회를 제공한 것은 사실이지만, 플랫폼 기업 중심의 운영 구조는 독과점, 경제 불평등, 개인정보 유출 등 심각한 경제적·사회적 문제를 유발한다.

미래는 달라야 한다. 다행인 것은 크리에이터 사이에서 집단행동을 통해 권리를 강화하려는 운동이 시작됐다는 점이다. 정부도 크리에이터 지원, 저작권 보호, 문화 기술 등의 콘텐츠 공급, 미디어와 플랫폼 연결 등의 콘텐츠 유통, 콘텐츠 소비 지원을 중심으로 온라인 크리에이터 경제 생태계의 구축을 돕고 있다. 최근에는 표준 계약서 권장, 경력 증명서 발부, 실업보험 가입 독려 등 크리에이터의 권익과 근로환경을 개선하는 데까지 나아갔다.

장기적으로는 기술 변화에 주목해야 한다. 블록체인, 암호화폐, NFT 등 개인 간 거래를 활성화하는 기술이 플랫폼의 탈중앙화를 가속하고 있다. 현재 추세라면 크리에이터가 소유하고 운영하는 플랫폼의 등장은 시간문제다. 이미 스톡 사진 라이브러리 서비스 스톡시Stocksy가 운영 정책을 회원이 결정하는 협동조합으로 운영되고 있다.

암호화폐 네트워크 같은 탈중앙화 네트워크는 기여 정도에 따라 사용자에게 토큰을 배포하고, 이를 통해 소유권과 거버넌스 권한을 부여한다. 예를 들어, 액시인피니티Axie Infinity 같은 펫 배틀 게임에서 사용자는 교환 가능한 토큰을 획득하고 이를 현금화할 수 있다. 이 게임은 한때 일일 사용자가 250만 명에 달했다. 2021년 8월 출시된 디지털 아트 마켓 슈퍼레어SuperRare도 분산화 네트워크 형태로 사용자에게 플랫폼의 미래를 결정하는 권한을 준다.

〈이코노미스트〉는 크리에이터 경제를 지원하는 탈중앙화 네트워크가 머지않은 장래에 새로운 임계점에 도달할 것으로 전망한다. 토큰 분배를 통해 자산을 민주적으로 축적할 수 있게 된 것은 크리에이터에게 유리한 변화다. 사용자에게 소유권을 부여해 대규모 사용자 기반을 구축한 네트워크는 기존의 중앙집중적 네트워크를 시장에서 퇴출시킬 것이다. 크리에이터 소유권은 플랫폼과 참여자 사이의 갈등을 해소하고 수익을 모든 이해 당사자에게 공평하게 분배하는 혁신적 제도로 부상했다.

물론 반론도 존재한다. 디지털 기술 전문가 신동형은 탈중앙화를 지향하는 많은 블록체인 기반 플랫폼에 대규모 벤처 캐피털 투자가 집행됐음에도 이들 플랫폼이 실제로 사용자 중심으로 운영하기 어려운 재무 구조로 운영됐다는 점을 지적한다. 이에 따라 많은 창업가가 벤처 캐피털에 의존하지 않기 위해 새로운 기술과 비즈니스 모델을 개발하는 추세다.

크리에이터 경제에 희망을 걸어야 하는 가장 중요한 이유는 개인이 주도하는 경제의 특성 때문이다. 산업사회에서 콘텐츠 생산과 유통의 주체는 기업이다. 영화사, 레코드 스튜디오, 출판사, 갤러리 등 기획사가 기업 형태의 제작사들이 대량생산한 콘텐츠를 중개했다. 콘텐츠가 산업사회의 대량생산, 대량소비 체제에 편입된 것이다.

그러다 플랫폼 경제에 들어와서는 크리에이터의 역할이 부각됐다. 제작사나 기획사에 종속되지 않고 독립적으로 활동하는 크리에이터가 산업을 주도할 수 있는 환경이 만들어진 것이다. 콘텐츠도 산업사회와 달리 대량생산이 아닌 창의적이고 차별화된 콘텐츠가 주를 이룬다. 미래의 탈중앙화 플랫폼에서는 독립 크리에이터가 더 큰 영향력을 행사할 것이다. 반면, 제작사와 기획사의 역할은 크리에이터를 보조하는 것으로 한정된다.

중앙집중형 플랫폼에서 탈중앙화 모델로의 전환 과정을 거치면서, 크리에이터 경제는 기술 플랫폼을 기반으로 점차 확장될 것이다. 이 과정에서 미디어를 비롯한 다양한 연결 기술이 크리에이터에게 유리하게 작용하며, 디자인 소프트웨어나 영상 및 음성 형태의 개인 콘텐츠 제작 도구의 비용도 지속적으로 감소할 전망이다. 더욱 중요한 것은 크리에이터로서 자유롭고 독립적으로 살기를 희망하는 젊은 세대가 계속 증가한다는 사실이다.

콘텐츠에 대한 수요는 계속해서 늘어날 것이다. 경제성장으로 인한 소득 증가가 콘텐츠 소비를 더욱 활발하게 만들고, 사람들의 취향이 다양해지면서 더욱 많은 종류의 콘텐츠에 대한 수요가 생겨날 것이다. 이러한 변화 속에서 기업보다는 독립적인 개인 크리에이터가 맞춤형 콘텐츠 제작에서 더 유리한 위치를 차지하게 될 것이다. 특히 여행자들의 로컬 콘텐츠에 대한 요구는 현지 크리에이터에게 새로운 기회를 제공할 수 있다.

오프라인과 도시 플랫폼이 부상한다

단순히 온라인 플랫폼의 개혁만으로 크리에이터 경제의 미래가 보장된다고 단언하기는 어렵다. 특히 탈중앙화가 기대만큼 빠르게 진행되지 않을 가능성을 고려할 때, 크리에이터는 탈중앙화 이외에도 다양한 전략을 모색해 자신의 경제적·창의적 이익을 보호해야 한다. 많은 크리에이터가 오프라인 및 도시 환경에서 새로운 기회를 발견하고 있으며, 이를 통해 전통적 온라인 플랫폼의 한계를 극복하고 다양한 창작 활동을 촉진하는 추세다. 오프라인과 도시 환경이 제공하는 독특한 자원과 네트워크를 활용해 크리에이터 자신의 작품과 창의성을 더 넓은 관객과 나눌 수 있게 된 것이다.

온라인 플랫폼은 크리에이터와 소비자 그리고 파트너의 연결을 강화하는 전통적 미디어 역할을 수행한다. 이러한 플랫폼은 광범위한 관객에게 도달하고, 크리에이터가 다양한 채널을 통해 창작물을 배포하는 데 핵심 역할을 한다. 반면, 오프라인 플랫폼은 실제 세계에서의 크리에이터 활동을 확장하고, 관객과의 직접적 상호작용을 촉진한다. 이런 현상은 특히 크리에이터 타운에서 두드러지며, 여기서 크리에이터는 높은 삶의 질과 창의적 환경을 누리고 지역 커뮤니티의 지원을 받으며 활동한다.

온라인과 오프라인 그리고 도시적 맥락을 포함한 이 3가지 생태계가 조화롭게 결합될 때 크리에이터는 자신의 창작 능력을 최대한 발휘할 수 있으며, 이것이 크리에이터 경제의 잠재력을 극대화하는 데 기여한다.

탈중앙화가 온라인 플랫폼의 발전 방향을 제시한다면, 전 세계의 여러 원도심 크리에이터 타운은 오프라인 및 도시의 미래에 대한 새로운 비전을 보여준다. 크리에이터 타운은 신도시나 고립된 도시 단지보다는 매력적인 건축물, 활기찬 보행 환경, 풍부한 문화적 자원을 갖춘 원도심 지역에서 더 큰 성공을 거둘 가능성이 높다.

서울의 K팝 기획사들이 상대적으로 새로운 환경인 강남을 떠나 성수동, 한남동, 홍대 같은 원도심 골목 상권으로 이전하는 것이 이러한 추세를 반영한다. 뉴욕의 브루클린, 런던의 쇼디치, 베를린의 크로이츠베르크 같은 지역에서도 유사한 현상을 관찰할 수 있다. 이들 지역은 크리에이터가 필요로 하는 주거·놀이·업무 시설을 구축하는 데 유리한 환경을 제공한다.

전 세계의 크리에이터 타운은 독특한 콘텐츠와 커뮤니티를 기반으로 대기업과의 경쟁에서 자신만의 자리를 차지하고 있다. 이러한 타운들은 오프라인과 온라인 크리에이터가 협력해 만들어낸 개성 넘치는 콘텐츠와, 이를 둘러싼 유연한 협력 네트워크를 통해 활기찬 상권과 강력한 팬덤을 형성한다. 이 팬덤과 상권 네트워크는 오프라인에서의 협업과 교류뿐만 아니라, 소셜 미디어 네트워킹, 위치 기반 서비스, 하이퍼로컬 플랫폼 같은 다양한 온라인 도구를 이용해 강화되고 발전한다. 그 결과 크리에이터 타운은 전통적인 상업적 경계를 넘어선 새로운 형태의 경제적 생태계를 구축하며, 생태계 참여자들은 지역공동체의 창의성과 경제적 가능성을 최대한 활용할 수 있다.

크리에이터 타운에서 얻을 수 있는 교훈은 탈중앙화 네트워크를 단순히 온라인의 이슈로만 한정하지 말아야 한다는 것이다. 대신, 오프라인과 도시를 중심으로 크리에이터 타운의 핵심 구성원을 모으고, 이들을 활용해 탈중앙화 플랫폼을 오프라인으로 확장하면 더욱 지속 가능하고 혁신적인 플랫폼 모델을 만들 수 있다. 온라인과 오프라인, 도시적 맥락을 서로 연결하는 데 필요한 첨단 기술과 창의적 전략을 결합하는 방법이다. 크리에이터 타운은 이러한 통합 생태계를 바탕으로 창의적인 콘텐츠 생산과 소비, 커뮤니티 참여와 경제적 기회를 강화하는 데 중요한 역할을 할 수 있다.

도시는 블록체인 에코토피아로 진화한다

탈중앙화로 향하는 크리에이터 타운의 미래는 다시금 윌리엄 모리스의 유토피아와 연결된다. 그의 유산이 개인의 일과 직업에 그치지 않고, 크리에이터가 꿈꾸는 현대적 크리에이터 타운으로까지 확장되는 것이다.

모리스의 유토피아는 그의 1890년 작품 《에코토피아 뉴스》에서 잘 드러난다. 그는 산업화와 기계화에 대한 반대, 수공예와 개인 창조성의 중시, 자연과 인간의 조화, 공동체 중심의 사회를 유토피아의 주요

━━ 미래 도시는 디지털 기술을 바탕으로 서로 연결되는 동
시에 한 동네에서 모든 것을 해결할 수 있는 공동체를
형성할 것이다.

특징으로 제시했다.

크리에이터 타운은 현대 도시 환경에서 창의성과 혁신이 어떻게 발현되는지 탐구하는 공간이라고 설명할 수도 있다. 이때 크리에이터 타운은 창의적 협업의 중심지 되기, 기술과 혁신의 융합, 지속 가능하고 친환경적인 접근, 지역사회와의 연결, 개인과 커뮤니티의 성장 촉진을 목표로 한다.

크리에이터 타운은 많은 분야의 창의적인 전문가가 모여 아이디어를 교환하고 협업하는 공간이다. 그들은 현대적인 기술과 디지털 미디어를 활용하면서 혁신을 촉진하는 환경을 조성한다. 아울러 친환경 기술과 지속 가능한 라이프스타일을 통해 녹색 공간, 에너지 효율 건물, 지속 가능한 자원 가치를 추구하는 '도시 에코토피아'를 지향한다.

블록체인 기술은 '블록체인 에코토피아'의 핵심 요소로 자리매김하고 있다. 이 기술은 투명성, 분권화, 보안성을 제공함으로써 창작물의 저작권 관리, 투명한 거래, 커뮤니티 참여 및 거버넌스 과정에서 중요한 역할을 담당한다. 블록체인 기술은 크리에이터에게 디지털 인프라를 제공함으로써 그들이 디지털 아트, 소프트웨어 개발 등 많은 분야에서 새로운 형태의 창작과 협업을 할 수 있도록 돕는다.

모리스의 에코토피아는 블록체인 시대에 적합한 새로운 도시 모델이 될 수 있다. 이는 미래 도시가 크리에이터에게 창의적이고 지속 가능한 도시 환경을 제공하기 위해 탈중앙화 기술을 적극적으로 수용해야 한다는 점을 시사한다.

7

로컬 콘텐츠가
답이다

지역 소멸을 막는
로컬 콘텐츠 타운

최근 우리나라는 인구 감소와 고령화로 인한 지역 소멸 위기에 직면했다. 특히, 농촌 지역은 인구 감소와 청년 유출이 심각해 지역공동체의 붕괴가 우려되고 있다.

전통적인 농촌 지원 방식으로는 소멸 위기를 극복하기 어렵다. 농촌도 도시와 마찬가지로 로컬 콘텐츠로 다양한 가치를 창출하는 크리에이터의 능력을 활용해야 한다.

농촌 지역이나 도시 낙후 지역에서 크리에이터 경제의 기반을 구축하는 사업이 '로컬 콘텐츠 타운' 조성이다. 로컬 콘텐츠 타운이란 로컬 상권, 로컬 브랜드 생태계, 정주 여건을 보유한 인구 1,000~5,000명 규모의 농산어촌 지역 읍면 소재지를 말한다. 소멸 지역에 건축, 디자인, 콘텐츠에 기반한 로컬 상권을 조성하고 정주 여건을 개선하며 결과적으로 로컬 콘텐츠를 사업화할 크리에이터와 기업을 유치하는 것이 타운 조성의 목적이다.

'지역색'이 도시를 살린다

로컬 콘텐츠의 힘은 이미 서울의 동네에서, 그리고 제주, 양양, 강릉, 전주와 같은 지방 도시에서 증명됐다. "서울 안의 100개 도시"라는 〈뉴욕타임스〉 기사의 표현이 말하듯이 서울은 다른 세계적 도시와 마찬가지로 동네의 개성이 강한 도시로 자리매김했다. 그러나 서울의 동네가 항상 개성이 강한 것은 아니었다. 1990년대까지만 해도 서울은 중심부와 변두리로 나뉜 평범한 도시였다. 외식이나 쇼핑을 하기 위해서 거주지를 떠나 시내로 가던 시절이다.

지금은 다르다. '슬세권'(슬리퍼 차림으로 필요한 편의 시설을 이용할 수 있는 주거 권역)이란 단어가 유행하듯이 굳이 다른 지역에 가지 않아도 동네 안에서 모든 것을 해결할 수 있는 도시가 됐다. 서울의 동네 부흥을 견인한 것은 동네 문화와 로컬 콘텐츠를 바탕으로 한 골목 상권이다. 2000년대 중반부터 주목받기 시작한 MZ 세대는 골목 상권을 여행 가듯 찾는다. 골목 상권은 2005년 홍대, 이태원, 가로수길, 삼청동 등에서 형성되기 시작해 현재 서울 전역에 74개로 증가했다.

지역의 변화도 주목해야 한다. 지역의 사정이 어렵다고 하지만, 지역 소멸 위험을 극복한 지역도 많다. 양양과 제주가 대표적이고, 강릉과 전주도 독특한 라이프스타일을 내세워 발전을 꾀하고 있다.

강릉은 커피 산업을 중심으로 현대적인 로컬 브랜드를 발전시켰다. 테라로사, 카페 보헤미안 등의 커피 브랜드를 시작으로, 수제 맥주, 로컬 푸드, 디자인 상품 등 다양한 분야의 독립 브랜드들이 성장했다. 이러한 현대적 로컬 브랜드들은 젊은 창업가들을 유치하고, 관광객들을 끌어들이는 데 성공했다.

반면 전주는 전통문화를 현대적으로 재해석해 성공을 거뒀다. 한옥마을을 중심으로 한식, 한옥, 한복 등 전통문화를 관광상품화하고 산업화했다. 한복남, 리슬 같은 젊은 브랜드들이 전통을 현대적으로 해석해 새로운 비즈니스 모델을 만들어냈다.

강릉과 전주는 각자의 방식으로 지역의 특색을 살린 로컬 콘텐츠를 개발함으로써 젊은 층을 유치하고 관광객을 끌어들이는 데 성공했다. 강릉은 현대적인 감각의 로컬 브랜드로, 전주는 전통문화의 현대화로 각각 지역의 정체성을 확립하고 경제를 활성화했다.

강릉과 전주의 사례는 지역의 특성을 살린 로컬 콘텐츠 개발이 효과적인 지방 소멸 위기 극복 전략이 될 수 있음을 보여준다. 또한 젊은 창업가들의 혁신적인 아이디어와 지역의 전통이 결합할 때 새로운 성장 동력을 만들어낼 수 있다는 점을 시사한다.

'넥스트 로컬 콘텐츠 타운'은 어디인가?

마을 단위에서도 로컬 콘텐츠 성공 사례를 찾을 수 있다. 제주 구좌읍 세화리, 부여 규암면 자온길, 홍성 홍동면 유기농마을, 강릉 초당동 순두부마을, 양양 죽도면 서핑마을, 고창 상하면 상하농원이 대표적인 로컬 콘텐츠 타운이다.

문제는 로컬 콘텐츠 타운의 수다. 지역 소멸에 대응하기 위해서는 더 많은 마을을 로컬 콘텐츠 타운으로 전환해야 한다. 정부가 정책을 면밀하게 설계하면 실제로 로컬 콘텐츠 타운의 수를 늘릴 수 있다. 정부는 성공 가능성이 높은 지역을 발굴하고, 이를 대상으로 정책을 설계해야 한다.

정부가 1차 사업지로 선정해야 할 마을은 국립공원 입구 마을, 문화재와 문화시설이 집적된 역사 문화 지구(예: 영주 소수서원 부근), 경관과 생태 자원을 보유한 어촌과 수변 마을, 한옥, 적산가옥, 단독주택 등 양질의 건축물을 보유한 건축 마을, 산업화 가능성이 높은 특산물을 생산하는 마을(예: 풍기 인견·홍삼) 등 문화 자원을 보유한 농산어촌 지역이다.

로컬 콘텐츠 타운 자체도 새로운 개념이 아니다. 서울시가 이미 2022년 로컬 콘텐츠 중심의 로컬 브랜드 상권 육성 사업을 시작했다. 로컬 브랜딩, 건축 자원과 거점 시설 지원, 로컬 브랜드 발굴을 통해 잠재력 있는 골목을 단순 소비 공간이 아닌, 지역 특색이 반영된 머물고 싶은 공간으로 조성하려 한다.

로컬 콘텐츠 타운 조성 방법

로컬 콘텐츠 타운 조성 사업은 로컬 브랜딩, 건축·디자인 지원, 로컬 메이커 스페이스 운영 등 크게 3개 사업으로 구성된다. 첫째, 지역 자원과 특색에 기반해 지역의 정주 여건과 로컬 비즈니스 환경을 설계하는 로컬 브랜딩 사업이다. 로컬 브랜딩이 성공하기 위해서는 지역이 특화할 로컬 콘텐츠를 포함한 다양한 생활과 상업 자원을 발굴하고, 거점 시설, 커뮤니티 등 이를 사업화하는 데 필요한 하드웨어와 소프트웨어 인프라를 확충해야 한다.

전문 기관의 도움을 받아 머물고 싶은 동네를 조성하기 위한 마스터플랜을 짜고 거점 시설과 네트워크를 구축하는 행정안전부의 로컬 브랜딩 사업, 로컬 컨셉 설정, 건축과 디자인 지원, 로컬 브랜드와 콘텐츠 발굴을 통해 소도시의 가치를 전파하는 코오롱 FnC 에피그램의 로컬 프로젝트, 로컬 여행지의 지속 가능한 성장을 지원하기 위한 신세계의 로컬이 신세계다 캠페인이 공공과 민간에서 진행되는 대표적인 로컬 브랜딩 사례다.

둘째, 상권과 정주 여건을 조성하기 위해 건축과 디자인 자원을 지원하는 것이다. 성동구가 성수동의 상징인 붉은 벽돌 건축 문화를 보존하기 위해 붉은 벽돌 건축물의 재생을 지원하듯이, 건축·디자인에 대한 지원은 타운을 건축하기 위한 마스터플랜을 설정하고 이에 따라 건축물을 신축하거나 개축하는 사업자에 보조금을 지급하는 방식으로 추진할 수 있다.

로컬 콘텐츠 타운의 기본 건축 환경은 도시와 다르지 않다. 농촌에서도 도시와 마찬가지로 건축 자원, 보행 환경, 문화 시설, 크리에이터 커뮤니티가 매력적인 상권을 만든다. 도시에 비해 농촌 마을에서 가장 부족한 자원이 건축물과 가로街路다. 개성 있는 공간을 만들 수 있는 건축물과 걷기 좋은 보행로가 콘텐츠를 생산하는 로컬 상권의 기본 조건이다. 읍면 소재지 로컬 콘텐츠 상권도 적절한 수준의 건축 자원과 보행 환경을 보유해야 한다.

연희동 등 여러 지역에서 건축과 콘텐츠 공급을 통해 로컬 브랜드 생태계를 구축하는 어반플레이의 바운더리 프로젝트, 연희동, 연남동, 합정동에서 '작은 도시'를 기획하는 쿠움파트너스의 합정 당인 타운이 대표적인 건축·디자인 기반 콘텐츠 타운 조성 사업이다.

셋째, 문화가 풍부한 농촌 읍면 소재지에 로컬 크리에이터와 콘텐츠를 육성하기 위한 로컬 메이커 스페이스를 운영하는 것이다. 건축, 디자인, 식가공 기술과 장비를 통해 크리에이터에게 로컬 콘텐츠 사업화를 교육하는 일종의 로컬 기술 지원 센터다.

오프라인 소상공인의 디지털 전환을 지원하기 위해 콘텐츠 제작 스튜디오와 온라인 쇼핑몰 운영 교육 프로그램, 온라인 셀러 커뮤니티 공간 등을 운영하는 네이버 스퀘어, 인삼 소공인들에게 인삼을 활용한 시제품 개발과 교육장, 스튜디오, 문화 공간 등 인삼 문화 콘텐츠 기획 시설을 지원하는 풍기 소공인복합지원센터, 지역 농업인과 함께 다양한 농산물 가공 공방을 운영하는 고창 상하농원, 군산 영화동에서 골목 창업자를 위한 공간·디자인·식가공 기술 개발 작업장을 운영하는 (주)지방의 로컬 콘텐츠 메이커 스페이스가 로컬 메이커 스페이스 기능을 수행한다.

로컬 콘텐츠 타운은 단순히 관광지를 조성하는 것을 넘어 지역 고유의 산업 생태계를 구축하는 데 주력한다. 지역의 문화, 역사, 특산물 등을 활용해 새로운 상품과 서비스를 개발하고, 이를 통해 지속 가능한 일자리를 창출하는 것이 목표다. 특히 4차 산업혁명 시대를 맞아 디지털 기술과 콘텐츠 산업이 주목받고 있는 만큼, 로컬 콘텐츠 타운은 지역 자원과 첨단 기술의 융합을 통해 혁신적인 비즈니스 모델을 만들어낼 수 있는 미래 지향적인 산업 단지로서의 가능성을 지니고 있다. 이런 측면에서 시대정신에 부합하는 새로운 형태의 지역 발전 모델이라 할 수 있다.

제2의 새마을운동으로서의 로컬 콘텐츠 타운 조성

소멸 지역에서 시행되는 로컬 콘텐츠 타운 사업의 역사적 의미는 새마을운동에서 찾을 수 있다. 1970년대 새마을운동은 시멘트와 철근을 공급해 농촌의 기반 시설을 확충하고, 농촌 주민의 생활 수준을 향상한 대표적인 지역 개발 사업이다. 2020년대 콘텐츠 타운 조성 사업은 새마을운동과 달리 콘텐츠와 디자인을 통해 지역의 정체성을 살리고, 지역 경제 활성화와 일자리 창출을 도모한다. 1970년대 새마을운동이 농촌에 시멘트와 철근을 공급했다면, 2020년대 로컬 콘텐츠 조성 사업은 콘텐츠와 디자인을 공급해야 한다.

이 사업의 가장 큰 차별성은 시대정신이다. 지역 경제도 다른 영역과 마찬가지로 탈산업화, 창조 경제, 라이프스타일 변화로 인한 시대적 요구에 부응해야 한다. 콘텐츠에 대한 수요가 계속 증가하는 현대 경제에서 콘텐츠와 디자인은 지역의 경쟁력을 강화하는 효과적인 수단이다. 콘텐츠와 디자인을 통해 지역의 특색을 살린 상권을 조성하고 정주 여건을 개선하면, 지역의 매력도가 높아지고 관광객과 투자자를 유치하는 요건이 충족된다.

로컬 콘텐츠 타운이 성공하기 위해서는 지역의 특색을 살린 콘텐츠의 개발이 필수적이다. 단순히 도시의 콘텐츠를 그대로 가져다 놓는다면 성공하기 어렵다. 문화, 역사, 자연, 특산물 등 지역의 특색을 살린 콘텐츠를 개발해야 한다. 지역 주민의 참여와 협력도 핵심 요소다. 지역 주민의 자발적인 참여가 이루어진다면, 사업의 성공 가능성은 더욱 높아질 것이다. 마지막으로, 정부의 적극적인 지원이 필요하다. 로컬 콘텐츠 타운 사업은 장기적이고 복잡한 사업인 만큼, 정부의 지속적인 지원과 협력이 필요하다.

결론적으로, 로컬 콘텐츠 타운 조성 사업이 성공하기 위해서는 지역의 특색을 살린 콘텐츠를 개발하고, 지역 주민의 참여와 협조를 이끌어내며, 정부의 지속적인 지원을 확보해야 한다.

로컬 콘텐츠 타운은 미래의 농어촌을 위한 혁신적인 시도로, 소멸의 위기에 처한 지역에 생기와 활기를 불어넣을 것으로 기대된다. 콘텐츠와 디자인의 결합으로 이루어진 이 새로운 농촌 모델은 지역사회의 지속 가능한 성장을 위한 중요한 전환점이 될 것이다.

문화가 있는 도시가
살아남는다

◔

　지역 '소멸'이라는 무서운 단어를 쓸 만큼 지금의 현실이 전반적으로 암담하지만, 다행인 것은 열악한 환경을 극복하고 스스로의 힘으로 일어선 지역이 늘어나고 있다는 점이다. 최근 언론이 주목하는 지역 발전 성공 사례는 양양과 제주다. 양양은 관광객이, 제주는 인구가 지속적으로 증가하고 있다.

　그렇다면 한국 사회는 양양과 제주에서 무엇을 배워야 하는가? 흥미롭게도 대기업 투자, 지역 혁신 시스템, 대규모 사회간접자본 건설 사업 등 전통적인 지역 발전 수단이 양양과 제주에서는 작동하지 않았다. 양양에 대한 접근성을 높인 서울양양고속도로는 이미 양양이 관광지로 활성화된 후에 완료된 사업이다. 제주 인구 증가를 설명할 만한 대규모 대기업 투자나 국책 사업도 떠오르지 않는다.

　양양과 제주에 성공 방정식이 있다면 그것은 하드웨어가 아닌 소프트웨어에서 찾아야 한다. 청년이 살고 싶은 도시를 만드는 방법을 터득한 것이 공통된 성공 비결이다.

서퍼들의 도시 양양

청년을 양양으로 유인하는 소프트웨어는 서핑이다. 국내 서핑 인구의 45%에 달하는 50만 명의 서퍼가 매년 양양을 찾고, 국내 서프 숍의 60%에 해당하는 70개가 양양에서 영업한다. 양양군은 서핑 산업의 경제 유발 효과를 연간 300억 원으로 추산한다.

서핑은 다른 해양 스포츠와 달리 지역에 뿌리를 내리는 라이프스타일 산업이다. 서핑이 문화로 자리 잡으면 그 지역의 생활 문화가 바뀐다. 실제로 양양의 서퍼는 방문객에게 숙박, 장비, 강습을 제공하는 서프 숍을 운영하고 바, 클럽, 햄버거, 피자, 패션, 장비 등 서핑 커뮤니티가 선호하는 업종으로 구성된 상권을 구축한다. 일부는 서프 보드 제작에 도전한다. 양양의 서핑 상권과 브랜드 생태계는 현재 죽도해변 중심으로 형성되어 있다.

보헤미안들의 제주

제주로 '이민'을 떠나는 사람도 제주가 제공하는 라이프스타일에 이끌린다. 양양과 달리 제주 라이프스타일은 한 단어로 표현하기 어렵지만, 제주로의 이주가 본격적으로 시작된 2010년대 초반부터 많이 쓰이는 단어가 '보헤미안'이다. 예술가 성향의 자유로운 영혼이 각박하고 경쟁적인 대도시를 떠나 제주에서 자연과 함께하는 자유롭고 독립적인 삶을 추구하는 것이다. 연예인 중 보헤미안 이미지가 강한 가수

— 양양과 제주의 발전은 현재 진행형이다. 로컬 콘텐츠를
찾는 사람은 꾸준히 늘고 있다.

이효리가 2013년 제주로 이주한 것도 보헤미안 평판에 기여했다.

　제주 이주민은 디지털 노마드 혹은 프리랜서로 일하거나 자신이 직접 만든 콘텐츠를 판매하는 공간을 연다. 어떤 업종을 선택하든 대도시에서와 달리 자신을 표현하고 개성을 살리는 방식으로 일한다. 갤러리, 미술관, 친환경 브랜드, 독립 서점, 커피, 베이커리 등 제주 보헤미안이 개척한 콘텐츠는 주민과 여행자에게 로컬 문화를 제공한다. 이런 콘텐츠가 가장 많이 집적된 곳이 원도심 탑동의 골목 상권이다. 이곳 탑동에서 형성된 제주 로컬 콘텐츠 생태계에서 아라리오뮤지엄, 제로포인트트레일, 맥파이, 끄티탑동, 포터블 등의 로컬 브랜드가 배출됐다.

　양양과 제주의 성공 사례는 서핑, 보헤미안 등 개인의 라이프스타일에서 그 기원을 찾아야 한다. 두 도시의 역사를 한 문장으로 정리하면, 개인의 라이프스타일로 시작된 경제 활동을 로컬 문화로 만들고, 이를 골목 상권 중심의 로컬 브랜드 생태계로 육성한 것이라고 할 수 있다.

　양양과 제주에서 교훈을 얻으려는 다른 소도시도 마찬가지 방법을 취할 수 있다. 새로운 라이프스타일을 추구하는 청년과 이주민을 이들이 커뮤니티를 만들 수 있는 장소로 유치하고, 그 장소를 새로운 상권과 산업을 개척하는 로컬 콘텐츠 타운으로 육성하는 것이 기술사회에서 문화를 창출하는 지역 발전의 공식이다.

농촌을 도시처럼
만들어야 하는 이유

○

　정부와 정치권이 지역 소멸 대응책 마련에 분주하다. 대응이 시급한 것은 맞지만 과도한 의욕은 금물이다. 지역 소멸은 정도의 차이는 있지만 모든 선진국 사회가 고민하는 문제다. 그러나 아직 어떤 선진국도 고령화, 저출생, 탈산업화, 양극화 등 현대사회의 난제가 실타래처럼 얽혀 발생한 지역 소멸 문제에 대한 구체적 해법을 제시하지 못하고 있다.

　현재 한국의 지역들에 필요한 덕목은 성찰이다. 관광단지 조성, 사회간접자본 투자 등 더 이상 유효하지 않은 지역 발전 사업에 아까운 재정을 낭비하기 전에 본질적인 질문을 해야 한다. 과연 소멸 위험 지역은 어떤 '도시'를 만들고 싶은가?

　도시? 그렇다. 소멸 위험 '농촌' 지역도 도시에서 미래를 찾아야 한다. 농촌에 물리적 자본을 투입하기 전에 그 자본으로 기업과 일자리를 창출할 인재가 원하는 도시부터 건설해야 한다. 농촌 지역의 도시는 분명 대도시와는 다르다. 아무도 농촌에서 지하철, 연구 중심 대학, 세계적 대기업 등 대도시에서 제공되는 어메니티를 기대하지 않는다.

하지만 도시적 삶을 추구하는 데 필요한 기본 상업 시설은 대도시의 그것과 다르지 않다.

라이프스타일과 삶의 질을 중시하는 창조 인재는 동네 마켓, 서점, 커피 전문점, 베이커리 등 일상을 즐겁게 하는 도시 어메니티가 풍부한 지역에 모인다. 농촌도 도시 어메니티를 제공해야 청년과 귀농·귀촌인을 유치할 수 있다. 그들이 농촌 지역에서 기회를 찾고 싶다고 해서 도시적인 일상을 포기한다는 것은 아니다.

인구밀도와 도시화 수준이 높은 한국에서는 이미 오래전에 농촌과 도시의 구분이 모호해졌다. 지역을 여행하는 MZ세대는 전통적인 농촌 지역을 '소도시'라고 부른다. 소도시가 청년층이 농촌을 읽어내는 언어다.

정부도 농촌 문제를 도시적 해법으로 접근하기 시작했다. 2022년 윤석열 정부가 선정한 26개 도시 재생 지역 중 농촌에 해당하는 읍면에서 진행되는 사업의 비중이 40%를 상회한다. 정부가 인구 2,000명 수준의 농촌에서도 도시재생을 추진하는 것이다.

문제는 도시 조성 방법이다. 도시와 마찬가지로 농촌에서의 도시적 삶은 근거리에서 일, 생활, 놀이를 함께 해결할 수 있는 생활권의 확보에 달렸다. 생활권 중심으로 매력적인 도시 문화를 창출하는 역량이 청년을 유치하고 농업과 연결된 새로운 산업을 개척하기 위한 필수 조건이다.

농촌에서 생활권을 쉽게 확보하는 방법은 관광지, 특산물, 원도심 등 지역 자원을 활용하는 것이다. 특산물과 관광 자원이 풍부한 지역은 작은 마을이라도 도시로 조성할 수 있다. 그렇지 않은 농촌 지역은 행정기관이 모여 있는 읍내에 지역 자원을 결집한 생활권을 만들어야 한다.

전라남도 강진군이 대표적인 사례다. 강진군은 병영성, 청량옹기, 청자마을, 가우도, 마량항, 강진다원, 월출산, 백운동원림, 강진만 등 외곽 지역에 많은 관광 자원을 보유한 소멸 위험 지역이다. 강진군청은 관광객을 읍내로 유인하고 가능하면 2박 3일 동안 머무르게 하기 위해 읍내 동문마을에 작은 도시를 건설했다.

동문마을은 문화 자원이 풍부하다. 강진향교, 강진미술관, 사의재한옥체험관, 다산청렴연수원 등 문화 시설이 모여 있다. 격자형 구조의 소로와 골목길이 쾌적한 보행 환경을 제공한다. 건축물은 한옥과 단독주택이 주를 이룬다. 동네에 빈 공간이 많은 것은 단점이다. 하나로 연결된 상업 가로가 없는 것도 아쉬운 부분이다.

도시적 관점에서 동문마을에 필요한 것은 2가지다. 하나는 앵커 스토어이고, 또 하나는 빈 공간을 채울 로컬 크리에이터다. 둘 중 더 중요한 사업이 있다면 앵커 스토어다. 앵커 스토어가 제 기능을 하면 로컬 크리에이터 기업을 유인할 수 있다.

강진군이 동문마을 앵커 스토어의 주체로 기대하는 기업은 에피그램이다. 저잣거리, 한옥 스테이, 주막, 카페로 구성된 한옥체험관의 운영을 에피그램에 위탁했다. 에피그램은 2022년 한옥을 리모델링하고 컨시어지, 에피그램 미니 숍을 추가해 소도시 스테이 브랜드 올모스트홈 스테이의 강진점을 열었다.

과연 올모스트홈 스테이가 동문마을을 '앵커'할 수 있을까? 현재도 이미 충분한 로컬 임팩트를 창출하고 있다고 말할 수 있다. 올모스트홈 스테이는 녹차, 귀리 강정, 잡지, 강진 여행 가이드 등 다양한 굿즈와 어메니티로 강진 로컬과 전통의 가치를 전달한다.

동문마을에 더 필요한 것은 로컬 기업이다. 단기적으로는 대기업 지원이 긴요하지만, 장기적으로는 부여 자온길, 예천 생텀마을, 남해 팜프라, 진천 뤁스퀘어같이 농촌 마을 자원을 도시 콘텐츠로 전환하는 로컬 크리에이터 기업이 마을 경제를 견인해야 한다.

농촌 지역의 도시화는 상업 시설의 도시화를 의미한다. 농촌 도시화 전략은 관광객과 청년을 모을 수 있는 상업 시설로 크리에이터와 기업 생태계를 구축한 다음, 이 생태계를 통해 농촌의 새로운 산업을 개척하는 2단계 전략이다.

1단계 상업 시설은 리테일 업종에 한정되지 않는다. 특산물 중심으로 유통, 리테일, 식가공, 숙박, 문화 시설 등 다양한 6차 산업 콘텐츠를 개발하는 로컬 콘텐츠 타운으로 확장할 수 있다. 한국에서는 낙농 콘텐츠의 고창 상하농원, 유기농 콘텐츠의 홍성 홍동마을이 좋은 로컬 콘텐츠 타운 사례다. 일본의 사례로는 올리브 콘텐츠의 일본 가가와현 올리브가든, 자연 방목 달걀 콘텐츠의 돗토리현 오에노사토자연목장, 유자 콘텐츠의 도쿠시마현 기토 마을을 들 수 있다.

지역에 대한 성찰은 지역에 남아 미래를 개척하겠다는 청년의 기호와 의견이 무엇인지를 질문하는 데서 시작한다. 도시에 식품을 공급하는 농촌의 중요성을 강조하기 위해 흔히 하는 말이 "농촌 없는 도시는 없다"다. 맥락은 다르지만 지역에 남고 싶은 청년은 오히려 그 반대를 말한다. 도시 없는 농촌은 없다.

지역의 특색을 살리는
로컬 브랜딩

한국 대기업 브랜드 중 에피그램만큼 높은 수준에서 로컬과 협업하는 브랜드는 찾기 어렵다. 에피그램은 지속 가능성을 지향하는 패션 브랜드로서 제품에 친환경 소재를 사용할 뿐 아니라 소멸 위기의 지역 소도시를 지속적으로 마케팅한다. 2017년 이후 제주, 경주, 광주, 하동, 고창, 청송, 고성, 옥천, 논산, 강진, 영월 보은, 울진, 동해시 등 전국 14개 소도시를 장소 마케팅과 로컬 큐레이션을 통해 힙 플레이스로 브랜딩했다.

에피그램은 로컬의 소소한 이야기를 통해 일상의 가치를 제안하는 라이프스타일 브랜드이기도 하다. 에피그램의 '에피그램스러움'이란 에피그램다운 공간에서 시대가 지나도 변하지 않는 가치를 제공하는 것이다. 로컬, 전통, 환경 등 시대적 가치의 재해석을 통해 이해 당사자와 공유하는 가치를 창출하는 CSV 활동이라고 해석할 수 있다.

소도시의 아름다움을 알리는 에피그램 로컬 프로젝트

에피그램 로컬 프로젝트는 지역 소도시를 선정하는 것으로 시작한다. 6개월의 패션 시즌(S/S, F/W)에 맞춰 매 시즌마다 1개 도시를 프로모션한다. 잠재력은 있으나 소멸 위기를 겪는 지역의 소도시가 우선순위다. 지역을 선정한 후에는 지자체와 협력해 1년간 준비 기간을 거친다. 사후 평가도 필수다. 예컨대 지역 활성화 기여도를 평가해 미래 사업 디자인에 반영한다.

프로젝트는 패션 디자인과 로컬 상생 사업으로 구분할 수 있다. 가령 강진의 청자색 등 지역을 대표하는 색을 선정해 에피그램 제품 디자인에 반영한다. 지역의 스토리를 담은 사진과 포스터를 에피그램 매장에서 소개한다. 그리고 패션 디자인과 별개로 팝업 스토어, 올모스트홈 스테이, 로컬 브랜드 지원 사업을 진행한다.

에피그램의 로컬 브랜드 창출 여정은 팝업 스토어에서 시작됐다. 2015년 에피그램은 왕의 후원後園을 볼 수 있는 서울 원서동에서 전통문화를 주제로 3개월간 팝업 스토어를 열었다. 2018년 광주 비엔날레에서는 업사이클링 아트 숍과 함께 광주 근대 건축물을 소개한 팝업 스토어를 열었다.

현재 로컬 프로젝트와 연계된 팝업 스토어는 경리단길 플래그십 스토어에서 진행한다. 이곳에서 로컬 프로젝트 전반을 소개하고, 각 지역의 신선한 식자재와 로컬 브랜드 제품 등을 매장 곳곳에 진열하고 판매한다.

에피그램은 또 현지에서 에피그램 브랜드를 체험할 수 있는 공간으로 올모스트홈 카페와 스테이를 운영한다. 비움의 가치를 강조하고 패브릭을 활용하는 등 에피그램 스타일로 한옥을 리모델링한다.

한옥 스테이의 책자는 일러스트 작가와 협업해 일반 호텔에서는 제공할 수 없는 로컬의 스토리를 담고, 어메니티도 지역에서 생산하거나 지역의 대표 색 및 향을 담은 상품을 큐레이션한다. 조식은 지역 먹거리로 차린다. 또한 피크닉 세트와 자전거 대여, 체험 클래스 운영 같은 차별화된 서비스로 지역 경제와 상생하고 소비자에게 특별한 경험을 제공한다.

로컬 브랜드는 디자인 역량이 부족한 경우가 많다. 에피그램은 이를 보완하기 위해 각 지역의 아름다운 비경을 담은 패키지를 만들어 상품에 입힌다. 로컬 프로젝트에서 소개하는 상품 중 3분의 1 이상이 디자인 지원을 통해 재탄생한다. 패키징에 활용하는 색은 하동의 벚꽃, 고창의 복분자 등 지역 특유의 자원에 영감을 받는다.

과연 로컬 프로젝트가 경제적으로 지속 가능할까? 에피그램은 로컬 프로젝트 예산을 마케팅 예산에서 확보한다. 예컨대 연예인 광고 모델 등 일반적인 마케팅 비용을 절약해 지역 상생 예산을 마련한다.

에피그램이 추구하는 가치는 로컬, 전통, 일상으로 요약할 수 있다. 로컬과 더불어 전통도 중요한 가치로 브랜딩한다. 에피그램은 선재아트센터 카페를 운영하면서 전통적인 요소를 도심 속 작은 쉼터의 형태로 재해석해 그곳에서만 느낄 수 있는 특별한 경험을 제공했다. 인사동 매장의 테마도 전통을 재해석한 것이라고 할 수 있다.

생활 문화 또한 에피그램에 중요한 가치다. 에피그램은 을지로의 생활 문화가 남아 있는 공간에서 올모스트홈 카페 을지 다방점을 운

━━ 올모스트홈 스테이 강진과 영월 먹거리 큐레이션.
(이미지 출처: 에피그램)

영했다. 2층에는 사람이 살았던 흔적이 있는 부뚜막을 그대로 남기고, 재봉틀을 판매하던 흔적도 그대로 두었다. 을지로에서 활동하는 독립 작가와 협업해 동네가 갖고 있는 삶의 이야기를 공간에 담았다.

에피그램의 로컬 프로젝트는 다른 나라에서 유례를 찾기 어려울 정도로 유니크한 로컬 마케팅 사례다. 군이 찾는다면 일본 기업 디앤디파트먼트의 로컬 디자인 큐레이션 사업과 비교할 수 있다.

프로젝트를 기획한 한경애 부사장은 로컬 브랜드를 활성화하려면 젊은 공예 작가를 양성하는 것이 중요하다고 강조한다. 일본과 비교해 한국의 전통 공예 제품은 비싸고 대중화되지 않아 한국에서 로컬 큐레이션 사업을 추진하는 것이 쉽지 않기 때문이다.

에피그램의 3단계 로컬 브랜딩 과정

에피그램 로컬 프로젝트의 로컬 브랜딩 작업 과정은 아래와 같이 3단계로 구분할 수 있다.

1단계는 로컬 콘셉트와 시그니처 제품을 설정하는 것이다. 에피그램은 특정 지역의 대표 색을 선정하고 그 지역을 대표하는 콘텐츠로 로컬 스토리북을 제작한다. 한 지역의 모든 자원을 로컬 콘텐츠로 개발하는 것은 불가능하다. 그 지역을 대표하는 하나의 콘셉트를 선택해 이를 시그니처 제품에 반영하는 것이 현실적 대안이다.

2단계는 로컬 콘텐츠를 인테리어와 건축에 반영하고 필요 시 지역의 건축과 디자인을 지원하는 것이다. 에피그램은 지역의 전통 가옥

리모델링을 통해 지역과 에피그램의 일상적 가치를 경험할 수 있는 공간을 구축한다. 정부가 에피그램 방식으로 생활권을 브랜딩한다면, 거점 공간을 공급하는 것에 그치지 않고 브랜딩 대상 지역에 건축 마스터플랜을 통해 일관된 건축 기준을 제시하고 건축 사업을 체계적으로 지원해야 한다.

3단계는 로컬 콘텐츠와 브랜드를 발굴하는 것이다. 에피그램은 지역의 로컬 콘텐츠와 브랜드를 찾아 이를 스토리텔링이나 디자인을 통해 새롭게 브랜딩한다. 기존 콘텐츠와 브랜드를 재해석하고 연결해 새로운 콘텐츠와 브랜드를 창출하는 과정도 로컬 브랜딩의 중요한 요소다.

정부가 에피그램의 로컬 브랜딩을 넘어 로컬 콘텐츠 생태계 자체를 구축하려면 새로운 콘텐츠와 브랜드를 육성하는 데 주력해야 한다. 이 과정에서 로컬 메이커 스페이스가 중요한 역할을 할 수 있다. 로컬 메이커 스페이스를 통해 지역에 지속적으로 콘텐츠와 창업자를 공급해야 로컬 생태계를 지속할 수 있다.

로컬 프로젝트의 교훈

에피그램 로컬 프로젝트에서 얻을 수 있는 교훈은 적어도 3가지다. 첫 번째는 로컬 ESG의 가능성이다. 대기업도 로컬과 윈-윈 하는 로컬 프로젝트를 수행할 수 있다. 이미 신세계, 이마트, 네이버 등 많은 대기업이 다양한 방식으로 로컬에 진출하고 있다.

두 번째는 진정성이다. 로컬을 향한 브랜드의 진정성이 로컬 프로젝트의 중요한 성공 조건이다. 당연한 말이지만, 로컬의 가치를 사랑해야 진정성 있는 로컬 콘텐츠를 개발할 수 있다.

마지막은 지역의 역할이다. 지역에서 풍부한 로컬 브랜드를 만들기를 원한다면, 대기업 유치에 앞서 로컬 크리에이터를 먼저 양성해야 한다. 로컬 프로젝트의 기본 자원은 지역의 가치를 이해하고 지역과 소통하기를 원하는 크리에이터이기 때문이다.

로컬의 중심이 되는
메이커 스페이스

로컬 콘텐츠 타운에는 로컬 상권과 브랜드 생태계가 갖춰져 정주하기 좋은 환경이 형성된다. 이곳에는 농업, 농촌, 로컬, 콘텐츠, 커머스 등 다양한 분야의 크리에이터가 모여 있다.

새로운 로컬 콘텐츠 타운을 조성하기 위해서는 로컬 브랜딩, 건축·디자인 지원, 로컬 콘텐츠와 브랜드 발굴에 대한 투자가 필요하다. 이 중 핵심 요소는 '로컬 메이커 스페이스'다. 로컬 메이커 스페이스가 읍면 소재지 중심부에서 활성화되면 다른 요소들도 순차적으로 개선할 수 있다.

로컬 메이커 스페이스는 지역의 자원을 활용한 상품 개발에 특화된 공간으로, 그 지역에서 창업하거나 창업을 준비하는 크리에이터를 위해 교육과 훈련 프로그램을 운영한다. 주민이 공동으로 작업하는 커뮤니티 워크숍 공간으로도 활용되며, 상품 개발에 필요한 장비, 인력, 자금을 지원하는 것은 물론, 판로를 개척하고 마케팅, 디자인 서비스를 제공한다. 다른 창업 지원 기관과 달리, 로컬 메이커 스페이스는 로컬 콘텐츠 타운 내에서의 창업을 조건으로 크리에이터를 지원한다.

한국의 일반적인 메이커 스페이스는 주로 3D 프린터와 레이저 커터같이 시제품을 제작할 수 있는 첨단 제작 장비에 중점을 두지만, 로컬 메이커 스페이스는 이에 국한하지 않고 해당 농촌 지역에서 지원하지 않지만 로컬 상권과 크리에이터 산업의 육성에 필요한 자원을 공급한다.

로컬 메이커 스페이스의 차별성

로컬 메이커 스페이스가 기존 사업들과 어떤 차별점이 있는지 의문이 들 수도 있다. 과거 유사한 사업을 추진했지만 의미 있는 성과를 내지 못한 경우가 종종 있었다. 하지만 로컬 메이커 스페이스는 지원 대상, 기술, 기능, 장소, 인력 등에서 기존 사업들과 다르다.

첫째, 지원 대상이 농민에 한정되지 않는다. 농촌 지역의 농업 기술 센터와 달리, 로컬 메이커 스페이스는 농민뿐만 아니라 농촌 크리에이터(경관·캠핑·체험 콘텐츠 제공), 로컬 크리에이터(독립 서점, 베이커리, 커피 전문점 등 운영), 농촌에 기반을 둔 온라인 크리에이터, 농산품 온라인 셀러 등 다양한 유형의 크리에이터를 지원한다.

둘째, 농촌 지역 창업자의 공간력, 상품력, 로컬 콘텐츠 기획력을 강화할 수 있는 필수 기술을 교육한다. 일반적인 사업이 소상공인 경영 능력에 집중한다면, 로컬 메이커 스페이스는 로컬 콘텐츠, 공간, 디자인, 제품 제작 기술 등 더 원천적인 콘텐츠 개발 기술에 중점을 둔다. 지원 대상이 농촌 지역 소상공인인 만큼, 지역 특산물 가공 작업장과 더불어 소상공인 공간 창업과 리모델링에 필요한 DIY·디자인 스튜디오를 운영할 수 있는 장비를 구비해야 한다. 로컬 콘텐츠가 반드시 지역 특산물일 필요는 없다. 국립공원 입구 마을 같은 곳에서는 아웃도어와 웰니스 콘텐츠를 활용할 수 있다.

셋째, 일정 수준의 장비와 교육 인력을 구비한 공동 작업장을 넘어 소상공인 인큐베이팅, 지역 주민과 학생 대상 교육 및 훈련 등 다양한 기능을 담당한다. 이러한 기능의 확장은 대규모 투자 없이도 가능하며, 농촌 지역에 이미 존재하는 지역 특산물과 농업 체험 시설에 DIY·디자인·창업 지원 기능을 추가함으로써 로컬 메이커 스페이스로 전환할 수 있다.

넷째, 지원 장소는 상권을 만들거나 재생할 수 있는 읍면 소재지로 한정한다. 로컬 콘텐츠 타운은 작은 도시로서 일정 수준의 인구, 건축 환경, 문화 자원, 일자리를 가진 장소에서만 조성 가능하다. 지역 자원을 집적할 수 없는 장소는 지원 대상에서 제외한다.

다섯째, 지역이 추구하는 로컬 콘텐츠 타운 콘셉트에 맞는 인력을 훈련하고 지원한다. 지역이 특화하려는 분야에서 활동하는 기존 사업자와 그 분야에서 창업을 준비하는 예비 창업자 중심으로 인재 풀을 구성하는 방식이다. 다양한 배경의 대도시 청년들에게 소지역을 경험하고 미래를 구상할 수 있는 공간과 커뮤니티를 제공하는 청년 파견 프로그램과는 차별점이 있다.

	로컬 메이커 스페이스	소상공인 장인학교	중기부 메이커 스페이스	농업기술 지원센터
지원 대상	지정된 소지역의 (예비) 창업자	특정 특화 분야 진출 희망자	기업 종사자, 주민	농민
지원 지역	지정된 소지역 (로컬 상권 조성 가능한 곳)	소지역 조건 없음 (개인 지원)	소지역 조건 없음 (개인 지원)	소지역 조건 없음 (개인 지원)
지원 기술	로컬 콘텐츠 제작 기술, DIY, 디자인	특화 분야 기술	첨단 메이커 기기, 특화 분야 장비	농업식가공, 디자인, 마케팅
지원 사업	훈련, 교육, 인큐베이팅, 엑셀러레이팅	교육, 훈련	교육, 훈련, 시제품 지원	기술, 판매 지원
운영사	전문 기업	전문 기업	전문 기업	공공 기관

프랑스의 커뮤니티 공간 '제3의 장소'

프랑스의 제3의 장소는 공공과 민간 행동가들이 경제, 사회, 생태 문제에 대응하는 다양한 활동을 전개하는 공간으로, 프랑스 전역에 약 2,500개가 있다. 이 공간에서 사람들은 함께 모여 일하고, 만들고, 자신에게 어울리는 새로운 삶의 방식을 창조하며, 프랑스 정부는 이런 장소의 활성화를 위해 적극적으로 지원한다. 제3의 장소는 코워킹 공간, 메이커 스페이스, 문화 제작소 등 다양한 형태로 존재하며, 지역 커뮤니티에 열린 공간으로서 생태적 전환, 에너지 디지털화, 식량 안보 등 현대사회가 마주한 과제들에 대응하는 활동을 제안한다.

보드르빌의 온실은 파리 근교 농촌 지역에 위치한 제3의 장소로, 농업과 식품 문화 활동을 중심으로 한다. 이곳은 다양한 동기를 가진 사람들이 각자 원하는 활동을 하며 서로 만나고 교류하는 공간으로 기능한다. 제3의 장소의 사용자들은 이니셔티브를 내세워 공간을 만들어가며, 공간을 채우는 콘텐츠는 공공과의 협의를 통해 실현된다. 이러한 공간은 지역사회 내에서 혁신적 프로젝트가 쉽게 시작될 수 있는 환경을 제공하며, 지역과 정부의 관계를 다시 정의하고 지역사회의 역량을 강화하는 역할을 한다.

프랑스의 제3의 장소 지원 정책과 보드르빌의 온실 사례에서 로컬 메이커 스페이스에 적용할 수 있는 다양한 교훈을 얻을 수 있다. 프랑스에서 제3의 장소는 다양한 활동과 주제를 포괄하며, 공공과 민간, 여러 부문의 이니셔티브가 결합된 하이브리드 모델을 성공적으로 구현하고 있다. 이러한 접근 방식은 로컬 메이커 스페이스가 단순한 창작의 공간을 넘어 사회적·경제적 활동의 융합점으로 발전할 수 있음을 의미한다.

제3의 장소는 커뮤니티 기반의 접근 방식을 강조하며, 참여와 협력을 통해 개인의 창의성을 촉진하고 공동 프로젝트를 발전시키는 데 중점을 둔다. 이와 유사하게, 로컬 메이커 스페이스도 지역 커뮤니티와의 긴밀한 연계를 통해 다양한 이해관계자와 협력해 지역의 도전 과제에 혁신적인 해결책을 제공할 수 있다.

보드르빌의 온실 사례는 특히 공간의 유연성과 적응성을 강조한다. 지역의 필요에 따라 변화하고 다양한 활동을 수용할 수 있는 유연성은 로컬 메이커 스페이스 설계 시 고려해야 할 중요한 요소이다. 이를 통해 다양한 사용자와 활동을 지원하는 공간을 만들 수 있다.

제3의 장소는 또한 현대사회의 주요 문제에 대응하기 위한 대안적 프로젝트를 제안한다. 로컬 메이커 스페이스는 이러한 방식을 모델로 삼아 지역 특유의 문제를 해결하기 위한 창의적이고 혁신적인 아이디어를 실험하고 실현하는 플랫폼이 될 수 있다.

공공과 민간의 협력 역시 중요한 요소다. 프랑스 정부는 제3의 장소의 활성화를 위한 다양한 지원 정책을 운영하고 있다. 이러한 협력 모델은 로컬 메이커 스페이스에도 적용될 수 있으며, 필요한 자원과 지원을 확보하는 데 도움을 줄 수 있다.

크리에이터가 견인하는 농촌 경제

로컬 메이커 스페이스는 농촌 창업 인력을 육성할 뿐 아니라 농촌 활성화에 기여할 수 있다. 정주 여건 개선은 간접 효과 중 하나다. 농촌 지역에서 직주락 콘텐츠를 개발하는 로컬 크리에이터와 농촌 읍면 소재지의 로컬 상권을 지원하는 로컬 메이커 스페이스는 청년 문화에 맞는 정주 여건 조성에 기여할 것이다.

"시골은 시골다워야 한다"는 명제는 농업과 자연보호에 한정되어야 한다. 농촌의 읍면 소재지는 작은 도시로서 청년의 삶의 질에 중요한 도시 어메니티를 공급해야 한다. 게스트하우스, 커피 전문점, 베이커리, 독립 서점 등 기본 도시 상권 세트를 구비한 로컬 상권이 도시 어메니티의 핵심 요소다.

농촌에 부족한 지역 밀착 교육 기관으로서 기능하는 것도 중요한 간접 효과다. 특히, 문화 자원이 풍부한 농촌 읍면 소재지에 위치한 로컬 콘텐츠 타운에서는 메이커 스페이스가 홍성 홍동마을의 풀무학교같이 지속적으로 콘텐츠와 창업자를 공급하는 일종의 '로컬 스쿨' 역할을 수행할 것이다.

농촌 발전 모델로서 로컬 메이커 스페이스는 지역의 다양한 자원과 잠재력을 활용해 지속 가능한 농촌 산업을 개발하고 공동체 및 지역 브랜드 파워를 강화할 기회를 창출한다. 이를 통해 농촌의 전통적인 산업과 현대 기술, 창의적 아이디어가 결합되어 지역 경제의 다각화, 농촌의 경제적 자립, 그리고 청년 인구의 유입과 정착을 실현할 수 있다.

로컬 메이커 스페이스는 지역 커뮤니티를 활성화하고 그 사회적 결속력을 강화하는 중요한 역할도 한다. 다양한 배경을 가진 주민들이 로컬 메이커 스페이스에서 창업·교육·문화 활동 등을 통해 서로 교류하며 공동체 의식을 높일 수 있다. 로컬 메이커 스페이스를 성공적으로 운영하면 지역에 대한 주민들의 자긍심과 소속감이 강해지고, 로컬 메이커 스페이스를 통해 개발된 지역 고유의 로컬 콘텐츠와 브랜드는 지역 관광과 마케팅에 긍정적 영향을 미칠 것이다.

나만의 로컬 콘셉트를
잡는 방법

로컬 크리에이터는 말 그대로 로컬을 창조create하는 사업자다. 로컬 콘텐츠를 사업화하는 크리에이터가 되려면 로컬 중심으로, 크리에이터 중심으로 사고해야 한다. 이때 교육이 중요하다. 하지만 기존 교육 과정과 교재가 적절한가? 요즘 수많은 크리에이터 교재가 쏟아져 나오고 있다. 거의 예외 없이 콘텐츠 제작, 서비스 디자인, SNS 활용, 브랜딩, 마케팅, 고객 관리 등 온라인 크리에이터를 교육하는 교재다. 오프라인에서 콘텐츠를 제작해 판매하는 오프라인 크리에이터를 위한 교육 교재는 찾기 어렵다.

그 이유는 무엇일까? 오프라인 크리에이터가 상대적으로 새로운 분야이기 때문이다. 그렇다면 시간이 지나고 시장이 커지면 자연스럽게 좋은 교재가 나올 것이다. 하지만 더 중요한 이유는 오프라인에 대한 편견 때문이다. 오프라인을 사양산업으로 보는 사회적 분위기로 인해 오프라인 리테일이 창의성, 그리고 크리에이터가 필요한 분야라고 인식하지 않는 것이다.

이런 편견은 소상공인 교육에서도 감지할 수 있다. 현재 다양한 공공 기관에서 소상공인 창업자를 위한 교육을 실시한다. 구체적으로 말하면, 필수적으로 알아야 할 경영 지식과 실전에서 숙지해야 할 내용을 업종별로 온·오프라인 교육으로 제공한다.

그러나 공공 기관 소상공인 교육에는 2가지 전제가 숨어 있다. 첫 번째는 소상공인에게 필요한 것은 생존 교육이라는 인식이다. 성공하기 어려운 오프라인 리테일 분야에 진입하지 않는 것이 좋고, 그래도 창업하는 사람은 생존 기술 중심의 교육으로 도와줘야 한다는 식이다. 생존 실패를 예상한 폐업 지원 과정도 소상공인 교육의 상당 부분을 차지한다.

이러한 편견은 마을기업, 관광두레, 협동조합 등 정부가 지원하는 지역 창업 프로그램에서도 드러난다. 지역공동체 생존을 위해 지역주민이 하고 싶은 사업을 지원하지만, 그것이 지역을 살릴 만큼 의미 있는 수준으로 성장할 것이라고는 믿지 않는다. 지원 기관이 목표를 이렇게 낮게 설정하다 보니, 참여하는 주민도 야심이나 절박감이 없다. 대체로 한번 해보는 데서 의미를 찾는 것이 일반적인 분위기다.

또 다른 전제는 디지털 전환이 불가피하다는 인식이다. 기존 창업자, 예비 창업자 할 것 없이 오프라인에서 창업해도 기회는 온라인에서 찾아야 한다고 교육한다. 이 주장이 틀렸다고 할 수는 없으나, 먼저 오프라인에서 경쟁력을 확보한 다음 온라인으로 진출하는 것이 더 바람직한 순서 아닐까? 그렇다면 오프라인 경쟁력을 우선적으로 교육하는 것이 맞다.

로컬 창업 교육의 2가지 방식

크리에이터 경제가 요구하는 오프라인 창업 교육은 오프라인 경쟁력에 기반한 소상공인 창업 교육이다. 현재 서울시가 추진하는 로컬 브랜드 상권 양성, 골목창업학교 사업이 오프라인 경쟁력을 기반으로 소상공인을 육성하는 대표적 사례다.

구체적으로 어떻게 창의적 소상공인, 즉 로컬 크리에이터를 육성하는지에 대한 논의는 아직 진행 중이다. 현재 파악할 수 있는 방법론은 2가지다. 하나는 '로컬 임팩트'라 일컫는 사회적 가치에 기반한 창업 교육, 다른 하나는 로컬 콘텐츠를 사업화하는 창업 교육이다.

로컬 임팩트 기반 교육은 사회적 가치를 최대화하는 방식으로 기업 창업과 경영 방법을 교육한다. 소셜 벤처 창업 교육 기관 언더독스가 이 방법론을 적용한다. 강원도에서는 더웨이브컴퍼니가 해당 방법론을 활용해 강원도 지역 로컬 비즈니스를 지원하고 있다.

로컬 임팩트가 목표이기 때문에 창업 교육도 사회적 문제를 발굴하는 것으로 시작한다. 사회적 문제를 해결할 솔루션을 찾고 이 솔루션을 비즈니스 모델로 구현하는 것이 소셜 벤처 창업 교육의 기본 구도다. 현재 많은 교육 기관이 이 모델로 로컬 기업인을 양성하고 교육한다.

로컬 콘텐츠 기반 교육은 포틀랜드스쿨에서 개발한 BLC, 베이식 로컬 콘셉트basic local concept 교육을 예로 들 수 있다. BLC 교육에서는 로컬 비즈니스로서의 정체성을 확립하기 위해 핵심 로컬 콘셉트를 한 문장으로 작성해볼 것을 제안한다. 로컬 크리에이터의 경쟁력은 지역성에 기반한 로컬 콘텐츠에서 나오기 때문이다. 의미 있는 로컬 콘텐츠를 발굴하고 이를 사업 모델로 전환해야 로컬 크리에이터로 성공할 수 있다.

예비 로컬 창업자는 '어떤 콘텐츠를 기반으로 어떤 장소와 공간에서 어떤 비즈니스를 만들 것인지'를 한 문장으로 정리해야 한다.

나만의 로컬 콘셉트 정리하기

BLC 문장 작성에서 가장 중요한 기초 교육 과정이 '나다움' 교육이다. 로컬 비즈니스 창업자는 내가 지향하는 라이프스타일에서 나다움을, 내가 가진 기술이나 역량에서 장인다움을, 내가 지향하는 지역과 장소에서 지역다움을 찾고 이를 융합해 나의 콘텐츠를 만든다. 나의 콘텐츠란 나다움, 장인다움, 지역다움의 교집합인 것이다. 나다움, 장인다움, 지역다움을 체계적으로 분석해 나의 콘텐츠를 발굴하고 이를 사업화하는 것이 로컬 비즈니스의 본질이다.

BLC 교육은 나의 콘텐츠를 개념화하는 것에서 시작한다. 로컬 크리에이터는 자신의 콘텐츠, 즉 '나의 콘텐츠'를 직접 제작할 수 있어야 한다. BLC 교육을 처음 접하는 사람들이 가장 어려워하는 부분은 자신의 콘텐츠를 자신의 언어로 표현하는 것이다.

예컨대 중화요리가 나의 콘텐츠라면, 나만 만들 수 있는 중화요리 콘텐츠가 무엇인지 나의 언어로 표현할 수 있어야 한다. 자기 언어로 표현하는 것이 어려우면, 자신이 좋아하는 크리에이터의 스타일로 표현해볼 수도 있다. 가령 이연복 셰프 스타일의 중화요리를 추구한다면, 나의 콘텐츠를 이연복 셰프 스타일로 일단 표현하는 것이다. 또다른 예로, 만약 스타벅스 명예회장 하워드 슐츠가 스타벅스 BLC를 작성했다면 "나의 밀라노 커피 콘텐츠를 기반으로 커피 도시 시애틀의 전문직이 많은 거리에서 제3의 공간을 제공하는 에스프레소 카페를 만들겠다"로 적었을 것이다.

BLC 문장 작성 과정은 구체적으로는 4단계로 나뉜다.

1단계: 로컬 비즈니스의 차별성 이해

로컬 비즈니스 창업이 다른 창업과 어떻게 다른지 이해하는 데서 시작한다. 나의 콘텐츠 발굴, 공간과 장소 연결, 시그니처 콘텐츠 개발, 창업 아이템 유형 등 로컬 비즈니스를 일반 비즈니스와 구분하는 주요 개념과 이론을 학습한다.

전국구 비즈니스 대비 로컬 비즈니스의 장점도 파악한다. 사랑받는 지역 기업이 구축할 수 있는 주민 팬덤, 복제 불가능한 지역 자원 활용, 테스트 베드로서의 홈 마켓 등이 여기에 속한다.

2단계: 지역성에 기반해 나의 콘텐츠 구체화

두 번째 단계는 나의 콘텐츠를 발굴하고 구체화하는 것이다. 많은 로컬 비즈니스 창업자가 창업 이유를 "살고 싶은 곳에서 하고 싶은 일을 하기를 원하기 때문"이라고 말한다. 나다움과 지역다움의 실현이 내포되어 있다. 시장에서 요구하는 기술적 완성도, 즉 장인다움 또한 나의 콘텐츠를 구성하는 중요한 요소다.

앞에서 논의한 바와 같이 나의 콘텐츠 발굴 단계에서는 개념화에 집중해야 한다. 새로운 기술과 자산을 습득한다기보다는 이미 갖고 있는 기술과 자산을 나의 언어로 표현하는 것이 중요하다. 많은 창업자가 자신의 콘텐츠를 표현하는 데 익숙하지 않은데, 그렇다면 자신이 좋아하는 브랜드나 크리에이터의 스타일을 차용할 것을 권고한다.

3단계: 나의 콘텐츠를 특정 장소와 공간에 연결

로컬 비즈니스의 가장 큰 차별성은 온라인에서는 불가능한 공간과 장소성을 제공한다는 것이다. 다양한 분석 툴을 활용해 나의 콘텐츠에 맞는 장소와 공간을 찾아야 한다. 나의 콘텐츠와 공간은 양방향으로 작용한다. 나의 콘텐츠를 특정 공간에서 구현하고, 동시에 그 공간이 나의 콘텐츠를 정의한다.

지역 상생 또한 공간 기획 교육의 중요한 목표다. 지역 랜드마크 입점, 동네에 개방적인 건축물 디자인, 동네 조망을 활용한 디자인, 지역 예술가와 장인 작품 전시, 로컬 브랜드 팝업 스토어 운영 등 지역과 상생하는 다양한 공간 활용을 통해 지역에서 주민, 고객, 협업 파트너로 구성된 커뮤니티를 구축한다.

4단계: 시그니처 콘텐츠 중심의 비즈니스 아이템 개발

나의 콘텐츠와 공간을 비즈니스 아이템(업종)과 시그니처 콘텐츠로 구현하는 단계다. 카페, 서점, 편집숍 등 창업하고자 하는 비즈니스 업종을 정하고 나의 기업을 다른 기업과 차별화하는 시그니처 콘텐츠를 찾는 작업이다. 시그니처 콘텐츠는 나의 콘텐츠를 대표하는 상품, 서비스, 또는 공간을 말한다.

BLC 작업으로 로컬 비즈니스 창업 이론 교육이 끝나는 것은 아니다. 문장을 사업 모델로 구체화하고, 공간 기획도 구체화해야 한다. 또 BLC 작성 연습은 자신의 사례만으로는 부족하다. 자신이 좋아하는 로컬 브랜드, 비즈니스 인사이트를 얻기 위해 방문하는 로컬 브랜드 등 기존 로컬 브랜드의 BLC를 자신의 관점에서 작성하고 대화와 토론을 통해 검증 및 확인함으로써 BLC 개발 능력을 연마할 수 있다.

로컬 크리에이터의 3가지 기술

장소성을 통해 발현되는 로컬 콘텐츠는 2개의 단계를 거쳐 사업화된다. 먼저, 나의 콘텐츠에 로컬 콘텐츠가 반영된다. 그리고 나의 콘텐츠에 적합한 장소와 공간 찾기, 장소와 공간을 나의 콘텐츠로 구현하기, 지역사회와 상생하는 공간 기획하기 등 다양한 방법으로 지역성을 비즈니스 아이템에 담아낸다.

이때 필요한 로컬 크리에이터 기술은 콘텐츠 제작과 유통 과정에 따라 제작 기술, 전달 기술, 로컬 기술로 구분할 수 있다. 제작 기술은 장인다움을 구현하는 기술로, 주로 학교나 도제 교육을 통해 습득된다. 전달 기술은 제작된 콘텐츠를 고객에게 전달하는 기술로, 브랜딩, 마케팅, SNS 홍보 등 현대 크리에이터 시장에서 활용되는 많은 마케팅 기법을 포함한다. 로컬 기술은 로컬 크리에이터의 정체성과 관련된 기술로, 자신의 콘텐츠에서 지역다움을 살리는 기술이다.

BLC 교육에서 강조하는 로컬 기술은 지역다움을 찾고 키우는 기술로, 로컬의 무엇을 나의 사업에 접목할지 기획하는 로컬 콘텐츠 개발, 커뮤니티를 만들어 나의 사업을 확장하는 커뮤니티 디자인 기술, 나의 콘텐츠를 공간에 구현하는 지역 상생 공간 기획 기술로 구성된다.

크리에이터 교육이 성공하려면

다시 처음의 질문으로 돌아가자. 과연 나는 교육을 통해 오프라인 크리에이터가 될 수 있을까? 《1만 시간의 재발견》 저자들이 지적한 바와 같이 오프라인 크리에이터 분야에서의 전문성 획득은 다른 분야와 마찬가지로 올바른 연습, 올바른 교육 방법의 개발에 달렸다. 이제 막 시작된 오프라인 크리에이터 교육 분야에는 아직 표준 교과과정을 개발할 만큼의 지식과 경험이 축적되지 못했다. 로컬 임팩트, 로컬 콘텐츠 기반 교육이 현재 추세로 확대되면, 조만간 표준 교과과정을 비롯한 다양한 성과물이 나올 것으로 예상한다.

오프라인 크리에이터 교육에서는 교육자의 교육 목표도 중요하다. 참여자를 로컬 크리에이터로 만드는 것으로는 부족하다. 지역 단위로 운영되는 로컬 크리에이터 교육은 로컬 브랜드 생태계의 구축을 목표로 삼아야 한다. 이를테면 점 단위 교육에서 면 단위 교육으로 확장해야 한다. 면 단위 사업이 새로운 것은 아니다. 예컨대 서울시가 가락동 등 여러 지역에서 생활 상권을 육성하고, 로컬콘텐츠랩 같은 민간 기업이 마을 주민 중심으로 지역 관광 콘텐츠를 개발하는 한국관광공사의 관광두레 사업을 지원하고 있다.

자생적 창조 능력을 키우려는 지역이 해야 할 일은 명확하다. 오프라인 크리에이터를 양성하는 로컬 스쿨을 통해 지역에서 로컬 브랜드 생태계를 형성해야 한다. 로컬 브랜드 생태계만이 지역을 지속 가능하게 만들기 때문이다. 그리고 무엇보다 로컬 크리에이터 교육을 확대하기 전에 교육의 목표를 제대로 설정해야 한다.

로컬 크리에이터가 되는 과정에 있어서 공공에서 제공하는 교육 환경은 매우 중요한 요소다. 하지만 현재 활동하는 로컬 크리에이터가 모두 공식적인 교육을 받은 것은 아니다. 이 글에서 제시하는 방향성과 방법론을 기억하고 현장에서 이를 실천하는 것이 더 중요할 수 있다. 결국 로컬 크리에이터에게 가장 중요한 자질은 로컬과 크리에이터 중심 사고이기 때문이다.

크리에이터 유토피아를 꿈꾸다

지금까지 크리에이터가 미래의 경제와 사회에서 어떻게 중심 역할을 수행할 수 있는지, 기술 발전이 크리에이터와 크리에이터 커뮤니티 발전에 어떻게 기여할 수 있는지, 그리고 크리에이터는 이러한 변화를 어떻게 활용해야 하는지 살펴보았다.

이 책을 통해 나는 도시의 문화적 힘을 강조하고 유토피아적 비전을 제시하고자 했다. 크리에이터 경제의 미래는 도시의 문화력과 밀접하게 연결되어 있다. 예컨대 앞으로는 온라인 커뮤니티, 스마트 도시, 세계적 대도시, 전원 도시, 농촌 및 산악 마을 등 다양한 커뮤니티가 서로 경쟁하며 각자의 독특한 문화적 매력을 발전시킬 것이다. 이때 인간이 원하는 문화를 지속적으로 창조하는 것이 AI에 대응하는 가장 현명하고 현실적인 방법이다.

이 중 어떤 커뮤니티가 AI를 능가하는 수준과 속도로 문화를 창조할 수 있는지 고민해야 한다. 정답은 '모든 커뮤니티'다. 모든 커뮤니티의 기여가 필요하다. 현대 크리에이터 경제의 선구자 중 1명인 윌리엄 모리스, 기술사회의 미래에 대해 우려를 제기한 해럴드 로브와 루이스 멈퍼드 같은 사상가들은 기술사회의 획일성과 불평등을 해결할 방안으로 분권화된 '작은 창조 커뮤니티'를 제시했다. 이러한 작은 커뮤니티는 문화적 창조와 소비를 국지적으로 분산시킴으로써 다양한 크리에이터가 지역 시장에서 활동할 기회를 넓히는 동시에 사회 전체의 다양성과 균형을 촉진한다.

현대의 작은 창조 커뮤니티가 크리에이터 타운이다. 크리에이터 타운은 창작자에게 영감과 지원을 제공하고, 혁신적인 작업이 가능하도록 돕는다. 다양한 문화적 배경과 예술적 스타일이 혼합되는 장소로서 독창적인 작품과 아이디어의 탄생에 기여할 수 있다. 디지털 시대에도 오프라인에서의 상호작용은 여전히 중요하다. 따라서 창작자들이 직접 만나 협업할 수 있는 공간은 필수다.

크리에이터 타운의 강점은 윌리엄 모리스가 강조한 바와 같이 그것이 상대적으로 작은 지역에서 형성되며 고유한 특성을 발전시킨다는 데 있다. 각기 다른 역사적 배경, 건축적 특성, 그리고 문화적 환경을 지닌 크리에이터 타운은 그들만의 정체성을 창조한다. 이러한 다양성은 개인과 집단 모두에게 '자기다움'을 표현하는 무대를 제공하며, AI 시대에 인간의 창의성과 문화적 표현력을 강화한다. 따라서 AI와의 상호작용 속에서 크리에이터 타운이 주는 개인적·집단적 창조의 기회는 더욱 중요해질 것이다. 크리에이터의 미래를 크리에이터 타운에서 찾아야 하는 이유다.

크리에이터 타운은 일종의 유토피아적 비전이다. 윌리엄 모리스가 아르티장 유토피아, 스튜어트 브랜드가 디지털 유토피아를 제안했다면, 내가 이 책에서 주장하는 유토피아는 '크리에이터 유토피아'다.

모리스는 19세기 후반, 산업혁명에서 비롯된 기계화와 대량생산에 반대하는 아르티장 유토피아를 제안했다. 그의 비전에 따르면 모든 사람은 자연과 조화를 이루며 창조적 노동을 통해 만족감을 느끼는 사회에서 살아간다. 모리스는 인간의 손으로 만든 예술과 공예품의 가치를 강조하며, 이를 통해 인간 노동이 존엄하게 여겨지는 공동체 중심의 생활을 추구했다. 요컨대 그의 아르티장 유토피아는 수공예의 아름다움과 창조성을 중시하는 사회를 목표로 한다.

한편 20세기 후반 브랜드는 디지털 기술의 발전이 가져올 긍정적 변화를 강조하는 디지털 유토피아를 제안했다. 그의 비전의 핵심은 정보의 자유로운 흐름, 지식의 민주화, 그리고 연결성 증대다. 그는 디지털 기술을 통한 창조적 표현의 확장과 정보 및 지식의 개방, 네트워크를 통한 커뮤니티 형성을 중요한 가치로 여겼다. 디지털 유토피아는 인터넷과 디지털 기술의 등장이 사회와 문화에 미치는 영향에 주목하며, 새로운 형태의 사회적·경제적 기회를 탐색한다.

그렇다면 21세기를 사는 우리가 상상할 수 있는 유토피아는 무엇일까? 바로 디지털 기술과 소셜 미디어의 발달이 개인의 창작 활동을 촉진하고, 개인이 이를 통해 생계를 유지하며 정체성을 표현할 수 있는 새로운 기회를 얻을 수 있는 크리에이터 유토피아다.

크리에이터 유토피아는 디지털 시대에 개인이 크리에이터로서 자신의 역량을 발휘하고, 디지털과 물리적 콘텐츠를 바탕으로 직접적인 가치를 창출하며 사회적 영향력을 행사할 수 있는 가능성을 강조한다. 디지털 기술과 소셜 미디어가 제공하는 새로운 기회를 포착해, 크리에이터 개인이 경제적으로 그리고 사회적으로 자립할 수 있는 경로를 제시한다.

크리에이터 유토피아는 모리스의 아르티장 유토피아와 브랜드의 디지털 유토피아가 지닌 요소를 현대적 맥락에서 통합한다. 개인의 창조성과 기술, 그리고 오프라인과 온라인 활동이 조화를 이룬다. 오프라인 플랫폼과 크리에이터는 모리스가 강조한 수공예와 자연에 대한 가치를 현대 크리에이터 경제 내에서 재해석하고 실현하는 데 중요한 역할을 한다. 동시에, 브랜드가 제시한 디지털 기술의 긍정적 활용은 크리에이터들이 자신의 작업을 전 세계와 공유하고, 온라인 커뮤니티를 통해 협력하는 것으로 나타난다.

물리적 제작과 디지털 창작 사이의 경계를 허물고, 두 세계의 장점을 결합한 새로운 형태의 크리에이터 중심 사회가 크리에이터 유토피아다. 크리에이터 유토피아는 모리스가 주창한 인간 중심의 창조적 노동 및 자연과의 조화, 브랜드가 제시한 정보와 지식의 개방성 그리고 네트워크를 통한 커뮤니티 형성이라는 비전을 현대적으로 확장하며, 크리에이터 경제를 통해 새로운 가능성을 모색한다.

정리하면, 크리에이터 유토피아는 시대와 기술의 변화에 따라 진화하는 인간의 창조적 욕구와 사회적 연결에 대한 요구를 반영하며, 모리스와 브랜드의 유토피아적 비전을 현대사회에 적합한 형태로 재구성한 것이다. 이는 디지털 시대에 크리에이터로서 살아가는 개인들에게 새로운 지향점을 제공하며, 기술과 창조성이 어떻게 사회적 변화와 개인의 자립을 도울 수 있는지에 대한 통찰을 제시한다.

크리에이터 유토피아를 뒷받침하는 5가지 핵심 가치는 다음과 같다.

개인 크리에이터 개개인의 독창성과 자기 주도적 경제 활동을 강조하며, 각자의 창조적 재능과 열정을 통해 경제적 독립을 이루는 것을 목표로 한다.

창조성 기술로 향상시킨 창작 실력 이상으로 개인에게 내재된 창조적 잠재력을 발휘해 새로운 아이디어와 혁신을 구현한다.

기술 디지털과 공간 기술의 융합을 통해 창작 활동을 촉진하고, 가상과 현실의 경계를 넘나들며 콘텐츠를 제작할 수 있게 한다.

커뮤니티 온라인 플랫폼을 중심으로 형성되는 크리에이터 커뮤니티는 지식과 자원의 공유, 협업 그리고 상호지원을 가능하게 해 창작 문화를 강화한다.

장소 장소는 단순히 창작물을 전시하고 커뮤니티를 구축하는 공간을 넘어 AI가 접근할 수 없는 독특한 콘텐츠를 제공하고, 인간만이 경험할 수 있는 독특한 맥락과 감성을 가미한 창작 활동의 무대다. 이러한 장소는 크리에이터의 작업에 깊이와 의미를 부여하고, AI와 차별화된 상호작용을 가능하게 한다.

이러한 가치는 크리에이터 유토피아에서 개인의 창조적 능력을 최대한 발휘하고, 기술을 통한 새로운 가능성을 탐색하며, 커뮤니티와 장소가 어떻게 상호작용하고 발전할 수 있는지를 탐구한다.

크리에이터 경제는 불평등, 프라이버시 침해, 가짜 뉴스, 플랫폼 독점, 인간 주도권 상실 등 사회심리학자 쇼샤나 주보프의 '감시 자본주의 시대'가 경고하는 디지털 기술의 부작용과, 미디어 전문가 스튜어트 커닝엄과 데이비드 크레이그가 '크리에이터 문화'와 관련해 지적하는 플랫폼 종속성, 불안정한 수입, 창작자의 번아웃 등의 도전 과제를 안고 있다. 그러나 디스토피아적 우려 속에서도 크리에이터 유토피아는 개인의 창조적 잠재력을 통해 더 나은 세상을 구현할 수 있다는 희망을 제시한다.

크리에이터 유토피아의 핵심은 개인이 활용하는 3대 축 경제다. 온라인, 오프라인, 도시라는 3대 축을 통해 크리에이터들은 새로운 콘텐츠와 시장을 개척하고 있다. 나다움과 지역의 고유한 문화를 바탕으로 한 창조 활동은 AI 시대에 인간만의 가치를 만들어낼 것이다. 이제 당신의 도시에서, 당신만의 창의성으로, 크리에이터 유토피아를 향해 나아갈 때다.

들어가며

이신영, "[Cover Story] 세상은 아직 덜 연결됐다", 조선일보, 2014.3.8

John Maynard Keynes, "Economic Possibilities for our Grandchildren(1930)," in *Essays in Persuasion*(Harcourt Brace, 1932), 358-373

Kevin Kelly, "1,000 True Fans", *The Technium*, 2008. https://kk.org/thetechnium/1000-true-fans/

Arnold Pacey, *The Culture of Technology*, MIT Press, 1983

J. Bradford Delong, *Slouching Towards Utopia: An Economic History of the Twentieth Century*, Basic Books, 2022

William Morris, *News from Nowhere*, Reeves & Turner, 1890

1장 무한하게 확장되는 크리에이터 경제

누가 크리에이터인가?

최원석, 《결국, 오프라인》, 디자인하우스, 2024

Ingrid K. Williams, "Five Places to Visit in Stockholm with a Local Craft Brewer", *New York Times*, 2019.12.20

Suntae Kim·Anna Kim, "Research: How Entrepreneurship Can Revitalize Local Communities", *Harvard Business Review*, 2022.1.17

Boyd Cohen et al, *The Emergence of the Urban Entrepreneur: How the Growth of Cities and the Sharing Economy Are Driving a New Breed of Innovators*, ABC-CLIO, 2016

Chuck Klosterman, *The Nineties: A Book*, Penguin Press, 2022

여전히 성장하는 온라인 크리에이터

김경희, "블핑 제니 SNS 게시물 하나가 28억 가치… "여기에 수출 길 있다"", 중앙일보, 2023.9.14

김동은 "유튜버와 함께 크는 마플샵 크리에이터 경제 이끈다", 매일경제, 2024.3.7

김성현, "구독자 100만 명 이상 韓 유튜브 채널, 500개 넘어", 지디넷코리아, 2021.9.15

김효선, "7년 만에 1200% 성장… 전 세계 홀린 '인플루언서 마케팅'", 조선비즈, 2024.5.13

모종린, "크리에이터 사업의 무한 확장", 매일경제, 2023.2.26

박인영, "소비자에게 얼마나 친밀한 방식인가", 동아 비즈니스 리뷰, 2022년 6월

박재령, "100만 구독 한국 유튜브 채널은 몇개나 될까", 미디어오늘, 2023.9.21

이인열, "K뷰티 '중소기업 신화'에는 이 법이 있었다", 조선일보, 2024.3.7.

이진욱, "유튜브 광고 수익만 18조 원, 한국에선 얼마나 벌까", 머니투데이, 2020.2.6

김현우, 《스티브 잡스도 몰랐던 크리에이터 이코노미》, 클라우드나인, 2024

안정기 · 박인영, 《크리에이터 이코노미》, 한빛비즈, 2023

"Creator Economy in 3D", *Deloitte*, 2023

Li Jin, "The Future of the Creator Economy", *The Economist*, 2021.11.8.

Richard Florida, "The Rise of the Creator Economy", *Creative Class Group*, November 2022

새롭게 주목받는 오프라인 · 어번 크리에이터

Suntae Kim · Anna Kim, "Research: How Entrepreneurship Can Revitalize Local Communities", *Harvard Business Review*, 2022.1.17

Boyd Cohen et al, *The Emergence of the Urban Entrepreneur: How the Growth of Cities and the Sharing Economy Are Driving a New Breed of Innovators*, ABC-CLIO, 2016

크리에이터 경제는 어떻게 확장되고 있는가?

이철민, "K뷰티 2차 전성기, 과거와 어떻게 다를까", 중앙일보, 2024.6.18.

남미라 기획, "좋은 흔적을 남기는 발걸음, 마더그라운드", 슈넷, 2014.4.17.

이민아, "낯선 한방원료+익숙한 화장품… 세계 홀린 K뷰티 '조선미녀'", 동아일보, 2024.7.10.

모종린, 《인문학, 라이프스타일을 제안하다》, 지식의숲, 2020

정혜윤, 《독립은 여행》, 북노마드, 2021

MIT Technology Review Insights, "How AI Will Revolutionize Manufacturing", *MIT Technological Review*, 2020.9.29

Rebecca Karp et al, "How Your Business Should Tap into the Creator Economy", *Harvard Business Review*, 2024.3.22

크리에이터 경제를 떠받치는 노마드

김기찬, "일인백색시대…백인일색 인사관리로는 Z세대 못 잡는다", 중앙일보, 2023.5.11

황건강, ""월급만 안 올라 뭐든 해야" 온라인·AI 활용 'N잡러' 54만명", 중앙선데이, 2023.10.21.

모종린, 《인문학, 라이프스타일을 제안하다》, 지식의숲, 2020

자크 아탈리, 《호모 노마드 유목하는 인간》, 웅진지식하우스, 2005

Julia Carpenter et al, "Covid-19 Taught Americans How to Let Go of Their Steady Paychecks", *The Wall Street Journal*, 2022.3.12

윌리엄 모리스와 크리에이터주의의 기원

임일, "콘텐츠 유통 플랫폼의 구심력 흔들", 동아비즈니스리뷰, 2022년 6월

김기협, "인류의 꿈 이상향을 찾아서", 중앙일보, 2022.12.16

김정운, 《창조적 시선》, 아르테, 2023

박홍규, 《윌리엄 모리스 평전》, 개마고원, 2013

이순석, 《공학의 시간》, 청림출판, 2022

정소영 편, 《아름다움을 만드는 일, 윌리엄 모리스 산문선》, 온다프레스, 2021

Li Jin, "The Creator Economy Needs a Middle Class", *Harvard Business Review*, December 2020

Kevin Kelly, "1,000 True Fans", *The Technium*, 2008

Chris Anderson, *The Long Tail: Why the Future of Business Is Selling Less of More*, Hyperion, 2006

David Leopold, *An Introduction, In News from Nowhere*, Oxford World's Classics, 2003

Jane Jacobs, *The Death and Life of Great American Cities*, Random House, 1961

John Markoff, *What the Dormouse Said: How the Sixties Counterculture Shaped the Personal Computer Industry*, Viking Press, 2005

John Markoff, *Whole Earth: The Many Lives of Stewart Brand*, Penguin Press, 2022

William Morris, *News from Nowhere*, Oxford World's Classics, 1891 [2003]

2장 어떻게 크리에이터가 될 것인가?

무엇이 크리에이터를 만드는가?

정여울, "나만의 맞춤 큐레이션을 꿈꾸며", 중앙일보, 2022.7.16-17

홍지유, "주인공 이름도 '슬아'…본인 얘기로 20만부 책 판 이슬아 작가", 중앙일보, 2023.11.26

구선아, 《일상생활자의 작가가 되는 법》, 천년의상상, 2022

드로우앤드류, 《럭키 드로우》, 다산북스, 2022

안데르스 에릭슨·로버트 풀, 《1만 시간의 재발견》, 비즈니스북스, 2016

안정기·박민영, 《크리에이터 이코노미》, 한빛비즈, 2023

황효진, 《나만의 콘텐츠 만드는 법》, 유유, 2020

나만의 콘텐츠가 전부다

김키미, 《오늘부터 나는 브랜드가 되기로 했다》, 웨일북스, 2021

모종린, 《인문학, 라이프스타일을 제안하다》, 지식의숲, 2020

박요철, 《프랜차이즈를 이기는 스몰 브랜드의 힘》, 팜파스, 2019

우승우·차상우, 《창업가의 브랜딩》, 북스톤, 2017

임태수, 《날마다, 브랜드》, 안그라픽스, 2016

임태수, 《브랜드적인 삶》, 안그라픽스, 2018

최장순, 《의미의 발견》, 틈새책방, 2020

콘텐츠 성공 공식, 재미·의미·심미

이종현, "문화 콘텐츠 필수 요건으로서 3중 구조(의미·재미·심미) 연구", 〈인문콘텐츠〉, 2020

정소영 편, 《아름다움을 만드는 일, 윌리엄 모리스 산문선》, 온다프레스, 2021

벤 핀첨, 《재미란 무엇인가?》, 팬덤북스, 2020

최장순, 《의미의 발견》, 틈새책방, 2020

기술, 대체되거나 활용하거나

장준호, "AI 자본론", 중앙선데이, 2024.3.30

대런 아세모글루·사이먼 존슨, 《권력과 진보》, 생각의힘, 2023

손화철, 《미래와 만날 준비: 더 나은 세상을 위한 기술철학의 제안들》, 책숲, 2021

심가영, 《젊은 오너셰프에게 묻다》, 남해의봄날, 2014

"Exploring the Future of AI and Craftsmanship", *Esquire*, 2023.11.10

"Handmade Crafts and Technology: The Future Of Crafting", *Dudus Online*, 2023.1.27

Byron Reese, *The Fourth Age: Smart Robots, Conscious Computers, and the Future of Humanity*, Atria Books, 2018

Jeremy Rifkin, *The Zero Marginal Society Cost Society*, St Martin's, 2014

Kirpatrick Sale, *Rebels against the Future: The Luddites and Their War on the Industrial Revolution*, Addison Wesley, 1995

Neil Postman, *Technopoly*, Vintage Books, 1993

Theodore Roszak, *The Making of a Counter Culture*, University of California Press, 1968

크리에이터 시대의 공간 콘셉트

에이브러햄 매슬로, 《매슬로의 동기이론》, 유엑스리뷰, 2018

이원재, 《도시를 바꾸는 공간 기획》, 북스톤, 2021

이-푸 투안, 《공간과 장소》, 사이, 2020

정창윤, 《컨셉 있는 공간》, bookbyPUBLY(북바이퍼블리), 2019

Jill Avery·Rachel Greenwald, "A New Approach to Building Your Personal Brand", *Harvard Business Review*, May–June 2023

Joseph Liu, "Ways To Build Your Personal Brand At Work", *Forbes*, 2018.4.30

창조하고 연결하라, 창조적 유대

김태훈, 《우리가 사랑한 빵집 성심당》, 남해의봄날, 2016

야마자키 료, 《커뮤니티 디자인》, 안그라픽스, 2012

이승윤, 《커뮤니티는 어떻게 브랜드의 무기가 되는가》, 인플루엔셜, 2022

세스 고딘, 《의미의 시대》, 알에이치코리아, 2023

차우진, 《마음의 비즈니스》, 유유, 2023

Kabir Ahuja et al, "A Better Way to Build a Brand: The Community Flywheel", *McKinsey&Company*, 2022.9.28

3장 크리에이터는 어떻게 세상을 바꾸는가?

환경 크리에이터의 원조 스튜어트 브랜드

John Markoff, *Whole Earth*, Penguin Press, 2022

문화 공간으로 진화하는 독립 서점

이원준, "독립 서점 크레타의 전포공구길 프로그램", 국제신문, 2023.12.6

모종린, 《머물고 싶은 동네가 뜬다》, 알키, 2021

모종린, 《인문학, 라이프스타일을 제안하다》, 지식의 숲, 2020

호리베 아쓰시, 《거리를 바꾸는 작은 가게》, 민음사, 2023

ESG에서 로컬 소셜라이징으로

"'로컬' '지역살이' 열풍 속 지역경제, 로컬 소셜라이징", 기획재정부 경제e야기(블로그),

2022.4.5

3대를 아우르는 크리에이터 도시

"The New Asian Family", *The Economist*, 2023.7.6

* '3대를 아우르는 크리에이터 도시'는 매일경제(2023.12.17)에 실린 글을 일부 수정해 편집했다.

4장 조직은 어떻게 해체되고 재편되는가?
크리에이터 시대의 기업 전략

김가현, 《MZ를 경영하라》, 라온북, 2024
세스 고딘, 《의미의 시대》, 알에이치코리아, 2023
Jill Avery · Rachel Greenwald, "A New Approach to Building Your Personal Brand",
Harvard Business Review, May –June 2023
Joseph Liu, "5 Ways To Build Your Personal Brand At Work", *Forbes*, 2018.4.30

창조적 사무실 만들기

이동우·천의영, 《그리드를 파괴하라》, 세종서적, 2016
전상인, 《공간으로 세상 읽기》, 세창출판사, 2017
Ben Casselman et al, "Who Still Works from Home?", *New York Times*, 2024.3.8
Ewan McIntosh, *How to Come Up with Great Ideas and Actually Make Them Happen*,
Notosh Publishing, 2015

크리에이터 플랫폼으로 전환하기

한준, 《사회 안의 조직, 조직 안의 사회》, 다산출판사, 2022
Aimee Groth, "Zappos has quietly backed away from holacracy", *Quartz*, 2020.1.29
Chris Gaborit, "Why your company needs a creator platform", *Linkedin*, 2022.10.3
Alvin Toffler, *The Third Wave*, Bantam Books, 1984

5장 기업은 어떻게 혁신하는가?
무신사, 성수동 문화를 브랜드에 담다

"무신사, 본사 '성수'로 이전… "로컬 스토어 협업 및 패션 문화 경쟁력 강화"", Musinsa
Newsroom, 2022.9.30

"무신사, 전년 대비 50% 이상 성장해 매출 7000억 돌파… 신규 사업에 선제적 투자 확대",
Musinsa Newsroom, 2023.4.13
안혜원, "무신사, 오프라인 매장 대폭 늘린다…"내년까지 30곳 목표"", 한국경제, 2023.11.16
유범종, "온라인 패션 무신사, 오프라인 눈 돌린 이유는", 딜사이트, 2024.1.18
한성국, "무신사는 어떻게 3조가 넘는 가치를 만들 수 있었을까", 오픈애즈, 2023.8.28

애플, 명확한 디자인 철학으로 혁신을 일으키다

Walter Isaacson, "How Steve Jobs' Love of Simplicity Fueled A Design Revolution",
Smithsonian Magazine, September 2012
Justin McGuirk · Brendan McGertick, *California*: *Designing Freedom*, Phaidon, 2017
Walter Isaacson, *Steve Jobs*, Simon & Schuster, 2011

*'어반플레이, 도시에도 운영 체제가 필요하다'는 어반플레이가 제공한 자료를 바탕으로 작성했다.

6장 도시는 무엇으로 진화하는가?

크리에이터 중심 창조 도시의 등장

리처드 플로리다, 《도시와 창조 계급》, 푸른길, 2008
사사키 마사유키, 《창조 도시를 디자인하다》, 미세움, 2010
찰스 랜드리, 《크리에이티브 시티 메이킹》, 역사넷, 2009
Sally Helgesen, "Charles Landry Knows What Makes Cities Great: Distinction, Variety
and Flow", *strategy+business*, 2010.8.24

디지털 플랫폼 위에서 작동하는 도시

박민제, "5년 새 매출 50배, 서울 왜 가요, 20대 디지털 시장 지방 대박", 중앙일보, 2023.12.18
조현호, "'플랫폼 도시주의'를 아시나요…스마트시티를 넘어서는 데이터 자본주의", 스마트투데이, 2022.10.01

크리에이터 타운의 미래

김미경 외, 《세븐 테크》, 웅진지식하우스, 2022
신동형, 《변화 너머》, 메디치, 2021
Li Jin, "The Future of the Creator Economy", *The Economist*, 2021.11.8

Julia Carpenter et al, "Covid-19 Taught Americans How to Let Go of Their Steady Paychecks", *The Wall Street Journal*, 2022.3.12

*'크리에이터 중심 창조 도시의 등장'은 매일경제(2024.2.18)에 실린 글을 일부 수정해 편집했다.

7장 로컬 콘텐츠가 답이다

지역 소멸을 막는 로컬 콘텐츠 타운

Elisabeth Eaves, "A Hundred Cities Within Seoul", *New York Times*, 2015.7.23

문화가 있는 도시가 살아남는다

"양양군, 2021년까지 서핑 도시 조성 주력", 양양군청 보도자료, 2020. 4. 7

로컬의 중심이 되는 메이커 스페이스

권인혜, "프랑스 제3의 장소 지원정책과 보드르빌의 온실(La Serres de Beaudreville) 사례", 〈세계농업〉, 2023; 251(0), 69-82

나만의 로컬 콘셉트를 잡는 방법

"골목길 연구자 모종린: 전국 220곳 골목을 누비며, 로컬의 성공 비결을 읽다", 롱블랙, 2023.5.25
안데르스 에릭슨·로버트 풀, 《1만 시간의 재발견》, 비즈니스북스, 2016

*'지역 소멸을 막는 로컬 콘텐츠 타운'은 〈기획회의〉 601호의 '2024 로컬 담론' 특집에 기고한 글을, '문화가 있는 도시가 살아남는다'와 '농촌을 도시처럼 만들어야 하는 이유'는 각각 매일경제(2023.7.16)와 조선일보(2023.3.10)에 실린 글을 일부 수정해 편집했다. '지역의 특색을 살리는 로컬 브랜딩'은 한경애 코오롱FnC 부사장의 포틀랜드클럽 강연과 회사 자료를 참고해 작성했다.

나가며

Shoshana Zuboff, *The Age of Surveillance Capitalism*, PublicAffairs, 2019
Stuart Cunningham · David Craig(Editor), *Creator Culture*, New York University Press, 2023

핵심 키워드

CREATOR SOCIETY

크리에이터
수 요이어러